Manual de Direito Civil

Direito das Famílias

Clóvis Lima da Silva

Graduado pela Unesp – Câmpus de Franca/SP, no ano de 1995. Mestre em Direito Civil pela Unesp – Franca/SP, no ano de 2000. Advogado inscrito na OAB/SP, desde 1996 até a presente data atuando exclusivamente na área cível e em especial no Direito das Famílias e Direito das Sucessões. Advogado responsável pelo Núcleo de Prática da Universidade Paulista – Câmpus de São José do Rio Preto/SP, de fevereiro de 2011 até a presente data. Professor de Direito Civil da Unip – São José do Rio Preto/SP, desde 1998 até a presente data. Professor de Direito Civil no Univem – Marília/SP, de fevereiro de 1998 até dezembro de 2011. Foi professor de Direito Civil em cursos de pós-graduação na Unip – São José do Rio Preto/SP; no Univem – Marília/SP; na Unifran – Franca/SP; no Instituto Toledo de Araçatuba/SP; no Unopar – Londrina/PR e na Escola Superior do Ministério Público de Rondônia. Foi professor da Escola Superior da Advocacia, ministrando cursos de especialização em Direito Civil nas subseções de São José do Rio Preto/SP, Marília/SP, Olímpia/SP, Mirassol/SP e Novo Horizonte/SP.

Manual de Direito Civil

Direito das Famílias

LACIER

LACIER
Lacier Livraria e Editora
www.livrarialacier.com.br

Rua Doutor Quirino, 808 – Centro
CEP 13015-081 – Campinas, SP – Brasil

Agosto, 2024

Diretor: *Lacier José de Rezende*
Coordenação editorial: *Peter Fritz Strotbek*
Revisão: *Gustavo Maia Magnusson*
Projeto de capa: *Fabio Giglio*
Projeto gráfico e editoração eletrônica: *The Best Page*

Ficha Catalográfica

Dados Internacionais de Catalogação na Publicação (CIP)
(Câmara Brasileira do Livro, SP, Brasil)

9586m Silva, Clóvis Lima da.
Manual de direito civil : direito das famílias / Clóvis Lima da Silva.
— 1. ed. — Campinas, SP : Lacier Editora, 2024.
266 p. ; 17 x 24 cm.

ISBN 978-85-64412-32-3

1. Direito civil — Brasil. 2. Direito de família — Brasil. 3. I. Título.

CDU 347.6(81)

Índices para catálogo sistemático:
Direito de família
Angela Schmidt da Rosa – Bibliotecária – CRB-14/1171

Para as mulheres da minha vida, fontes de inspiração e empenho (Ana Carla, Marina, Manuela, Laura, Milena e Odete).

Aos amigos (irmãos) Delcides, João Augusto, Natal Helena e Renato Rafante, exemplos da concepção de família por afetividade.

Agradecimentos:

Aos meus alunos, que sempre incentivaram a busca do saber, aperfeiçoamento e dedicação no exercício do magistério.

Aos clientes do escritório, pela confiança depositada na qualidade da prestação dos serviços advocatícios.

Sumário

Parte II — Das Entidades Familiares

Pescador de Ilusões
O Rappa

Se meus joelhos
Não doessem mais
Diante de um bom motivo
Que me traga fé
Que me traga fé

Se por alguns
Segundos eu observar
E só observar
A isca e o anzol
A isca e o anzol
A isca e o anzol
A isca e o anzol

Ainda assim estarei
Pronto pra comemorar
Se eu me tornar
Menos faminto
E curioso
Curioso

O mar escuro
Trará o medo
Lado a lado
Com os corais
Mais coloridos

Valeu a pena
Êh! Êh!
Valeu a pena
Êh! Êh!
Sou pescador de ilusões
Sou pescador de ilusões

Valeu a pena
Êh! Êh!
Valeu a pena
Êh! Êh!
Sou pescador de ilusões
Sou pescador de ilusões

Se eu ousar catar
Na superfície
De qualquer manhã
As palavras
De um livro
Sem final, sem final
Sem final, sem final
Final

Valeu a pena
Êh! Êh!
Valeu a pena
Êh! Êh!
Sou pescador de ilusões
Sou pescador de ilusões

Valeu a pena
Êh! Êh!
Valeu a pena
Êh! Êh!
Sou pescador de ilusões
Sou pescador de ilusões

Se eu ousar catar
Na superfície
De qualquer manhã
As palavras
De um livro
Sem final, sem final
Sem final, sem final
Final
Valeu a pena

Êh! Êh!
Valeu a pena
Êh! Êh!
Sou pescador de ilusões

Valeu a pena
Êh! Êh!
Valeu a pena
Êh! Êh!
Sou pescador de ilusões
Sou pescador de ilusões

Valeu a pena
Valeu a pena
Sou pescador de ilusões
Valeu a pena
Valeu a pena
Sou pescador de ilusões
Sou pescador de ilusões
Valeu a pena

Composição: Lauro Farias / Marcelo Falcão / Marcelo Lobato / Marcelo Yuka / Xandão.

Prefácio

Atualmente vivemos num pluralismo familiar, ou seja, são várias as formas de conceber a família dentro do nosso ordenamento jurídico. A compreensão dos contornos do que corresponde à afetividade nas relações familiares e o respeito à igualdade são os fundamentos nucleares da moderna e atual realidade do estudo do Direito das Famílias. No plano teórico e prático, surge a necessidade da correta abordagem do chamado "Direito das Famílias Constitucionais" e a correta compreensão da interferência dos Princípios Constitucionais no traço das diretrizes essenciais e solução de casos concretos quando o assunto versar sobre a evolução que esse ramo do Direito Civil.

O estudo do Direito das Famílias deve atender as diretrizes essenciais traçadas pelo legislador constitucional, com destaque para o disposto nos arts. 226 e 227. Consiste num grande desafio entender o Direito das Famílias despido do preconceito, discriminação e principalmente rótulos morais, culturais, sociais e religiosos que impedem a proteção correta e adequada dos integrantes do núcleo familiar. Sobre a Constituição Federal de 1988, destacamos que o poder constituinte originário estabeleceu regras e princípios a serem abordados e desenvolvidos em todas as temáticas que versam sobre a compreensão e aplicação dos institutos familiaristas.

Em que pese não ser objetivo central desse Manual, em alguns momentos durante a nossa exposição enfrentaremos questões do Biodireito e Bioética aplicadas ao Direito das Famílias, buscando adequação e atualização em face da evolução da Medicina e formas "artificiais" de concepção da vida e que acarretam consequências jurídicas para o âmbito do Direito.

Para não pecar pela falta de objetividade, procuramos evitar transcrição de doutrinas (inflação de citações bibliográficas) ou mesmo conteúdo de jurisprudência, sem prejuízo de trazer as referências atuais e modernas sobre os temas desenvolvidos no presente trabalho. Assim, buscamos auxiliar o acadêmico do curso de Direito, bem como o profissional do Direito que exerce alguma carreira jurídica ou está se preparando para o Exame de Ordem dos Advogados ou concurso público. A disciplina Direito das Famílias geralmente é desenvolvida nos semestres finais dos cursos de graduação em Direito e corresponde a pré-requisito natural para entendimento do Direito das Sucessões.

Trata-se de uma obra que discute o Direito das Famílias de uma forma simples, mas com a análise técnica e contemporânea dos principais temas e institutos com fundamento na melhor doutrina sobre o assunto e menção aos entendimentos dos Tribunais Superiores. Desde já, adiantamos ao leitor a necessidade de reflexão sobre o estudo do Direito das Famílias, com enfoque constitucional e aplicação do Código Civil, e em especial as diretrizes do Livro IV da Parte Especial em consonância com os Princípios Constitucionais. Estabelecendo uma comparação inicial, percebemos que dentro do Código Civil praticamente só existe regulamentação do casamento como entidade familiar. Contudo, ao verificar o estabelecido na nossa Constituição Federal de 1988, constatamos que existem outras formas de constituição da família e todas merecem cuidado e estudo sem qualquer hierarquia ou criação de regras em ofensa a igualdade familiar ("... não existem classes ou categorias de famílias. Todas geram os mesmos direitos e deveres no âmbito do Direito Civil...").

O Direito das Famílias é a parte do Direito Civil que se encontra extremamente vinculada à axiologia, ou seja, a necessidade do estudo dos valores considerados essenciais dentro da sociedade brasileira. Como consequência, a modificação dos valores, ou seja, o que a sociedade entende como essencial interfere diretamente no estudo do Direito das Famílias. Vejamos como exemplos, a introdução do divórcio no nosso ordenamento jurídico, o reconhecimento do legislador constitucional da união estável como entidade familiar, o reconhecimento pelo Supremo Tribunal, em maio de 2011, da união homoafetiva como forma de constituição da família, o afeto como essência dentro do Direito das Famílias, gerando vários desdobramentos, como adoção à brasileira, adoção por casais homoafetivos, paternidade socioafetiva, multiparentalidade e a união poliafetiva.

Sem receio de errar, podemos afirmar que a correta aplicação e interpretação das diretrizes do Direito das Famílias corresponde a entender e aceitar que a sociedade brasileira está em constante mutação, devendo ser papel do Direito estabelecer regras e condições para o resguardo de todos os cidadãos e não apenas de uma falsa maioria que, em vários momentos, tenta oprimir a liberdade e autonomia da vontade das demais pessoas com o fundamento ou alegação da necessidade de respeito às regras morais, religiosas ou culturais que não são seguidas nem mesmo por essas pessoas que buscam engessar o avanço e evolução do Direito das Famílias.

Para efeitos didáticos, e com objetivo de seguir as diretrizes essenciais dessa obra, dividimos o presente trabalho em quatro partes: Parte I – Introdução ao Estudo do Direito de Família; Parte II – Entidades Familiares; Parte III – Direito Parental; e Parte IV – Institutos de Proteção.

Na primeira parte, dividida em dois capítulos (Cap. I – Considerações Gerais e Cap. II – Concepção de Família), abordaremos o conceito de família, as principais características do Direito das Famílias, os princípios constitucionais do Direito das Famílias e os dados específicos que o diferem dos demais ramos do Direito Civil, bem como a necessidade do seu estudo em conjunto com o Direito das Sucessões, Direito Processual Civil, Direito Constitucional e demais ramos do Direito.

Na segunda parte da obra, estudamos as entidades familiares que correspondem às formas de constituição da família positivadas expressamente na CF/88 ou reconhecidas pela jurisprudência com a interpretação dos princípios constitucionais aplicados ao Direito das Famílias. Seguindo o art. 226 da Constituição Federal, existem três entidades positivadas expressamente na Magna Carta: casamento, união estável e família monoparental. Em maio de 2011, o STF reconheceu a união homoafetiva como entidade familiar, bem como acirrada a discussão sobre a viabilidade jurídica da união poliafetiva ser considerada como forma de constituição da família. Ainda sobre outras formas de constituição da família, elencamos a família anaparental, a família eudemonista, a família substituta, a família extensa ou ampliada, a família recomposta ou família reconstruída, em total confirmação que o art. 226, CF/88 estabeleceu um rol exemplificativo das entidades familiares, existindo a possibilidade da caracterização de outras formas de constituição das famílias, com fundamento jurídico na própria Constituição Federal de 1988 e aplicação dos princípios constitucionais.

Na sequência (terceira parte), analisamos a temática Direito Parental dentro do nosso Direito Positivo. Esse vínculo jurídico une pessoas dentro de uma família em razão do sangue (parentesco consanguíneo subdividido em linha reta e linha colateral), pela constituição de entidade familiar (parentesco por afinidade subdividido em linha reta ou linha colateral), pelo afeto (estabelecendo direitos e deveres) ou civil (também chamado de adoção). Ressaltando que, atualmente, dentro do Direito das Famílias, cada vez mais ganha espaço a discussão do parentesco através do afeto, independentemente dos laços biológicos. Existindo algumas situações onde o parentesco socioafetivo irá excluir o parentesco biológico, e em outras ocasiões existirão simultaneamente ou concomitantemente os laços afetivos e os laços consanguíneos (multiparentalidade). Não esquecendo que a identificação dos vínculos de parentesco acarreta vários reflexos e incidência dentro do Direito das Famílias (no estudo dos impedimentos matrimoniais, em sede de obrigação alimentar, no Direito Sucessório a espécie de parentesco determina o modo de participar na herança, segundo a ordem de sucessão hereditária, no Direito Eleitoral pode provocar a inelegibilidade do candidato, como sucede nos casos do art. 14, § 7º, CF/88, etc.).

Por último (quarta parte), verificamos o conteúdo jurídico dos institutos de proteção, também denominados institutos assistenciais. Referida parte do Direito das Famílias abrange a tutela, curatela, Estatuto da Pessoa com Deficiência e Estatuto da Pessoa Idosa.

Em derradeiro capítulo, comentamos algumas questões do Direito das Famílias que apareceram nos últimos exames da Ordem dos Advogados e concursos públicos da

Magistratura, Ministério Público e Defensoria Pública, consolidando todos os ensinamentos dispendidos no transcorrer do presente Manual.

Nesses quase 28 (vinte e oito) anos de advocacia e 27 (vinte e sete) de magistério, chegamos às seguintes conclusões: na parte geral, encontramos a temática crucial e fundamental do entendimento do Direito Civil como disciplina essencial em todo curso de Direito; no Direito das Obrigações, a consolidação dos direitos patrimoniais e a parte mais extensa; no Direito das Coisas discutimos o que é propriedade, posse e direitos reais sobre coisas alheias, sendo a parte mais específica e complexa; no Direito das Sucessões, as consequências jurídicas do evento morte. Contudo, é no Direito das Famílias que existe a maior aproximação dos acadêmicos, professores e profissionais do Direito em geral com as situações do cotidiano, tendo em vista que todos, sem exceção, estarão incluídos dentro de alguma espécie de família e, principalmente, a necessidade da regulamentação dos direito, deveres e soluções de conflitos de interesses decorrentes dessa situação jurídica.

"... Família, família
Vovô, vovó, sobrinha
Família, família
Janta junto todo dia
Nunca perde essa mania
Mas quando um nenê fica doente
Procura uma farmácia de plantão
O choro do nenê é estridente
Assim não dá pra ver televisão, oh
Família ê
Família ah
Família, yeah
Família ê
Família ah
Família, oh yeah, yeah yeah..."
(Titãs).

Clóvis Lima da Silva

Parte I

Introdução ao Estudo do Direito de Família

Capítulo 1º

Considerações Iniciais

1.1. Conceito e delimitação do tema

Na doutrina, encontramos várias formas e definições sobre a abrangência desse ramo do Direito Civil. Abaixo, destacamos alguns conceitos para, no final, estabelecermos a nossa definição.

Para o inigualável Clóvis Beviláqua: "Direito de Família é o complexo de normas que regulam a celebração do casamento, sua validade e os efeitos que dele resultam, as relações pessoais e econômicas da sociedade conjugal, a dissolução desta, as relações entre pais e filhos, o vínculo de parentesco e os institutos complementares da tutela e da curatela" (BEVILAQUA, 1937, p. 6).

O mestre baiano Orlando Gomes, por sua vez, estabelece: "Direito de Família é o conjunto de regras aplicáveis às relações entre pessoas ligadas pelo casamento, pelo parentesco, pela afinidade e pela adoção. A tutela e a curatela não se originam de relações familiares propriamente ditas, mas por sua finalidade, conexão histórica, conservam-se no campo do Direito de Família, como institutos complementares" (GOMES, 2002, p. 1).

Seguindo a mesma diretriz, estabelece Paulo Nader: "Direito de Família é o sub-ramo do Direito Civil que dispõe sobre as entidades formadas por vínculos de parentesco ou por pessoas naturais que se propõem a cultivar entre si uma comunhão de interesses afetivos e assistenciais. Além destas relações, abrange ainda os institutos da tutela e curatela, que não se atrelam necessariamente à família. Esta é a noção do Direito de Família em sentido objetivo. Considerada sob o aspecto subjetivo, a expressão se refere aos poderes conferidos pela ordem jurídica aos membros da sociedade familiar" (NADER, 2016, p. 23-24).

Sobre o conceito de Clóvis Beviláqua (primeiro conceito citado acima), em que pese o brilhantismo desse autor, e ser dele o conceito de Direito de Família mais citado pela doutrina, encontramos uma enumeração dos principais institutos abordados por esse sub-ramo do Direito Civil. Não encontramos no conceito citado acima as "novas entidades familiares" (união estável, família monoparental e união homoafetiva) presentes no nosso Direito Positivo ou reconhecida pela jurisprudência. Percebemos, no conceito desse autor, um apego acentuado ao instituto casamento, em face da tradição religiosa do nosso país, bem como o momento em que foi elaborado (final da década de 1930). Assim, julgamos que referido conceito, no mínimo, deve ser "adaptado" a nossa realidade jurídica, social e religiosa.

No conceito de Orlando Gomes (segundo conceito), também encontramos ausência das demais formas de constituição de família. Mais uma vez, notamos um conceito que apresenta como parâmetro o casamento. Não concordamos com a crítica que esse autor faz sobre os institutos tutela e curatela, pois entendemos que referidos institutos são objeto de estudo do Direito de Família, não apenas por serem institutos complementares, mas por estarem interligados com vários tópicos essenciais desse sub-ramo do Direito Civil, em especial destacamos: poder familiar; responsabilidade civil pelos atos praticados por um absolutamente ou relativamente incapaz; usufruto dos bens de menores; alimentos, etc.

Por último, analisando o conceito de Paulo Nader (terceiro conceito), não concordamos com a divisão do Direito de Família com conceito objetivo e subjetivo. Principalmente na concepção subjetiva, o conceito apresentado é extremamente amplo, pois exige do intérprete uma definição do que corresponde atualmente a sociedade familiar. Sobre os institutos tutela e curatela, remetemos o leitor ao parágrafo acima, onde criticamos a forma de abordagem desses referidos institutos dentro do Direito de Família.

Seguindo o nosso Direito Positivo, mas não esquecendo o papel da jurisprudência dentro do Direito de Família, estabelecemos o seguinte conceito:

É a parte do Direito Civil que estuda as entidades familiares reconhecidas pelo nosso ordenamento jurídico, bem como o parentesco decorrente do sangue, afinidade, civil ou afetividade e as características e efeitos jurídicos dos institutos de proteção.

Com o nosso conceito, procuramos destacar os principais tópicos estudados no Direito de Família: entidades familiares; parentesco e institutos de proteção. Buscamos substituir a expressão casamento, presente nos demais conceitos enumerados acima, por entidade familiar, pois seguindo a diretriz da nossa Constituição Federal de 1988, o nosso ordenamento jurídico admite outras formas de constituição de família, além da forma tradicional chamada casamento. Durante a nossa exposição, discorreremos sobre todas as entidades familiares positivadas no nosso ordenamento jurídico, assim como abordaremos a união homoafetiva fruto atualmente da construção jurisprudencial. Ainda nessa concepção, julgamos primordial a família concebida em respeito aos princípios da igualdade e afetividade fundamentos basilares do Direito de Família atual.

1.2. Posição geográfica

Os principais dispositivos legais do Direito de Família encontram-se no Livro IV da Parte Especial do Código Civil (arts. 1.511 a 1.783, CC). O referido livro é dividido em 4 (quatro) títulos: Título I – Do Direito Pessoal (arts. 1.511 a 1.638, CC); Título II – Do Direito Patrimonial (arts. 1.639 a 1.722, CC); Título III – Da União Estável (arts. 1.723 a 1.727, CC) e Título IV – Da Tutela e da Curatela (arts. 1.728 a 1.783, CC).

Sobre essa divisão proposta pelo legislador, na nossa humilde opinião, julgamos no mínimo não muito didática (para não falar da falta de rigor científico), pois em vários momentos a verificação do conteúdo de um direito pessoal exige a análise anterior de um direito patrimonial. Exemplificando: a dissolução da sociedade conjugal (direito pessoal) gera a discussão, dentre outras coisas, da partilha de bens e dos alimentos (direitos patrimoniais). Seguindo esse raciocínio, não iremos seguir a sequência proposta pelo legislador de 2002. Iremos estabelecer um estudo sistemático dos institutos com uma preocupação maior na busca de harmonização dos temas que apresentam alguma conexão direta.

A análise do Direito das Sucessões, Direito Constitucional e do Direito Processual Civil também irá interferir no estudo do Direito de Família, assim como várias legislações extravagantes complementarão os institutos disciplinados no Livro IV do Código Civil. Para evitar uma enumeração cansativa e sem produtividade, abordaremos referidos textos legais e doutrinários durante a exposição desse trabalho. Deixamos registrado que o estudo do Direito de Família ultrapassa a simples análise do Livro IV da Parte Especial do Código Civil, sendo complementado por outros ramos do Direito e várias legislações extravagantes que surgiram antes e após a entrada em vigor da Lei n. 10.406/02 (CC atual).

Apenas para registrar a importância, o fundamento constitucional do Direito das Famílias encontra-se disciplinado nos arts. 226 e 227 da CF/88. Dentro da legislação adjetiva, cumpre informar o disposto nos arts. 693 a 699 (Ações de Família) e, na execução dos alimentos, a necessidade de aplicação dos arts. 528 a 533 e arts. 911 a 913, todos do CPC.

1.3. Características

O Direito Civil como um todo, após a Constituição Federal de 1998, vem sofrendo constantes e acentuadas transformações em prol de uma evolução desse ramo do Direito sempre em busca do ideal de justiça e equidade. Para tanto, de uma forma cada vez mais acentuada, encontramos a presença do fenômeno da **PUBLICIZAÇÃO** do Direito Civil.

Na legislação civil, encontramos vários dispositivos que procuram equiparar as partes em uma relação jurídica, levando-se em consideração não apenas a igualdade no sentido formal, mas também a tentativa de se estabelecer um equilíbrio verificando as profundas desigualdades existentes no nosso país, sob os prismas econômico, social, político, intelectual, sexo, idade, cor e credo religioso.

Assim, mesmo os ramos do Direito Civil que abordam mais diretamente o patrimônio, como o Direito Obrigacional e o Direito das Coisas, também sofreram mitigação da autonomia da vontade ou do liberalismo existente até então, em prol de uma interferência cada vez mais acentuada do Estado. Citamos como exemplos os institutos: dirigismo contratual, função social do contrato, princípio da boa-fé objetiva, princípio da boa-fé subjetiva, função social da posse, posse-trabalho, função social da propriedade, limitações ao direito de propriedade, usucapião especial, etc.

O Direito das Famílias, por abordar não apenas questões patrimoniais, sempre se pautou em ser regulamentado por normas de ordem pública, onde a autonomia da vontade existe, contudo, o legislador estabelece garantias mínimas para as partes envolvidas. Vários direitos indisponíveis do ser humano inerentes às personalidades humanas são tratadas nesse ramo do Direito Civil (estado familiar, estado civil, filiação, subsistência, proteção da integridade física e moral, etc.).

Em face dessa característica, o nosso legislador sempre procurou estabelecer normas cogentes e evitar ao máximo normas dispositivas. Tamanha é a interferência das normas de ordem pública dentro do Direito das Famílias que um segmento da doutrina defende a tese que esse ramo do Direito Civil atualmente apresenta características inerentes mais ao Direito Público do que ao Direito Privado.

Sem dúvida, o Direito das Famílias é a parte do Direito Civil que mais sofre interferência do Estado, pois é necessário mitigar a autonomia da vontade quando se fala em direitos de personalidade. Entretanto, deslocar ou retirar o Direito das Famílias do Direito Civil ou mesmo criar um novo ramo do Direito corresponde a um exagero, pois todos os outros ramos do Direito Civil vêm sofrendo essa interferência estatal em prol do interesse social. O que podemos afirmar é que o Direito das Famílias sofre e sempre sofreu influência dessa concepção ideológica e axiológica de impor limites à manifestação de vontades, pois é da sua essência abordar direito da personalidade humana.

O que destacamos de interessante sobre esse assunto é que as diretrizes essenciais do nosso Direito das Famílias se encontram disciplinadas na Constituição Federal, que conforme relatado acima, rompeu com vários preconceitos e tabus da sociedade brasileira, ao elencar no patamar constitucional alguns direitos e deveres que até então não existiam no nosso ordenamento jurídico. Sobre esse assunto, recomendamos a leitura dos demais tópicos onde abordamos as principais características do Direito de Família, em especial a aplicação do princípio da igualdade jurídica com os seus vários enfoques dentro da família brasileira.

O chamado Direito Civil Constitucional, muito bem defendido pela doutrina, exige que o legislador infraconstitucional, ao redigir normas de ordem pública para serem aplicadas ao Direito de Família, não se esqueça da observância dos princípios e preceitos estampados na nossa Constituição Federal de 1988.

As diretrizes gerais e essenciais do Direito das Famílias brasileiro encontram-se disciplinadas na Magna Carta, cabendo ao Código Civil e demais legislações extravagantes apenas regulamentar e disciplinar a vontade do nosso poder constituinte originário, o que não retira a independência do Direito de Família em face do Direito Constitucional e demais ramos do Direito. Ao contrário, todo o papel de detalhar os dispositivos constitucionais caracteriza o desafio a ser vencido na abordagem das temáticas que envolvem o Direito das Famílias.

Sobre o conteúdo do Direito das Famílias, citamos: "... Por estar voltado à tutela da pessoa, diz-se que o Direito das Famílias é personalíssimo. Adere indelevelmente à personalidade de seus membros, em virtude da posição que ocupam na família durante toda a vida. Em sua maioria, o Direito das Famílias é composto de direitos intransmissíveis, irrevogáveis, irrenunciáveis e indisponíveis. A imprescritibilidade também ronda o Direito das Famílias. Basta atentar que ninguém pode ceder o poder familiar ou renunciar ao direito de pleitear o estado de filiação. O reconhecimento do filho é irrevogável, sendo imprescritível o direito de ver declarada a paternidade" (DIAS, 2017, p. 44).

Assim, podemos afirmar que o Direito das Famílias deve abordar as entidades familiares positivadas expressamente na CF/88, nos arts. 226 e 227 (casamento, união estável e família monoparental), as entidades familiares não positivadas diretamente/expressamente na CF/88, mas reconhecidas pela jurisprudência em observância aos princípios constitucionais (união homoafetiva, união poliafetiva, etc.), o direito parental (parentesco e filiação) e o direito protetivo (poder familiar, guarda, alimentos, tutela, curatela e bem de família).

É um enorme desafio para o estudioso do Direito das Famílias interpretar a legislação em conformidade com o Direito Positivo e tentar acompanhar os valores e diretrizes de uma sociedade em constantes mutações axiológicas, sob pena da aplicação do Direito das Famílias se distanciar da sociedade civil e não conseguir acompanhar e respeitar os anseios da nossa atual realidade, nem cumprir o seu papel relevantíssimo dentro do Direito, e em especial como ramo essencial e primordial do Direito Civil.

1.4. Princípios

1.4.1. Importância e rol

O estudo dos princípios garante a fixação dos fundamentos, objetivos e base do Direito de Família. A relevância do estudo nos permite a seguinte metáfora: em uma edificação, as obras essenciais são destinadas à fundação e preservação da estrutura e segurança do imóvel a ser construído, portanto os princípios são as "obras de fundação" dentro do Direito das Famílias, permitindo um estudo em respeito à Constituição Federal de 1988 e aos valores aceitos e admitidos pela sociedade brasileira.

Assim, o estudo dos princípios serve como norteador para a aplicação e interpretação das regras do Direito das Famílias, estabelecendo diretrizes a serem seguidas durante todo e qualquer tema que verse sobre esse ramo do Direito Civil.

A análise do conteúdo do Direito das Famílias exige a necessidade de se buscar harmonizar os preceitos e princípios constitucionais com a atual legislação civil (Código Civil e demais legislações extravagantes), pois o Direito Civil como um todo, principalmente sob a disciplina do Código de 1916, abordava esse ramo do Direito de forma fragmentária, sem a preocupação de se buscar a proteção aos direitos fundamentais do ser humano de terceira geração (solidariedade e justiça social). O Direito Civil moderno exige uma leitura atenta da Constituição Federal, não apenas com a preocupação da observância da hierarquia das leis (pirâmide de Kelsen), mas também pela profundidade dos mandamentos constitucionais, ao traçarem regras e dogmas de caráter ideológico sobre o Direito Civil, em especial sobre o Direito das Famílias.

Podemos afirmar que a Constituição Federal de 1988 é uma ruptura do nosso ordenamento jurídico, sendo que o estudo do Direito das Famílias está dividido essencialmente em duas etapas, uma antes e outra depois da entrada em vigor da nossa Magna Carta. A Lei n. 10.406/02 (Código Civil atual) apenas buscou adequar a legislação civil aos fundamentos e mandamentos constitucionais, o que em algumas situações, como veremos no transcorrer dessa obra, não foi atingido pelo legislador infraconstitucional.

Encontramos enorme divergência doutrinária no rol dos princípios do Direito das Famílias, sendo que cada autor apresenta a sua classificação com características e divisões diversas. Iremos seguir três premissas na definição do referido rol. **Primeira premissa:** não excluindo a importância da temática princípios constitucionais, contudo, abordaremos apenas os princípios constitucionais diretamente interligados com o Direito das Famílias. Levando-se em consideração a pirâmide Kelseniana, toda norma infraconstitucional deve observância às normas constitucionais. Dessa forma os princípios do Direito das Famílias serão analisados com enfoque constitucional. **Segunda premissa:** ainda em consonância com o objetivo dessa obra, o estudo dos princípios buscará uma abordagem teórica e prática, com a finalidade de destacar a importância dessa temática e aproximar o leitor de casos concretos e questões do cotidiano. **Terceira premissa:** buscando não tornar o assunto cansativo (enumeração extensa e prolixa) ou lacunosa (não abordar algum princípio relevante), outros princípios serão citados e mencionados no corpo do presente trabalho, no momento da análise dos institutos que compõem o Direito das Famílias (exemplos: princípio da convivência familiar, princípio da assistência familiar, etc.).

Apresentamos o seguinte rol e, na sequência, faremos um relato detalhado sobre esse assunto:

1. Princípio da busca incessante do respeito da dignidade da pessoa humana;
2. Princípio da igualdade jurídica (em três vertentes: igualdade entre cônjuges e companheiros; igualdade entre os filhos e igualdade entre as entidades familiares);

3. Princípio da afetividade;

4. Princípio do melhor interesse da criança e do adolescente e princípio da prioridade e proteção ao idoso;

5. Princípio da paternidade responsável e o livre planejamento familiar;

6. Princípio da solidariedade familiar;

7. Princípio da função social da família;

1.4.2. Princípio da busca incessante de respeito da dignidade da pessoa humana

O respeito à dignidade da pessoa humana apresenta-se como um dos fundamentos do Estado brasileiro:

> Art. 1º, CF/88 – A República Federativa do Brasil, formada pela união indissolúvel dos Estados, Municípios e do Distrito Federal, constitui-se em Estado Democrático de Direito e tem com fundamentos:
>
> III – a dignidade da pessoa humana;

Vejamos as lições de Alexandre de Moraes sobre o assunto: "a dignidade da pessoa humana: concede unidade aos direitos e garantias fundamentais, sendo inerente às personalidades humanas. Esse fundamento afasta a ideia de predomínio das concepções transpessoalistas de Estado e nação, em detrimento da liberdade individual. A dignidade é um valor espiritual e moral inerente à pessoa, que se manifesta singularmente na autodeterminação consciente e responsável da própria vida, e que traz consigo a pretensão ao respeito por parte das demais pessoas, constituindo-se um mínimo invulnerável que todo estatuto jurídico deve assegurar, de modo que, somente excepcionalmente, possam ser feitas limitações ao exercício dos direitos fundamentais, mas sempre sem menosprezar a necessária estima que merecem todas as pessoas enquanto seres humanos;" (MORAES, 2021, p. 16).

O respeito a esse fundamento do Estado brasileiro ocorre a partir do momento em que são obedecidos os direitos e garantias fundamentais do ser humano, abordados pelo legislador constituinte em cinco grupos: direitos e garantias individuais e coletivos (art. 5º, CF/88); direitos sociais (arts. 6º a 11, CF/88); direitos de nacionalidade (arts. 12 e 13, CF/88); direitos políticos (art. 14 a 16, CF/88) e direitos relacionados a constituição e organização dos partidos políticos (art. 17, CF/88).

Ainda na doutrina: "... O primeiro e fundamental é o princípio da dignidade da pessoa humana, o qual também foi referenciado, a despeito de haver sido inserido como valor e princípio fundamental no art. 1º, III, do texto constitucional, no § 7º do art. 226

da Carta Maior, a respeito do planejamento familiar. A dignidade da pessoa humana normalmente é tutelada, especialmente quando se encontra vinculada aos direitos fundamentais, por meio de duas funções distintas: a) a de proteção à pessoa humana, no sentido de defendê-la de qualquer ato degradante ou de cunho desumano, contra o Estado e a comunidade em geral; b) a de promoção da participação ativa da pessoa humana nos destinos da própria existência e da vida comunitária, em condições existenciais consideradas mínimas para a tal convivência. É certo que a dignidade da pessoa humana possui duas dimensões no âmbito dos bens jurídicos mais importantes da pessoa humana — como a vida, a integridade psicofísica, a honra, a intimidade, entre outros — ora sendo encarada na dimensão coletiva — como, por exemplo, a proibição da prisão arbitrária, da deportação — ora pessoal, o que representa a necessidade de se respeitar a pessoa considerada como tal, nas relações intersubjetivas — daí, por exemplo, a proteção dos direitos de personalidade. A dimensão pessoal da dignidade da pessoa humana impõe o dever geral negativo quanto ao respeito à liberdade individual e aos direitos decorrentes do exercício de tal liberdade, como no caso dos direitos reprodutivos. O princípio da dignidade da pessoa humana representa o epicentro axiológico da ordem constitucional, irradiando efeitos sobre todo o ordenamento jurídico, não apenas no que tange aos atos e às situações envolvendo a esfera pública dos atos estatais, mas também a todo o conjunto das relações privadas que se verificam no âmbito da sociedade. No âmbito do planejamento familiar, o princípio em tela deve não somente ser aplicado no sentido de garantir o exercício desse direito pelo casal, como também na proteção daquele que poderá vir a nascer, e o conflito entre essas duas perspectivas deve ser solucionado, em regra, em favor desse último. A noção de dignidade da pessoa humana envolve o núcleo existencial que é essencialmente comum a todos os seres humanos como pertencentes ao gênero humano, impondo, no que tange à dimensão pessoal da dignidade, um dever geral de respeito, de proteção e de intocabilidade, não sendo admissível qualquer comportamento ou atividade que coisifique a pessoa humana. De se notar que, à luz do art. 1º, inciso III, da Constituição Federal de 1988, a dignidade da pessoa humana deve ser acompanhada da necessidade de que as demais pessoas e a comunidade respeitem sua liberdade e seus direitos, de modo a permitir o resguardo e a promoção dos bens indispensáveis ao desenvolvimento da personalidade da pessoa humana. Na esfera da entidade familiar, incumbe a todos os seus integrantes promover o respeito e a igual consideração de todos os demais familiares, de modo a propiciar uma existência digna para todos e de vida em comunhão de cada familiar com os demais..." (GAMA, 2018, p. 69-71).

Sob o prisma social, devemos lutar pelo respeito à dignidade da pessoa humana, especialmente de crianças, adolescentes, idosos e mulheres, na busca da efetivação de políticas públicas que preservem o mínimo necessário para o desenvolvimento da personalidade da pessoa humana e da comunhão familiar, acolhendo à diretriz constitucional mencionada acima. O respeito à dignidade da pessoa humana corresponde, além de um princípio constitucional, a um fundamento essencial do Estado Democrático Brasileiro.

1.4.3. Princípio da igualdade no Direito de Família

A igualdade, sob o prisma ideológico, é um anseio inerente ao ser humano (direito natural). Tamanha a dificuldade de se estabelecer contornos que, em vários momentos, é confundida com outras expressões relevantes e significativas para o Direito: equidade, proporcionalidade, razoabilidade e até mesmo justiça.

Confrontando com o outro Direito Fundamental (liberdade) podemos afirmar que, inclusive, gerou longa discussão histórica/política/ideológica entre dois sistemas distintos: o capitalismo e o socialismo.

Ao longo do tempo, a igualdade passou a sofrer mutações na busca incessante de definição do seu conteúdo jurídico e, principalmente, na sua aplicação prática dentro de uma sociedade que tradicionalmente tende a consagrar injustiças sociais, preconceitos, hierarquia de valores e segregação racial.

Sobre o conteúdo jurídico do princípio da igualdade, apontamos as lições do ilustre doutrinador Celso Bandeira: "... Parece-nos que o reconhecimento das diferenciações que não podem ser feitas sem quebra da isonomia se divide em três questões: a) A primeira diz com o elemento tomado como fator de desigualação; b) A segunda reporta-se à correlação lógica abstrata existente entre o fator erigido em critério de discrímen e a disparidade estabelecida no tratamento jurídico diversificado; c) A terceira atina à consonância desta correlação lógica com os interesses absorvidos no sistema constitucional e destarte juridicizados. Esclarecendo melhor: tem-se que investigar, de um lado, aquilo que é adotado como critério discriminatório; de outro lado, cumpre verificar se há justificativa racional, isto é, fundamento lógico, para, à vista do traço desigualador acolhido, atribuir o específico tratamento jurídico construído em função da desigualdade proclamada. Finalmente, impende analisar se a correlação ou fundamento racional abstratamente existente é, in concreto, afinado com os valores prestigiados no sistema normativo constitucional. A dizer: se guarda ou não harmonia com eles. Em suma: importa que exista mais que uma correlação lógica abstrata entre o fator diferencial e a diferenciação consequente. Exige-se, ainda, uma correlação lógica concreta, ou seja, aferida em função dos interesses abrigados no direito positivo constitucional. E isto se traduz na consonância ou dissonância dela com as finalidades reconhecidas como valiosas na Constituição. Só a conjunção dos três aspectos é que permite análise correta do problema. Isto é: a hostilidade ao preceito isonômico pode residir em quaisquer deles. Não basta, pois, reconhecer-se que uma regra de direito ajustada ao princípio da igualdade no que pertine ao primeiro aspecto. Cumpre que o seja, também, com relação ao segundo e ao terceiro. É claro que a ofensa a requisitos do primeiro é suficiente para desqualificá-la. O mesmo, eventualmente, sucederá por desatenção a exigências dos demais, porém quer-se deixar bem explícita a necessidade de que a norma jurídica observe cumulativamente aos reclamos provenientes de todos os aspectos mencionados para ser inobjetável em face do princípio isonômico..." (MELLO, 2020, p. 12).

Especificamente dentro do Direito de Família, analisaremos o princípio da igualdade sob três enfoques distintos: a) Igualdade entre cônjuges e companheiros; b) Igualdade entre os filhos; c) Igualdade entre as entidades familiares.

1.4.3.1. Igualdade jurídica entre cônjuges e companheiros

A Constituição Federal de 1988 é um marco no estudo do Direito das Famílias, pois em vários dispositivos consagrou a observância do princípio da igualdade no seu sentido jurídico. Antes da Constituição Federal de 1988, a nossa legislação consagrava uma sociedade extremamente patriarcal onde o homem (marido) era o chefe da sociedade conjugal, competindo-lhe a administração dos bens comuns e particulares da mulher, prover a manutenção da família, fixar o domicílio da família, etc. (*vide* art. 233, Código Civil de 1916). Ainda para reforçar a concepção presente na legislação anterior, citamos o Estatuto da Mulher Casada (Lei n. 4.121/62) que gerou alguns direitos para a mulher casada. Ressaltamos que, até essa lei, a mulher casada era considerada relativamente incapaz para a prática dos atos da vida civil, o que bem ilustra essa ideia de superioridade do homem (marido) dentro da sociedade conjugal. Em síntese, para o legislador anterior, o papel do homem era de trabalhar e prover o sustento da esposa e dos filhos, enquanto a mulher assumia os afazeres domésticos e a responsabilidade pela criação direta dos filhos.

A ruptura sob o aspecto jurídico da concepção explicada acima ocorre com a entrada em vigor da Carta Magna de 1988, que, atendendo a época atual, consagra a igualdade entre os cônjuges e companheiros, especificamente e principalmente em dois dispositivos:

> Art. 5º Todos são iguais perante a lei, sem distinção de qualquer natureza, garantindo-se aos brasileiros e aos estrangeiros residentes no País a inviolabilidade do direito à vida, à liberdade, à igualdade, à segurança e à propriedade, nos termos seguintes:
>
> I – **homens e mulheres são iguais em direitos e obrigações, nos termos desta Constituição;** (grifo nosso)
>
> Art. 226 – A família, base da sociedade, tem especial proteção do Estado.
>
> § 5º Os direitos e deveres referentes à sociedade conjugal são exercidos **igualmente pelo homem e pela mulher**. (grifo nosso)

O Código Civil atual, seguindo a diretriz estabelecida pelo poder constituinte originário buscou harmonizar a legislação infraconstitucional com a Constituição Federal. Assim, os direitos e deveres decorrentes do casamento são tratados em capítulo comum, estabelecendo igualdade entre o homem e a mulher. Tamanha foi a preocupação em buscar a adequação da legislação civil com as normas constitucionais, que logo no primeiro artigo do Livro IV do Código Civil, o legislador infraconstitucional consagrou a plena igualdade jurídica entre o homem e a mulher:

> Art. 1.511 – O casamento estabelece comunhão plena de vida, com base na igualdade de direitos e deveres dos cônjuges.

Aplicando essa concepção jurídica de igualdade entre o homem e a mulher dentro do Direito de Família, podemos chegar a algumas conclusões:

1ª conclusão: após a Constituição Federal de 1988, não existe mais a figura do chefe da família, exercida até então pelo homem. A família será administrada em cooperação entre os cônjuges, companheiros ou conviventes. Essa nova concepção permite que a mulher participe das decisões em igualdade de condições com o homem, assumindo direitos e deveres que não possuía na realidade da legislação civil de 1916. Ocorrendo divergências de opiniões, cabe ao Estado-juiz decidir levando em consideração a nossa legislação vigente, e não o predomínio da vontade da pessoa do sexo masculino. O planejamento familiar é de livre decisão do casal (art. 226, § 7º , CF/88 c/c art. 1.565, CC).

2ª conclusão: o dever de prover os filhos ficará sob o encargo do casal, de acordo com as possibilidades financeiras de cada um. Com a mulher cada vez mais ocupando o seu espaço no mercado de trabalho trabalho, o nosso legislador estabeleceu a responsabilidade dos pais (homem e mulher) pela educação, guarda e sustento dos filhos menores;

3ª conclusão: a possibilidade de o homem adotar o apelido de família da mulher, em que pese a tradição brasileira estabelecer o contrário, ou seja, com o casamento geralmente a esposa passa a utilizar o sobrenome do marido;

4ª conclusão: dever de alimentos recíprocos entre cônjuges ou companheiros. Dessa forma, com a dissolução do casamento ou da união estável, os pressupostos fundamentais para se estabelecer o dever alimentar serão: necessidade + capacidade, independentemente do sexo do credor de alimentos. Em suma, o marido/companheiro poderá pleitear alimentos da esposa/companheira, desde que demonstre os pressupostos do dever alimentar;

5ª conclusão: a igualdade entre os cônjuges e companheiros apresenta uma base legal estampada de forma expressa na Constituição de 1988, sendo que a Lei n. 10.406/02 (Código Civil atual), apenas regulamentou os princípios e preceitos gerais estabelecidos pelo poder constituinte criginário.

6ª conclusão: no exercício da guarda compartilhada, o homem e a mulher exercem simultaneamente os direitos e deveres decorrentes e inerentes ao poder familiar. Na definição da guarda unilateral, o magistrado irá decidir levando em consideração qual genitor está em melhores condições para o exercício da guarda, independentemente de ser homem ou mulher.

Por último, em que pese os avanços jurídicos e os diversos direitos conquistados pelas mulheres ao longo do tempo no enfoque social, político, cultural e moral, ainda devemos evoluir muito, pois ainda no século XXI falamos da necessidade da Lei Maria da Penha (Lei n. 11.340/06 – proteção contra a violência doméstica), em desigualdades salariais, diferenças de oportunidades, assédio moral e sexual, altos índices de estupros contra as mulheres e tipificação do crime de feminicídio (Lei n. 13.104/2015, alterou o art. 121, CP para prever o feminicídio como circunstância qualificadora do crime de homicídio e o art. 1º, Lei n. 8.072/90, para incluir o feminicídio no rol dos crimes hediondos) como forma de proteção específica das mulheres e tentativa de se minimizar os preconceitos e desigualdades existentes na prática em sociedade ainda paternalista, machista e, principalmente, conservadora/atrasada.

1.4.3.2. Igualdade jurídica entre os filhos

No art. 227, § 6º da nossa Constituição Federal, encontramos a consagração de mais uma característica essencial do Direito de Família. Vejamos o conteúdo desse artigo:

> "Os filhos, havidos ou não da relação de casamento, ou por adoção, terão os mesmos direitos e qualificações, proibidas quaisquer designações discriminatórias relativas à filiação."

Ficou estabelecida a plena igualdade entre os filhos, independentemente da procedência. Todos os filhos possuem iguais direitos e deveres. Para o nosso legislador, não interessa se os filhos são havidos ou não do casamento, união estável, relacionamento extraconjugal, adotivo ou pelo parentesco por afetividade, todos estarão protegidos pelo nosso ordenamento jurídico, sendo vedadas designações discriminatórias relativas à filiação. Não deve constar no assento de nascimento qualquer referência à filiação ilegítima.

Foram abolidas do nosso Direito Positivo expressões preconceituosas, utilizadas pelo legislador de 1916 e pela doutrina. Não corresponde com a nossa atual realidade constitucional as seguintes expressões: filhos legítimos x filhos ilegítimos; meio-irmão; bastardo; bastardinho; filho da outra; filho da amante; filho espúrio; filho fora do casamento; filho de união homoafetiva ou casamento gay; filho de criação e não-filho de sangue, etc. Todos são filhos e terão direitos e deveres preservados e assegurados sem distinção ou discriminação.

O legislador infraconstitucional no art. 1.596, CC reproduziu a regra do art. 227, § 6º, CF/88, bem como estabeleceu no art. 1.607, CC a possibilidade do filho havido fora do casamento ser reconhecido pelos pais, conjunta ou separadamente.

Sob o prisma prático dessa característica, destacamos a igualdade dos filhos nos direitos sucessórios; nos direitos e deveres decorrentes do cumprimento da obrigação alimentar; filiação e direito de reconhecimento da paternidade ou maternidade; direito ao nome e respeito por parte de todos dentro da sociedade, independentemente da sua origem.

Essa concepção busca evitar o preconceito e o estabelecimento de categorias ou classes de filhos/pessoas. Todos são filhos como sujeitos de direitos fundamentais para o Direito das Famílias, independentemente da sua origem ou procedência. Não pode existir hierarquia ou tratamento diferenciado.

Mais uma vez, julgamos louvável a conduta do legislador constitucional em consagrar plena equiparação entre os filhos e elencar essa temática no patamar de princípio constitucional do Direito de Família.

1.4.3.3. Igualdade entre as entidades familiares

Utilizando as regras estabelecidas na nossa Constituição Federal, podemos afirmar que existem 3 (três) formas de constituição de família positivadas **expressamente** dentro do nosso ordenamento jurídico. São elas: casamento, união estável e família monoparental.

Estabelece o art. 226, CF/88:

> A família, base da sociedade, tem especial proteção do Estado.
>
> § 1º O casamento é civil e gratuita a celebração.
>
> § 2º O casamento religioso tem efeito civil, nos termos da lei.
>
> § 3º Para efeito da proteção do Estado, é reconhecida a união estável entre o homem e a mulher como entidade familiar, devendo a lei facilitar sua conversão em casamento.
>
> § 4º Entende-se, também, como entidade familiar a comunidade formada por qualquer dos pais e seus descendentes.

Além das entidades familiares expressamente e diretamente positivadas na Constituição Federal de 1988, podemos relatar que a interpretação e aplicação dos princípios constitucionais nos permite afirmar que esse rol estabelecido no art. 226, CF/88 não é taxativo e assim existe a possibilidade da criação e regulamentação de outras entidades familiares.

Seguindo essa disciplina e posicionamento em 05.05.2011, em julgamento proferido em Ação Direta de Inconstitucionalidade (ADI) n. 4.277 e Arguição de Descumprimento de Preceito Fundamental (ADPF) n. 132, o STF reconheceu as uniões homoafetivas (união de pessoas do mesmo sexo) no *status* jurídico de entidade familiar, estendendo a essas relações a mesma proteção destinada à união estável prevista no art. 226, § 3º, CF/88 e no art. 1723 e seguintes do CC. Resumidamente, referido julgamento teve como fundamento a aplicação dos princípios da dignidade da pessoa humana, da igualdade, da liberdade, da intimidade e privacidade, buscando a proteção contra quaisquer tipos de discriminação (na Parte II – Capítulo 6º dessa obra analisamos detalhadamente essa entidade familiar).

Recentemente, as uniões pluriafetivas (união de mais de duas pessoas com o objetivo de constituir família) foram analisadas como entidade familiar, sendo que o CNJ proibiu a possibilidade de lavratura de escritura pública e, em breve, provavelmente os Tribunais Superiores, em especial o STF, deverão se pronunciar sobre a possibilidade dessas uniões serem consideradas formas de constituição da família/entidades familiares.

Defendemos essencialmente que o rol estampado na CF/88 é exemplificativo (pluralismo familiar e que a interpretação e aplicação dos princípios constitucionais permite essa conclusão, aproximando o Direito das Famílias das mutações e modificações da sociedade sob o tema "formas de constituição da família".

A maior problemática em torno desse princípio reside no fato da impossibilidade de se estabelecer hierarquia ou classes/categorias de entidades familiares. Todas as entidades familiares são formas de constituição da família, não existindo escalas ou patamares quando abordamos direitos e deveres envolvendo pessoas que vivem em entidades familiares.

As entidades familiares (casamento, união estável, família monoparental, união homoafetiva e união pluriafetiva) são entidades familiares equiparadas, não existindo nenhum fundamento jurídico que justifique a concessão de determinados direitos simplesmente pela opção ou escolha da entidade familiar. Cumpre destacar que as influências históricas, culturais e principalmente religiosas não podem induzir ou estimular o preconceito ou tratamento diferenciado, sendo o papel do Direito não apenas regular os direitos de uma maioria, mas também proteger os direitos de todos, sem distinção ou rótulos.

Infelizmente, no prisma infraconstitucional e essencialmente no Código Civil, não encontramos com plenitude as tratativas buscando a efetivação plena da equiparação entre as entidades familiares e a vedação ao preconceito e discriminação. Analisando a legislação civil diretamente, o legislador pátrio induz o intérprete e aplicador da norma jurídica a conceber uma hierarquia entre as entidades familiares destacando e apontando o casamento como entidade familiar praticamente de forma isolada e única. A ausência de regulamentação das outras entidades familiares, gera problemas de aplicação da equiparação proposta por esse princípio do Direito das Famílias e dificuldade de se minimizar ou se tentar evitar classes ou categorias de famílias ou pessoas, simplesmente pela escolha da forma de constituição da família.

No Código Civil, o casamento é disciplinado diretamente nos arts. 1.511 a 1.710, ou seja, praticamente 200 (duzentos) artigos regulamentam essa entidade familiar. Quanto à união estável, o legislador dedicou apenas 5 (cinco) dispositivos relatando expressamente essa forma de constituição da família (arts. 1.723 a 1.727, CC). Não encontramos menção no texto civil da família monoparental e a união homoafetiva, conforme relato acima, é construção jurisprudencial com fundamento nos princípios constitucionais, não sendo regulamentada diretamente no corpo do CC ou de qualquer outra legislação extravagante.

Essa lacuna legislativa ou hierarquização legislativa acarreta acentuadas discussões e divergências jurisprudenciais, expondo as pessoas envolvidas e exigindo, em vários momentos, um ativismo judicial que pode, em várias oportunidades, acarretar decisões conflitantes e insegurança jurídica.

Pregamos a plena equiparação entre todas as entidades familiares e assim o mesmo tratamento. Em face desse posicionamento, defendemos reformulação e atualização da legislação, em especial no Código Civil, estabelecendo ou substituindo a expressão "casamento" por "entidade familiar", e assim unificando as tratativas que envolvam as questões do Direito das Famílias, tanto os Direitos Pessoais (Título I – Livro IV – arts. 1.511 a 1.638, CC), como os Direitos Patrimoniais (Título II – Livro IV – arts. 1.639 a 1.722, CC).

Vejamos algumas situações concretas extraídas da legislação civil para exemplificar essa dificuldade de equiparação e respeito à igualdade que deve existir entre as entidades familiares: a) Direitos sucessórios; b) Direito real de habitação e c) Herdeiros necessários.

> a) *Direitos Sucessórios:* até o pronunciamento do STF decretando a inconstitucionalidade do art. 1.790, CC, existia no CC ordem de sucessão hereditária diferenciada de acordo com entidade familiar constituída antes do evento morte (julgamento dos recursos extraordinários 646.721/RS e 878.694/MG, ambos com repercussão geral — 10 de maio de 2017). Para o casamento, era aplicado o conteúdo do art. 1.829, CC, e para a união estável/união homoafetiva a disciplina do art. 1.790, CC. Referidos artigos apresentam conteúdos diferentes e consagravam uma evidente e esdrúxula hierarquia entre casamento e união estável, na maioria das vezes estabelecendo mais direitos sucessórios ao cônjuge sobrevivente em detrimento da pessoa que vivia em união estável, em comparações com casos concretos em situações iguais. A pessoa casada possuía mais direitos sucessórios e direitos hereditários do que a pessoa que vivia em união estável/união homoafetiva.

Foi necessário, em razão de regras legislativas distintas para situações idênticas (partilha de bens pós-evento morte), o pronunciamento do STF que à luz da Constituição Federal de 1988 decretou o fim dessa dicotomia de regras e determinou a equiparação estabelecida no presente princípio em estudo (igualdade entre as entidades familiares).

Em síntese, cônjuges, companheiros ou conviventes possuem os mesmos direitos sucessórios, e a ordem de sucessão hereditária, a ser seguida por todos, consiste na aplicação da regra do conteúdo do art. 1.829, CC.

> b) *Direito real de habitação:* disciplinado no art. 1831, CC estabelece que o cônjuge sobrevivente, qualquer que seja o regime de bens, será assegurado, sem prejuízo da participação que lhe caiba na herança, o direito real de habitação (moradia),

relativamente ao imóvel destinado à residência da família, desde que seja o único daquela natureza a inventariar. Novamente, a regulamentação excessiva e única sobre o casamento acarreta o seguinte questionamento: o convivente/companheiro (quem vive em união estável/união homoafetiva) possui esse direito subjetivo?

A interpretação literal do art. 1.831, CC pode levar o intérprete à conclusão de que esse direito subjetivo é exclusivo para o cônjuge. Contudo, a invocação da igualdade e a vedação do tratamento diferenciado, com fundamento na Constituição Federal de 1988 (interpretação sistemática e teleológica, gera a necessidade de concluirmos que a pessoa que vive em união estável ou união homoafetiva também é destinatária da proteção da regra do direito real de habitação. Fundamentos legais: arts. 5º e 226, CF/88 c/c art. 1.831, CC. Cumpre ressaltar que não estamos discutindo se o art. 7º, Lei n. 9.278/96 ainda está em vigor, pois os fundamentos constitucionais garantem a extensão desse direito a todas as entidades familiares, sem distinção e não corresponde a um direito subjetivo exclusivo apenas para a pessoa casada. Se a finalidade do citado dispositivo legal é garantir o direito de moradia, surge o questionamento do porquê não aplicar para todas as pessoas, independentemente da entidade familiar constituída e estabelecida até o evento morte.

c) *Herdeiros necessários:* mesmo após o julgamento do STF sobre a inconstitucionalidade do art. 1.790, CC, resta ainda acentuada polêmica doutrinária sobre a possibilidade de extensão do conteúdo dos arts. 549, CC ("nula é também a doação quanto à parte que exceder à de que o doador, no momento da liberalidade, poderia dispor em testamento"), 1.845 ("são herdeiros necessários os descendentes, ascendentes e cônjuge") e 1.846 ("pertence aos herdeiros necessários, de pleno direito, a metade dos bens da herança, constituindo a legitima"). Ao companheiro/convivente, novamente o legislador civil faz menção apenas ao direito do cônjuge, sem qualquer citação às pessoas que constituíram família de forma diferente ao casamento (união estável ou união homoafetiva).

Reiteramos nosso posicionamento pela plenitude da equiparação e a incidência desses dispositivos legais para o companheiro (união estável/união homoafetiva), gerando restrições à liberdade do doador e na elaboração do testamento, uma vez que o convivente deve ter a legítima protegida e ficaria parcial/incompleta a equiparação, se a norma de proteção da legítima dos herdeiros necessários, relatada acima, permitisse a exclusão plena dos direitos sucessórios da pessoa que vive em entidade familiar diferente do casamento através da confecção do contrato de doação ou testamento. A interpretação da norma jurídica, com a invocação da igualdade entre as entidades familiares e ausência de hierarquia das formas de constituição da família em consonância à finalidade do dispositivo (norma protetiva), confirmam a nossa afirmação.

Em suma, durante o estudo mais detalhado das entidades familiares, procuraremos sempre manter a igualdade jurídica, pois foi essa a intenção do poder constituinte originário ao elencar as regras previstas nos arts. 5º, 226 e 227 CF/88. Qualquer interpretação ou dispositivo, em sentido contrário, ofende a opção jurídica e ideológica estabelecida na nossa Magna Carta de 1988 e ao princípio da igualdade em todas as suas vertentes (igualdade entre filhos; igualdade entre homem e mulher e igualdade entre as entidades familiares).

1.4.4. Princípio da afetividade

Esse princípio do Direito das Famílias não aparece diretamente na Constituição Federal de 1988 e no Código Civil. Contudo, corresponde a um importante e destacado desdobramento da necessidade de respeito à dignidade da pessoa humana.

> "A afetividade é o princípio que fundamenta o Direito das Famílias na estabilidade das relações socioafetivas e na comunhão de vida, com primazia em face das considerações de caráter patrimonial ou biológico. O termo "affectio societatis", muito utilizado no direito empresarial, também pode ser utilizado no Direito das Famílias, como forma de expor a ideia de afeição entre duas pessoas para formar uma nova sociedade: a família. O afeto não é somente um laço que envolve os integrantes de uma família. Também tem um viés externo, entre as famílias, pondo humanidade em cada família... O direito ao afeto está muito ligado ao direito fundamental à felicidade..." (DIAS, 2017, p. 59).

O princípio da afetividade está diretamente vinculado à desbiologização da paternidade e à posse do estado de filho. Ilustrando o assunto, relatamos a consagração da família socioafetiva em alguns casos simultaneamente (multiparentalidade) ou excluindo a identidade biológica (paternidade socioafetiva); no reconhecimento da união homoafetiva como entidade familiar; na possibilidade de adoção homoafetiva; a utilização da inseminação artificial heteróloga (utilização de sêmen ou óvulo de terceiro) e o reconhecimento da filiação afetiva; a possibilidade de fixação de dano moral por abandono afetivo; a colocação da criança ou adolescente em família substituta (art. 28, § 3º, ECA); na fixação de guarda em nome de terceiro (art. 1.584, § 5º, CC); possibilidade de adoção póstuma (art. 42, § 5º c/c art. 28, § 2º, ECA), em consideração à relação de afetividade entre adotante e adotado, etc.

Restou comprovada a importância prática e teórica desse princípio, sendo que a sua abrangência e delimitação repercute no próprio conceito atual do Direito de Família e admissibilidade da existência de famílias plúrimas.

> "Todo o moderno Direito de Família gira em torno do princípio da afetividade... — a afetividade — tem muitas faces e aspectos e, nessa multifária

complexidade, temos apenas a certeza inafastável de que se trata de uma força elementar, propulsora de todas as nossas relações de vida. Neste contexto, fica fácil concluir que a sua presença, mais do que em qualquer outro ramo do Direito, se faz especialmente forte nas relações de família... o próprio conceito de família, elemento — chave de nossa investigação científica, deriva — e se encontra a sua raiz ôntica — da própria afetividade. Vale dizer, a comunidade de existência formada pelos membros de uma família é moldada pelo liame socioafetivo que os vincula, sem aniquilar as suas individualidades" (GAGLIANO, 2018, p. 95-96).

1.4.5. Princípio do melhor interesse da criança e adolescente e da prioridade e proteção ao idoso

Estabelece o conteúdo do art. 227, CF/88: "É dever da família, da sociedade e do Estado assegurar à criança, ao adolescente e ao jovem, com absoluta prioridade, o direito à vida, à saúde, à alimentação, à educação, ao lazer, à profissionalização, à cultura, à dignidade, ao respeito, à liberdade e à convivência familiar e comunitária, além de colocá-los a salvo de toda forma de negligência, discriminação, exploração, violência, crueldade e opressão".

Regulamentando o preceito constitucional, os arts. 3º e 4º do Estatuto da Criança e do Adolescente buscam estabelecer eficácia aos direitos fundamentais atribuídos à criança e ao adolescente:

> Art. 3º, ECA – A criança e o adolescente gozam de todos os direitos fundamentais inerentes à pessoa humana, sem prejuízo da proteção integral de que trata esta Lei, assegurando-se-lhes, por lei ou por outros meios, todas as oportunidades e facilidades, a fim de lhes facultar o desenvolvimento físico, mental, moral, espiritual e social, em condições de liberdade e dignidade.
>
> Parágrafo único. Os direitos enunciados nesta Lei aplicam-se a todas as crianças e adolescentes, sem discriminação de nascimento, situação familiar, idade, sexo, raça, etnia ou cor, religião ou crença, deficiência, condição pessoal de desenvolvimento e aprendizagem, condição econômica, ambiente social, região e local de moradia ou outra condição que diferencie as pessoas, as famílias ou comunidade em que vivem.
>
> Art. 4º, ECA – É dever da família, da comunidade, da sociedade em geral e do Poder Público assegurar, com absoluta prioridade, a efetivação dos direitos referentes à vida, à saúde, à alimentação, à educação, ao esporte, ao lazer, à profissionalização, à cultura, à dignidade, ao respeito, à liberdade e à convivência familiar e comunitária.
>
> Parágrafo único. A garantia de prioridade compreende: a) primazia de receber proteção e socorro em quaisquer circunstâncias; b) precedência de atendimento nos serviços públicos ou de relevância pública; c) preferência na formulação e na execução das políticas sociais públicas; d) destinação privilegiada de recursos públicos nas áreas relacionadas com a proteção à infância e à juventude.

A preocupação do legislador pátrio reside na necessidade de proteção à criança (zero a 12 anos incompletos) e adolescente (entre 12 e 18 anos de idade), destacando que o futuro e avanço do Estado brasileiro reside na prática e efetivação de políticas públicas que busquem preservar e proteger a criação e o adolescente como um ser em formação e desenvolvimento que precisa de proteção integral do Estado.

Especificamente no Direito das Famílias, encontramos em vários momentos a aplicação desse princípio: "diante desse quadro normativo, pode-se afirmar que atualmente a criança e o adolescente têm uma subjetividade reconhecida pelo ordenamento jurídico, extraindo-se as seguintes consequências: a) poder familiar deve ser exercido com a finalidade de atender o melhor interesse da criança; b) o juiz, ao estabelecer a quem deve ser atribuída a guarda da criança ou do adolescente (mãe, pai ou terceira pessoa), deve considerar o melhor interesse do menor; c) na adoção, igualmente, deve o magistrado considerar se ela atende ao melhor interesse da criança; d) tal critério também será usado para definir a filiação socioafetiva" (OLIVEIRA, 2018, p. 38). Ainda acrescentamos: e) na fixação ou nomeação do tutor e do curador, deve-se observar e preservar os interesses do menor; f) no momento do magistrado arbitrar os alimentos provisórios e os alimentos definitivos, o binômio necessidade + capacidade deve respeitar que a criança e o adolescente é um ser em desenvolvimento e, assim, a necessidade de se estabelecer presunções de gastos e despesas (alimentação, saúde, lazer, educação, vestuário, etc.), bem como o cumprimento da legislação trabalhista que impõem restrições ao exercício de atividade laborativa em razão da idade; g) independentemente das particularidades do caso concreto permitir que a criança e o adolescente tenham acesso a sua origem biológica, resguardadas a privacidade e intimidade ao armazenamento dessas informações; h) os institutos família natural e colocação em família substituta devem observância ao presente princípio do Direito das Famílias, evitando toda forma de negligência e absoluta proteção à criança e ao adolescente.

No texto constitucional, encontramos as diretrizes essenciais à proteção dos idosos nos arts. 229 ("Os pais têm o dever de assistir, criar e educar os filhos menores, e os filhos maiores têm o dever de ajudar e amparar os pais na velhice, carência ou enfermidade") e 230 ("A família, a sociedade e o Estado têm o dever de amparar as pessoas idosas, assegurando sua participação na comunidade, defendendo sua dignidade e bem-estar e garantindo-lhes o direito à vida. Parágrafo primeiro. Os programas de amparo aos idosos serão executados preferencialmente em seus lares. Parágrafo segundo. Aos maiores de sessenta e cinco anos é garantida a gratuidade dos transportes coletivos urbanos").

Buscando regulamentar esses dispositivos, sobreveio no plano infraconstitucional a Lei n. 10.741/03, conhecida como Estatuto do Idoso, para regular os direitos assegurados às pessoas com idade igual ou superior a 60 (sessenta) anos. Referido texto normativo elenca direitos fundamentais do idoso (arts. 8º a 42); estabelece medidas de proteção ao idoso (arts. 43 a 45); traça política de atendimento ao idoso (arts. 46 a 68); garante o acesso à justiça (arts. 69 a 92); tipifica crimes contra a pessoa idosa (arts. 93 a 108) e ao final encontramos as disposições finais e transitórias (arts. 109 a 118).

No Código Civil, especificamente falando, destacamos: a) a regra do art. 1.641, CC, que impõe o regime da separação obrigatória de bens às pessoa maiores de 70 (setenta) anos; b) a reciprocidade da obrigação alimentar prevista no art. 1.696, CC; c) direito de visitação garantido ao idoso de ter os netos em sua companhia; d) direito de escusa no que tange à nomeação e ao exercício dos encargos da tutela e da curatela (art. 1.736, II, CC); e) assegurada prioridade na tramitação dos processos e procedimentos e na execução de atos e diligências judiciais, em que figure como parte ou interveniente pessoa com idade igual ou superior a 60 (sessenta) anos, em qualquer instância; f) dever do poder público de criar varas especializadas e exclusivas para o idoso; g) obrigação alimentar passível de ser exercida em face do poder público.

Em face da relevância e extensão do assunto, sugerimos ao leitor a pesquisa de obra específica sobre essa temática. Também defendemos a inclusão da disciplina "Estatuto do Idoso" como ramo autônomo do Direito nas grades curriculares das nossas universidades, buscando maiores esclarecimentos, debates e principalmente maior efetividade dos direitos dos idosos. Não podemos esquecer que cada vez mais a população brasileira envelhece e assim precisamos aceitar e respeitar a velhice.

1.4.6. Princípio da paternidade responsável e do livre planejamento familiar

Sobre esse tema, assim dispõe a nossa legislação:

> Art. 226, § 7º, CF/88 – Fundado nos princípios da dignidade da pessoa humana e da paternidade responsável, o planejamento familiar é livre decisão do casal, competindo ao Estado propiciar recursos educacionais e científicos para o exercício desse direito, vedada qualquer forma coercitiva por parte de instituições oficiais ou privadas.

Não é diferente a regra do art. 1.565, § 2º CC: "O planejamento familiar é de livre decisão do casal, competindo ao Estado propiciar recursos educacionais e financeiros para o exercício desse direito, vedado qualquer tipo de coerção por parte de instituições privadas ou públicas".

A Lei n. 9.253/96 buscou regulamentar o art. 226, § 7º, CF/88, estabelecendo que o planejamento familiar é parte integrante do conjunto de ações de atenção à mulher, ao homem ou ao casal, dentro de uma visão de atendimento global e integral à saúde (art. 3º); compete à direção nacional do Sistema Único de Saúde definir as normas gerais de planejamento familiar (art. 6º, parágrafo único); somente é permitida a esterilização voluntária nas seguintes situações: I – em homens e mulheres com capacidade civil plena e maiores de 25 (vinte e cinco) anos de idade ou, pelo menos, com 2 (dois) filhos vivos, desde que observado o prazo mínimo de 60 (sessenta) dias entre a manifestação da vontade e o ato cirúrgico, período no qual será propiciado à pessoa interessada acesso a serviço de regulação da fecundidade, incluindo aconselhamento por equipe multidisciplinar, visando desencoraja a esterilização precoce; II – risco à vida ou à saúde do futuro concepto, testemunhado em relatório escrito e assinado por 2 (dois) médicos (art. 10), etc.

Verificando o conteúdo dos textos legais citados acima, percebemos que o nosso legislador fez uma opção em garantir a liberdade do casal. Buscou-se evitar uma imposição estatal com relação à formação da família. Não foi estabelecido um controle de natalidade dentro da família brasileira, muito menos uma obrigatoriedade de esterilização, salvo os casos disciplinados na lei. Ao contrário de outros países onde encontramos limitações ao número de filhos por casal ou até restrições sobre o número de filhos de determinado sexo, o Estado brasileiro caminhou em sentido oposto não impondo norma proibitiva nesse sentido. Ao invés disso, na própria Constituição Federal de 1988, foi garantido o poder de decisão do casal livre da ingerência estatal.

Dessa postura ideológica, adotada pelo Estado brasileiro, podemos destacar duas opiniões sobre o assunto:

> 1º) Essa opção do legislador constitucional consagra a observância do princípio da liberdade, pois não cabe ao Estado interferir de forma tão acentuada na formação e constituição da família. Evita a prática de qualquer tipo de discriminação ou segregação racial, pois evita a clandestinidade que acaba ocorrendo com a ingerência do Estado nestas questões de caráter eminentemente subjetivo e pessoal.
>
> 2º) Apesar da busca incessante de se garantir os direitos fundamentais do ser humano, não podemos esquecer a realidade brasileira onde encontramos sérios desníveis sociais, intelectuais, políticos e econômicos. É de conhecimento de todos que geralmente a população mais carente, praticamente sem nenhuma proteção do Estado, acaba sem o mínimo de planejamento e estrutura, concebendo vários filhos que não terão garantido os seus direitos essenciais como ser humano. Dada a realidade social, o Estado transfere para a sociedade a responsabilidade de organização e planejamento familiar, o que fica difícil de ser cumprido dentro de um país com tamanhas desigualdades sociais.

Para a nossa humilde concepção, o planejamento familiar realmente deve ser decisão do casal. Contudo, o Estado brasileiro deve adotar uma postura mais ativa em conscientização da população no que se refere à responsabilidade sobre a paternidade ou maternidade, assim como estabelecer metas concretas sobre assuntos essenciais para o desenvolvimento de qualquer família: educação, saúde, trabalho com dignidade e apoio ao lazer. A não participação do Estado gera o que constantemente verificamos nos grandes centros: favelas, prostituição infantil, altos índices de gravidez na infância ou adolescência, crianças e adolescentes utilizados no comércio de drogas, criminalidade de uma forma geral, subemprego, economia informal, etc.

Portanto, não basta a garantia da liberdade para o planejamento familiar, é necessário participação dos órgãos governamentais como forma de realmente ser cumprida a nossa Constituição Federal de 1988 e, assim, a necessidade de efetivação de políticas públicas em respeito e proteção à família brasileira.

1.4.7. Solidariedade familiar

Corresponde ao dever de assistência material e social que deve existir entre os componentes da família, em especial entre os cônjuges e companheiros

Nesse aspecto, mencionamos o posicionamento da doutrina: "A lei civil igualmente consagra o princípio da solidariedade ao prever que o casamento estabelece a comunhão de vida (art. 1.511, CC). A obrigação alimentar dispõe de igual conteúdo (art. 1.694, CC). Os integrantes da família são, em regra, reciprocamente credores e devedores de alimentos. A imposição de tal obrigação entre parentes representa a concretização do princípio da solidariedade familiar. Também os alimentos compensatórios têm como justificativa o dever de assistência, nada mais do que a consagração do princípio da solidariedade" (DIAS, 2017, p. 59).

> "... A solidariedade, portanto, culmina por determinar o amparo, a assistência material e moral recíproca, entre todos os familiares, em respeito ao princípio maior da dignidade da pessoa humana..." (GAGLIANO, 2018, p. 102).

Fundamento constitucional: art. 3º, I, CF/88: "Constituem objetivos fundamentais da República Federativa do Brasil: I – construir uma sociedade livre, justa e solidária".

1.4.8. Princípio da função social da família

A família corresponde à base da sociedade e, como consequência, fundamento para o Estado brasileiro.

> "Tendo em vista esses princípios, resta claro que a família não pode mais ser vista, atualmente, como um fim em si mesmo, sendo, ao contrário, um instrumento, um locus privilegiado para o desenvolvimento pleno da personalidade dos seus membros. A ideia de "comunhão plena de vida", atualmente positivada no art. 1.511 do Código Civil de 2002, ao menos no que tange às famílias jurídicas não fundadas no parentesco, como nas espécies do casamento e do companheirismo, é representativa do novo perfil

> concebido no que toca à autenticidade das relações familiares merecedoras de tutela e de promoção pelo Direito Contemporâneo. Recorda-se, em tempo, que a dignidade da pessoa humana não deve ser vista apenas sob o prisma da proteção do indivíduo, sob pena de se resultar num individualismo extremo. O ser humano deve, enquanto ser social, ser visto em seu aspecto individual, mas também em seu aspecto social, sendo a família o primeiro e privilegiado núcleo de integração social. Assim, impõem-se, atualmente, um novo tratamento jurídico da família, tratamento este que atenda aos anseios constitucionais sobre a comunidade familiar, a qual deve ser protegida na medida em que atenda a sua função social, ou seja, na medida em que seja capaz de proporcionar um lugar privilegiado para a boa vivência e dignificação de seus membros. Neste sentido, afigura-se importante registro de que as alterações pertinentes ao direito de família, advindas da Constituição Federal de 1988 e do Código Civil de 2002, demonstram e ressaltam a função social da família no direito brasileiro" (GAMA, 2018, p. 145-146).

> "De fato, a principal função da família é a sua característica de meio para a realização de nossos anseios e pretensões. Não é mais a família um fim em si mesmo... mas, sim o meio social para a busca de nossa felicidade na relação com o outro" (GAGLIANO, 2018, p. 107).

Como exemplos de aplicação prática desse princípio, citamos: o reconhecimento da união homoafetiva como entidade familiar (aceitando que a sociedade está em constante mutação, devendo o Direito acompanhar essas transformações); a luta pela efetivação do princípio da igualdade em todas as vertentes (homem e mulher; entre os filhos e entidades familiares) e o respeito às diferenças; a necessidade de inserção de crianças e adolescentes no seio de suas famílias naturais ou substitutas; o parentesco civil decorrente da paternidade socioafetiva; a proteção a criança e ao adolescente; a proteção ao idoso, etc.

Capítulo 2º

Concepção de Família

2.1. Várias concepções da palavra família

São várias as formas de conceituação e definição do que é família dentro do nosso Direito Positivo. Cada ramo do Direito procura estabelecer os contornos do que é família (Direito Previdenciário, Direito Tributário, Direito Penal, Direito Processual Civil, etc.). O nosso objetivo, nas linhas seguintes, é buscar estabelecer contornos para a expressão "família", dentro do que estabelece o nosso legislador no Código Civil e Constituição Federal de 1988, referente ao Direito das Famílias.

Vejamos alguns enfoques dessa expressão:

Sob o caráter consanguíneo, família é a busca de um ancestral comum. É relação entre ascendentes e descendentes recíprocos, bem como a busca de se estabelecer um ascendente em comum (parentesco em linha colateral).

Já pelo enfoque afetivo, poderíamos acrescentar ao conceito acima o cônjuge ou companheiro (em sentido estrito) ou qualquer pessoa que pratica e desenvolve a solidariedade doméstica e cooperação recíproca (concepção ampla).

Tendo como parâmetro o instituto "poder familiar", poderemos chegar à definição que família é o conjunto de direitos e deveres decorrentes da relação entre pais e filhos menores não emancipados.

Seguindo as diretrizes das famílias em sentido estrito, seria o vínculo entre pais e filhos que ainda não constituíram a sua própria entidade familiar unidos por qualquer tipo ou espécie de parentesco consanguíneo ou por afetividade.

De acordo com os mandamentos do Direito das Sucessões, família é a relação entre cônjuges ou companheiros, parentes em linha reta sem nenhuma restrição ao grau de parentesco e parentes colaterais até o 4º (quarto) grau.

Nas lições de Paulo Nader, encontramos ótimos ensinamentos sobre o assunto: "... podemos dizer que família é uma instituição social, composta por mais de uma pessoa física, que se irmanam no propósito de desenvolver, entre si, a solidariedade nos planos assistencial e da convivência ou simplesmente descendem uma da outra ou de um tronco comum. Ao lado de grande-família, formada pelo conjunto de relações geradas pelo casamento, ou por outras entidades familiares e acrescida pelo parentesco, existe a pequena-família, configurada pelo pai, mãe e filhos. Algumas disposições do Direito Civil alcançam os membros da grande-família, enquanto outras se dirigem à pequena" (NADER, 2016, vol. 5, p. 3-4).

> "Acrescenta-se, por fim, que há, na doutrina, uma tendência de ampliar o conceito de família, para abranger situações não mencionadas diretamente pela Constituição Federal. Fala-se assim em:
>
> a) Família Matrimonial: decorrente do casamento;
>
> b) Família Informal: decorrente da união estável;
>
> c) Família Monoparental: constituída por um dos genitores com seus filhos;
>
> d) Família Anaparental: constituída somente pelos filhos;
>
> e) Família Homoafetiva: formada por pessoas do mesmo sexo;
>
> f) Família Eudomonista: caracterizada pelo vínculo de afeto;"

A Lei n. 12.010, de 2009 (Lei da Adoção), conceitua família extensa como "aquela que se estende para além da unidade pais e filhos ou da unidade do casal, formada por parentes próximos com os quais a criança ou adolescente convive e mantém vínculos de afinidade e afetividade" (GONÇALVES, 2016, p. 35).

Resta demonstrada a dificuldade de estabelecer um conceito sobre família, dado o enorme valor semântico dessa palavra e os vários enfoques que essa expressão pode ser utilizada dentro da nossa sociedade. Isso sem falarmos da concepção popular, religiosa e sociológica de família. Assim, reconhecemos a existência de várias formas e diferenciadas espécies de família e a necessidade de aceitação e proteção de todas, sem distinção ou preconceito.

Sem fugirmos da polêmica citada acima, iremos trabalhar a expressão "família" exclusivamente sob o enfoque jurídico, ou seja, para nós, **família é a instituição que gera direitos e deveres entre pessoas que constituem uma entidade familiar, positivada ou não, no nosso ordenamento jurídico e que caracteriza o parentesco consanguíneo na linha reta ou na linha colateral até o 4º grau, parentesco por afinidade ou parentesco que decorre da lei (parentesco civil/adoção e parentesco por afetividade)**. Não podemos deixar de destacar nesse conceito os aspectos afetivo, consanguíneo e a intenção de constituir família. Esse último aspecto (affectio) será importante na abordagem decorrente dos institutos (casamento, união estável, união homoafetiva, união poliafetiva, guarda compartilhada, abandono afetivo, multiparentalidade, paternidade socioafetiva, etc.).

2.2. Crise da família

Vários são os fatores que nos levam a concluir que a família brasileira passa por acentuada crise de valores. Sem adentrarmos a fundo nos aspectos religiosos e sociológicos do tema, que não é objeto central desse livro, podemos indicar:

> **1º) Crise do Estado:** a estabilidade econômica em muito tem ajudado a população brasileira, pois gera segurança e atrai investimentos estrangeiros ao nosso país. Ao mesmo tempo, em todos os setores do Estado brasileiro, encontramos informações de mau gerenciamento do dinheiro público. O dinheiro arrecadado pelo Estado na cobrança de tributos nem sempre chega ao seu destinatário final, que é o povo brasileiro. Esse fato, aliado às palavras "corrupção" e "impunidade" acabam gerando uma perigosa inversão de valores dentro da nossa sociedade.

Verificamos uma evolução em vários setores da nossa sociedade graças ao investimento público. Entretanto, pelo menos em dois setores, saúde e educação, percebemos a necessidade de uma política estatal adequada, sob pena de continuarmos com o rótulo de "país em desenvolvimento".

É de conhecimento de todos o estágio precário desses setores da nossa sociedade. Falando especificamente da educação, notamos um sucateamento do ensino público fundamental e médio. O ensino superior ainda mantém alguma qualidade, contudo, os cursos mais concorridos geralmente são frequentados por alunos de razoável poder econômico e advindos de escola particular, gerando assim uma inversão de valores dentro do nosso sistema educacional. Nesse aspecto, recomendamos ao leitor uma pesquisa e questionamentos sobre as políticas de cotas nas universidade públicas e as formas de ingresso e preenchimento das vagas no ensino superior.

A falta de prioridade e recursos adequados (quantidade x qualidade) na educação gera essa ausência de complemento na formação do caráter do indivíduo, estrangulando a possibilidade de desenvolvimento intelectual da grande maioria da nossa população. Isso acarreta perda da capacidade de compreensão de questões fundamentais da sociedade, a médio ou longo prazo, e ausência de qualquer estímulo para exercício da cidadania e resgate dos valores culturais e históricos do nosso país.

Encerramos esse tópico por aqui, apesar da necessidade da discussão e reflexão de outros fatores que contribuem para o enfraquecimento da família brasileira. Para evitarmos uma discussão direta sobre temas políticos, que não é objeto central desse trabalho, sugerimos ao leitor a leitura de um bom livro de ciência política contemporânea.

2º) Modificação de valores e costumes: a sociedade mundial e a sociedade brasileira vêm sofrendo mutações constantemente dia após dia. Várias causas poderiam ser apontadas como perda ou crise de valores. Destacamos a necessidade intensa dos pais em complementarem o orçamento familiar com jornada de trabalho intensa e pouco ou nenhum contato com os filhos, que ficam sob responsabilidade de terceiros; a falta de respeito com as pessoas idosas, que são tratadas mais como um ônus para a família do que uma pessoa com experiência de vida e que pode transmitir valores para os mais novos; uma liberação sexual exagerada que em alguns momentos chega à promiscuidade; falta de incentivo à educação e cultura; a cultura de levar vantagem em tudo; uso exagerado e compulsivo de celulares, *ipads*, *tablets* e demais aparelhos tecnológicos utilizados em vários momentos como "babá eletrônica" sem controle e metodologia de utilização, etc.

A ausência dos pais na vida dos filhos acaba desagregando a família, deixando de existir uma família como um "corpo", um sistema, um todo. Isso acaba enfraquecendo o Estado brasileiro, pois a família é a "célular mater" do Estado.

3º) Crise das instituições religiosas: o Brasil, segundo dados do IBGE, é um país predominantemente católico. Embora percebamos o surgimento e crescimento de outros credos religiosos, dentre outras coisas, por fator de colonização, ainda continuamos com quase 75% (setenta e cinco por cento) da nossa população seguidora do catolicismo. Ao mesmo tempo, percebemos que várias pessoas se afastam dos dogmas da Igreja Católica, sem se aproximar de outra religião por não aceitar a postura tradicional dessa seita religiosa.

Alguns temas controvertidos ou polêmicos dentro da nossa sociedade são simplesmente tratados como pecados ou proibições pela igreja. Alguns exemplos: divórcio, aborto, uso de preservativo, virgindade, união estável, união homoafetiva, gravidez na adolescência, direitos do embrião, células-tronco, etc. Assim, a sociedade civil acaba se afastando ou mesmo perdendo aos poucos a sua convicção ou crença religiosa, pois não encontra apoio na igreja para discutir de forma adequada esses assuntos.

Ao mesmo tempo, em razão da liberdade religiosa pregada na nossa Constituição Federal de 1988, encontramos cada vez mais o surgimento de novas seitas religiosas preocupadas, em algum momento, simplesmente em arrecadar contribuições dos seus fiéis sem a menor preocupação de transmitir valores ou mesmo algum ensino religioso para os integrantes da nossa sociedade. A religião deveria ser um complemento na formação da personalidade do indivíduo, entretanto, a grande maioria da população atualmente só procura algum credo religioso em momentos delicados da sua vida. Isso demonstra que a crença ou convicção religiosa também interfere no desenvolvimento da família brasileira e que a religião, junto com o Estado, são fundamentais para o resgate de alguns valores perdidos pela sociedade com o passar dos tempos.

4º) Crise do casamento: a entidade familiar "casamento" continua sendo a principal forma de constituição de família dentro da nossa sociedade. O enfraquecimento dessa instituição se dá não apenas pela possibilidade de dissolução do vínculo matrimonial através do divórcio, mas também pelo surgimento de outras entidades familiares (união estável, família monoparental ou união homoafetiva). O real motivo pela crise do casamento é o que chamamos de "vulgarização" desse instituto. Um percentual razoável das pessoas que compõem a sociedade brasileira não encara o casamento como uma manifestação de vontade que gera direitos e deveres, e principalmente uma forma de constituição da família. O casamento é visto em várias oportunidades como um simples contrato que pode ser desfeito a qualquer momento, como se fosse um contrato de compra e venda ou locação.

Não existe conscientização da necessidade de se encarar o casamento como instituição fundamental na formação da família e do Estado brasileiro. As pessoas envolvidas, em alguns momentos, não percebem que o casamento, além dos direitos patrimoniais, também interfere em vários direitos inerentes à personalidade do ser humano e, portanto, não pode ser tratado simplesmente segundo os dogmas do Direito Contratual. Alguns fatores externos ao casamento acabam interferindo nesse vínculo jurídico e agravando esse quadro, dentre os quais mencionamos: problemas financeiros; liberalismo sexual; stress do homem moderno (trânsito, violência, desgaste físico e mental acima do normal no cumprimento da jornada de trabalho mensal, etc.); péssima formação moral, educacional e cultural dos nubentes e mais tarde dos filhos; não acompanhar e seguir algum credo religioso, violência doméstica ou familiar, etc.

Para deixar claro ao leitor o nosso entendimento, o que nós pregamos é uma maior responsabilidade no momento de formalização do casamento e, principalmente, a necessidade de um amadurecimento das pessoas envolvidas antes da sua celebração propriamente dita. Sem dúvida, a Lei do Divórcio (Lei n. 6.515/77) é um marco positivo no Direito das Famílias brasileiro, pondo fim a uma discussão enorme sobre a possibilidade ou não da dissolução do casamento. Contudo, é inadmissível a interpretação dada por várias pessoas, com fundamento nessa lei, de que a ruptura dessa entidade familiar é apenas a extinção de um contrato.

Os profissionais do Direito, de uma forma geral, estão acostumados com essa falta de respeito a essa instituição que continua sendo a base da família brasileira, e que por estar em crise acaba provocando um enfraquecimento de todo o Estado brasileiro. É comum a propositura de demandas judiciais com o objetivo de por fim ao casamento. Em alguns momentos, percebemos que o referido vínculo nem deveria ter existido, nem mesmo chegado ao final por ausência de compreensão ou carinho das pessoas envolvidas, algo raro atualmente.

2.3. Evolução científica

Os novos direitos, ou direitos de quarta geração, como são chamados os assuntos vinculados ao biodireito e bioética também merecem destaque na parte inicial desse trabalho. É de conhecimento de todos que, principalmente após a década de 90 (noventa) a nossa sociedade vem passando por constantes transformações tecnológicas e científicas. Assuntos do cotidiano como celular, computador, internet, TV a cabo, *Facebook*, *WhatsApp*, *Instagram*, mídias sociais em geral, essenciais para a realização de atividades profissionais, pessoais ou mesmo lazer, que até alguns anos atrás eram estranhos à nossa sociedade.

O Direito das Famílias não passou imune a essa transformação, ou melhor dizendo, a essa evolução científica. Temas que antigamente eram abordados como algo de ficção, hoje estão presentes na realidade forense.

Meramente, a título de ilustração, destacamos: exame de DNA; bebê de proveta; barriga de aluguel; inseminação artificial; fertilização *"in vitro"*/reprodução assistida; direitos do embrião; células-tronco; direitos do nascituro; mudança de sexo, etc. Percebemos que o Direito Positivo não consegue acompanhar a evolução constante desses novos direitos acarretando debates e longas discussões jurídicas e, ao mesmo tempo, insegurança jurídica para o intérprete e aplicador do Direito. Ainda mais, os preceitos tradicionais e conservadores do Direito Civil não conseguem responder às principais questões sobre esses temas e outros que a todo momento surgem no nosso dia a dia.

Logo após a entrada em vigor da Lei n. 10.406/02, várias foram as críticas ao Código Civil atual por não abordar diretamente esses temas. Pelo fato do projeto Miguel Reale, que resultou no Código atual ter sido elaborado em 1975, era corriqueira a afirmação do surgimento de um novo Código Civil já desatualizado em razão das referidas mudanças que a nossa sociedade sofreu e vem sofrendo.

Sobre esse assunto, ousamos discordar dos críticos, pois o Código Civil atual é fruto de longo processo legislativo, sofrendo várias alterações durante a sua tramitação no Congresso Nacional. Alegar desatualização simplesmente pelo fator cronológico é negar todas as fases de tramitação de qualquer projeto de lei, assim como a participação dos representantes da sociedade civil. Não é papel do Código Civil disciplinar e regulamentar esses novos direitos, dada a especificidade inerente a cada um dos tópicos citados acima. Ademais, a maioria dos temas exige a utilização de conceitos que extrapolam a ciência jurídica e que estão em constantes mutações. Assim, a inclusão desses temas, além de inadequada, geraria um engessamento de tais assuntos, pois é da natureza e papel dos códigos existirem para dispor de situações gerais que se perpetuam no tempo. Isso sem falar da necessidade de uma ampla discussão dentro da sociedade sobre tais assuntos que, em vários momentos, exigem também uma postura religiosa sobre o tema.

Realmente, o Código Civil atual apresenta algumas imperfeições e falhas, até porque é fruto da elaboração humana. Todavia, pesando os acertos e erros, julgamos que o legislador de 2002 mais acerta do que erra. Vários institutos foram incluídos na legislação atual, buscando maior justiça social e redistribuição de riquezas dentro da nossa sociedade. No Direito das Famílias, a alteração mais significativa foi a busca por adequar a legislação civil aos preceitos estabelecidos pelo legislador constitucional de 1988, em respeito à liberdade, à igualdade e total vedação ao preconceito e discriminações, garantindo respeito à dignidade da pessoa humana e à função social da família.

2.4. Principais inovações do Direito das Famílias introduzidas pela Lei n. 10.406/02 — Código Civil

Com fundamento nos princípios da igualdade entre os cônjuges e igualdade dos filhos, várias alterações legislativas foram introduzidas no Direito da Família, muitas delas inseridas no corpo do Código Civil atual.

Inspirados na obra coletiva sob a coordenação do conceituado jurista Sálvio de Figueiredo Teixeira, abaixo elencaremos as principais inovações, sendo objetivo das páginas seguintes comentar as referidas alterações:

> "Em relação ao casamento, *verbi grata*, destacada a comunhão plena de vida como objetivo, a igualdade de direitos e deveres dos cônjuges sempre no interesse do casal e dos filhos (arts. 1.511 e 1.567) e a sua natureza civil (art. 1.511), explicitou-se:
>
> 1 – que gratuita é a sua celebração, não sendo devidas custas e emolumentos pela habilitação, registro e primeira certidão para as pessoas que se declararem pobres (art. 1.512);
>
> 2 – que vedada é a interferência de terceiros (art. 1.513);
>
> 3 – que a idade núbil passou a ser 16 (dezesseis) anos para o homem e a mulher, exigindo-se a autorização dos pais ou representantes legais até a maioridade civil (art. 1.517);
>
> 4 – que os "impedimentos" são reduzidos a sete hipóteses, eliminada a decorrente de adultério (art. 1.521);
>
> 5 – que quatro são as hipóteses de "causas suspensivas", antes chamadas de "impedimentos impedientes" (art. 1.523);
>
> 6 – que o casamento por procuração exige instrumento público (art. 1.542);
>
> 7 – que há prazo (180 dias) para registro de casamento de brasileiro celebrado no estrangeiro (art. 1.544);
>
> 8 – que o casamento religioso, agora disciplinado no Código (arts. 1.515/1.516), deve ser registrado para que tenha efeitos civis, em noventa dias;

9 – que o marido também poderá acrescentar aos seus os nomes de família da mulher (art. 1.565);

10 – que o prazo mínimo para a separação judicial por mútuo consentimento (art. 1.574) fica reduzido a um ano;

11 – que a prévia partilha de bens não é requisito para a concessão do divórcio (art. 1.581), embora a causa suspensiva do art. 1.523, II, que apenas gera sanções;

12 – que o regime de bens poderá ser alterado durante o casamento nas condições previstas no § 2º do art. 1.639, mediante pedido motivado e autorização judicial, ressalvados os direitos de terceiros;

13 – que, salvo no regime da separação absoluta, se dispensa a outorga conjugal nas hipóteses do art. 1.647, que elenca, entre outras, a prestação de aval;

14 – que o inciso V do art. 1.641, admite a legalidade de doações e transferência de bens o concubino (a) quando adquiridos pelo esforço comum;

15 – previsto um novo regime de bens, o de participação final nos aqüestos (arts. 1.672 a 1.686), suprimido o regime dotal;

16 – que, se o cônjuge declarado culpado necessitar, fará jus a alimentos nos termos do disposto no parágrafo único do art. 1.704;

17 – que não há mais vedação de o adúltero casar com o corréu, mas o tio não pode mais casar com a sobrinha (art. 1.521 – IV);

18 – que a habilitação para o casamento passa a exigir homologação da autoridade competente (art. 1.526);

19 – que o defloramento da mulher anterior ao casamento não é mais causa de sua anulação (art. 1.557);

20 – que, para a caracterização do erro essencial sobre um dos cônjuges, não mais se exige seja inafiançável o crime por ele cometido antes do casamento, ignorado pelo outro cônjuge (art. 1.557, II);

21 – a separação das hipóteses dos incisos III e IV do art. 1.557;

22 – a proteção ao terceiro de boa-fé na nulidade do casamento (art. 1.563):

23 – a eliminação da figura do bem reservado da mulher, introduzida no Estatuto da Mulher Casada;

24 – a dissolução do casamento por morte presumida do ausente (art. 1.571, § 1º);

25 – redução do prazo de dois para a separação judicial por doença mental (art. 1.572, § 2º):

26 – que o prazo de um ano para ser requerida a conversão da separação judicial será contado do trânsito em julgado da separação ou da decisão concessiva da cautelar de separação de corpos (art. 1.580).

Quanto à união estável, vem contemplada expressamente no Código como uma das modalidades de entidade familiar, nos arts. 1.723 a 1.727, afirmando o último desses dispositivos a sua distinção com o concubinato, qualificado como "relações não eventuais entre homem e a mulher, impedidos de casar".

A união estável não se constitui se ocorrente um ou mais dos impedimentos previstos no art. 1.521 quanto ao casamento, salvo na hipótese em que a pessoa, embora casada, estiver separada de fato ou judicialmente (art. 1.723, § 1º).

Aplica-se, no campo patrimonial, por força do art. 1.725, e salvo contrato entre os companheiros, o regime da comunhão parcial de bens.

Quanto às relações de parentesco, há também inovações a considerar, tais como:

1 – o parentesco na linha colateral foi limitado ao quarto grau (art. 1.592);

2 o parentesco por afinidade decorre do casamento e da união estável; limita-se aos ascendentes, aos descendentes e aos irmãos do cônjuge ou companheiro, não se extinguindo na linha reta com a dissolução dessas entidades familiares (art. 1.595);

3 – a fecundação artificial, nas hipóteses previstas, dá ensejo à presunção de que os filhos foram concebidos na constância do casamento (art. 1.597);

4 – a prova da impotência generandi ilide a presunção de paternidade (art. 1.599);

5 – a ação negatória de paternidade é imprescritível, diz o art. 1.601, dirimindo antiga e acesa divergência doutrinária e jurisprudencial;

6 – a ampliação das formas de reconhecimento dos filhos havidos fora do casamento, já previstas pela Lei n. 8.560/92, foi incorporada ao Código (art. 1.609);

7 – só a pessoa maior de dezoito anos pode adotar (art. 1618);

8 – a adoção depende de concordância do adotando maior de doze anos (art. 1.621);

9 – o pátrio poder no novo Código passou a chamar-se poder familiar (arts. 1.630 a 1.638);

10 – o art. 1614 reproduz a regra do art. 362 do Código anterior, afastando a mudança introduzida em 1992 pelo art. 4º da Lei n. 8.560/1992;

11 – o Código de 2002 torna necessário o processo judicial à concessão da adoção (art. 1.623);

12 – a recusa à perícia ou exame médico ordenado judicialmente poderá ensejar presunção desfavorável (arts. 321/322);

13 – permite-se a revogação do consentimento até a publicação da sentença de adoção (art. 1.621, § 2º);

14 – não mais se permite a sucessão do adotado em relação ao pai biológico;

15 – o art. 1.700 do novo Código acolheu a tese da transmissibilidade aos herdeiros do devedor do dever de prestar alimentos, na linha do art. 23 da Lei do Divórcio (Lei n. 6.515/77), pondo termo à acesa polêmica se esse artigo teria ou não revogado o art. 402 do Código anterior, de 1916;

16 – no tocante à tutela e curatela, de relevo a anotar apenas a não previsão de os avós nomearem tutor (art. 1.729), de hipoteca legal (art. 1.745) e de praça para alienação de imóvel de tutelado ou curatelado (arts. 1.750 e 1.774), além da necessidade de ouvir o tutelado quando contar pelo menos doze anos de idade" (COLTRO e outros, 2005, vol. XVII, p. 57-61).

Parte II

Das Entidades Familiares

Capítulo 3º

Do Casamento

3.1. Breve relato e divisão temática

Conforme narrado nas páginas iniciais, o nosso legislador constitucional reconheceu expressamente no corpo da Carta Magna a existência de 3 (três) entidades familiares dentro do nosso ordenamento jurídico (art. 226, CF/88). São elas: casamento, união estável e família monoparental.

No presente trabalho, iremos comentar as principais características das referidas entidades familiares, bem como analisar a viabilidade jurídica do surgimento de outras entidades familiares em face da aplicação do princípio da afetividade e demais princípios constitucionais.

Podemos afirmar, com fundamento na análise da Constituição Federal de 1988, doutrina e jurisprudência da existência do pluralismo familiar. Em suma, a existência de outras formas de constituição da família, além do rol descrito no art. 226, CF/88.

Abordaremos as principais entidades familiares dentro do Direito pátrio, com destaque para o estudo do casamento, união estável, família monoparental, união homoafetiva e união pluri (poli) afetiva, dentre as várias formas de conceber família dentro do Direito brasileiro.

Após o estudo das referidas entidades familiares, apresentando as características e requisitos de cada uma delas, enfrentaremos os institutos afins (comuns) aplicados a todas as formas de constituição da família, sempre buscando aplicação do princípio da igualdade entre as formas de constituição da família (não existem classes ou categorias de família).

O casamento, sob o prisma prático/fático, é sem dúvida a principal forma de constituição de família, não somente sob o aspecto religioso ou social, mas também pelo enfoque cultural e histórico.

No Código Civil, encontramos intensa regulamentação sobre o casamento, o que demonstra de plano a opção do legislador em buscar a constituição da família pela utilização dessa instituição. Do texto legal, destacamos a leitura dos arts. 1.511 a 1.590, CC e 1.639 a 1.722, CC, isso sem falar da legislação extravagante: Lei do Divórcio (Lei n. 6.515/77), Lei de Alimentos (Lei n. 5.478/68), Estatuto da Criança e do Adolescente (Lei n. 8.069/90). Percebe-se a conduta do legislador infraconstitucional em buscar geralmente, através de normas de ordem pública, disciplinar a grande maioria das situações envolvendo esse instituto. O objetivo central foi evitar ao máximo a insegurança jurídica sobre esse tema, pois apesar do casamento hoje em dia perder espaço para as outras entidades familiares, esse instituto continua merecendo atenção especial de todos dentro da sociedade, em razão de continuar sendo a opção mais utilizada pelos casais no momento de formação e consolidação da família. Não podemos esquecer a tradição, costumes da sociedade brasileira e a acentuada influência da igreja no momento de escolha do casal.

Esse destaque do casamento dentro da legislação civil não pode sugerir uma hierarquia no plano jurídico com as demais entidades familiares, sob pena de desrespeito à Constituição Federal de 1988, e em especial ofensa ao que estabelece o princípio da igualdade entre as entidades familiares (art. 5º c/c art. 226, todos da CF/88).

3.2. Conceito de casamento

Antes de emitirmos o nosso conceito, vejamos o que a doutrina dispõe sobre o assunto, ressaltando a existência de uma proximidade muito grande entre eles.

Para o saudoso mestre Silvio Rodrigues: "Casamento é o contrato de direito de família que tem por fim promover a união do homem e da mulher, de conformidade com a lei, a fim de regularem suas relações sexuais, cuidarem da prole comum e se prestarem mútua assistência" (RODRIGUES, 2022, vol. 6, p. 19).

Não é diferente as lições de Caio Mário: "... A isto atendendo, e aos caracteres e finalidade matrimoniais desenvolvidos adiante (n. 375, infra), animamo-nos a defini-lo: O casamento é a união de duas pessoas de sexo diferente, realizando uma integração fisiopsíquica permanente" (PEREIRA, 2020, vol. V, p. 53).

Ainda na doutrina, encontramos os seguintes ensinamentos: "... considera casamento o negócio jurídico de Direito de Família por meio do qual um homem e uma mulher se vinculam através de uma relação jurídica típica, que é a relação matrimonial. Esta é uma relação personalíssima e permanente, que traduz ampla e duradoura comunhão de vida...". Elogiável. Também, o conceito de casamento encontrado no art. 1.577 do Código Civil português de 1966, um dos poucos diplomas do mundo a definir tal instituto: "Casamento é o contrato celebrado entre duas pessoas de sexo diferente que pretendem constituir família mediante uma plena comunhão de vida, nos termos das disposições deste Código" (GONÇALVES, 2022, vol. VI, p. 24).

Após a indicação dos conceitos de autores renomados, ousamos definir esse instituto da seguinte forma:

> **Casamento é uma entidade familiar de pessoas de sexo diferentes que passa a existir juridicamente após a formalização dos requisitos exigidos pelo nosso legislador, sendo ainda, caracterizada pela cooperação entre os cônjuges, mútua assistência e educação, guarda e sustento dos filhos menores.**

3.3. Requisitos essenciais

Do conceito citado acima, extraímos os requisitos inerentes a esse instituto. São eles: entidade familiar; diversidade de sexo; negócio jurídico solene; cooperação entre os cônjuges; mútua assistência e educação; guarda e sustento dos filhos menores. Abaixo, iremos comentar cada requisito detalhadamente:

Entidade familiar: o casamento é uma forma de constituição de família que gera uma comunhão de vida entre os nubentes e dessa forma cria direitos e deveres decorrentes da manifestação de vontade. O Código Civil atual dividiu referido direitos em dois grupos: direito pessoal (arts. 1.511 a 1.590) e direito patrimonial (arts. 1.639 a 1.722).

Diversidade de sexo: parte da doutrina entende que a diversidade de sexo deixou de ser requisito essencial do casamento, pós-julgado do STF, que reconheceu a união homoafetiva como entidade familiar, com fundamentos nos princípios da dignidade da pessoa humana, liberdade, igualdade e afetividade. Dessa forma, hoje poderíamos utilizar a expressão e instituto "casamento homoafetivo" para designar o vínculo de pessoas do mesmo sexo. Particularmente, entendo que a expressão "união homoafetiva" melhor explica o relacionamento de pessoas do mesmo sexo como entidade familiar independente e autônoma do casamento, destacando que o Supremo Tribunal reconheceu a união homoafetiva como entidade familiar nos termos da Constituição Federal, equiparando à união estável, pois em ambos os relacionamentos existe a união fática com o objetivo de constituição da família. Assim, o tratamento da união homoafetiva de forma particular, demonstra a necessidade de respeito às pessoas do mesmo sexo que buscam constituir família. Ainda reiterando que a terminologia não é o assunto mais importante a ser considerado nesse tema, e sim o respeito aos princípios constitucionais do Direito das Famílias, que permitem que pessoas do mesmo sexo constituam família independente do nome dado a entidade familiar.

Negócio jurídico solene: o legislador exige uma gama razoável de atos para a formalização do casamento. Esses atos abrangem desde as formalidades que antecedem o casamento (processo de habilitação) até a celebração do casamento propriamente dito (art. 1.535, CC). Em suma, o casamento é um acordo de vontades seguindo o formalismo estampado na lei e celebrado perante autoridade competente.

Cooperação entre os cônjuges: nesse requisito do casamento, percebemos a preocupação do legislador infraconstitucional em garantir a plena igualdade entre o homem e a mulher. Destacamos os arts. 1.511 e 1.565, CC onde verificamos essa concepção presente na legislação civil:

> Art. 1.511, CC – O casamento estabelece comunhão plena de vida, com base na igualdade de direitos e deveres dos cônjuges.
>
> Art. 1.565, CC – Pelo casamento, o homem e a mulher assumem mutuamente a condição de consortes, companheiros e responsáveis pelos encargos da família.

Mútua assistência: a comunhão plena da via necessária para a existência do casamento exige que as partes envolvidas busquem auxílio recíproco. Referido auxílio corresponde a um cônjuge ajudar o outro não apenas no aspecto patrimonial, mas também no auxílio moral e intelectual. Na constância do casamento, cada cônjuge deve buscar não apenas a sua felicidade de forma individual, mas também a satisfação do outro cônjuge. Deve ocorrer o desenvolvimento pessoal, profissional e cultural do casal, sendo que um cônjuge deve auxiliar, amparar e proteger o outro na realização desses ideais. Antecipando o que será abordado na sequência, notamos que uma das principais causas de dissolução do casamento é a não observância desse requisito. Muitas vezes, a mútua assistência deixa de existir em razão do individualismo exagerado e pela ganância de aquisição de bens, gerando o desgaste natural do vínculo jurídico matrimonial.

Educação, guarda e sustento dos filhos: esse requisito impõe o dever alimentar decorrente do parentesco consanguíneo e do instituto poder familiar. Não podemos esquecer que os pais são civilmente responsáveis pelos atos praticados pelos filhos menores (art. 932, I, CC). Sobre esse tema, lembramos a regra do art. 229, CF/88: "Os pais têm o dever de assistir, criar e educar os filhos menores, e os filhos maiores têm o dever de ajudar e amparar os pais na velhice, carência ou enfermidade". Ficou consagrada na nossa Constituição Federal a reciprocidade entre pais e filhos com relação ao débito alimentar e a Lei n. 10.741/2003 — Estatuto do Idoso, especificamente nos arts. 11 a 14, que garantiu os direitos alimentares da pessoa idosa.

Ainda sobre esse requisito, deixamos claro ao leitor que a procriação não é requisito essencial do casamento, mas sim o dever de amparo e educação dos filhos menores. Entendimento em sentido contrário poderia condenar casais que não têm filhos, por opção pessoal ou questão biológica, a não serem merecedores de ampla proteção da legislação civil e poderem afirmar que realmente constituíram uma família. Devemos entender que a reprodução é uma consequência natural do casamento e não algo inerente a esse instituto. Esse assunto cada vez mais perde o seu interesse prático dada a possibilidade da utilização da adoção, formas artificiais de concepção da vida ou mesmo opção dos cônjuges em não terem filhos por algum motivo de foro íntimo.

3.4. Natureza jurídica

Acentuada discussão doutrinária existe sobre referido tema. Resumidamente, destacamos os três principais entendimentos:

Para a primeira corrente, o casamento é uma instituição, pois apresenta regras, princípios, características e regulamentação própria, o que difere dos demais institutos presentes no nosso Direito Positivo. Aponta a doutrina a existência de regras específicas sobre as formalidades preliminares ao casamento; espécies de casamento; forma de celebração; questões patrimoniais e pessoais e tratamento diferenciado com relação à forma de dissolução do casamento. Para os seguidores desse entendimento, o casamento é uma entidade familiar fundamental na noção e concepção do que é família e Estado, daí o tratamento dado pelo legislador pátrio.

Seguindo entendimento em sentido contrário, encontramos os adeptos da corrente contratualista. Para esses autores, o casamento é um negócio jurídico solene que surge pelo acordo de vontades livre e consciente dos nubentes. Adotando esse posicionamento, podemos afirmar que o casamento é um contrato de Direito das Famílias, com o objetivo de constituir uma entidade familiar definida na lei. Com apoio no art. 1.514, CC ("O casamento se realiza no momento em que o homem e a mulher manifestam, perante o juiz, a sua vontade de estabelecer vínculo conjugal, e o juiz os declara casados"), procuram destacar a autonomia da vontade como fator primordial para a existência do casamento.

Por último, indicamos o terceiro posicionamento, chamado de misto ou eclético, onde o casamento é interpretado como uma instituição + negócio jurídico. Os adeptos dessa corrente procuram reunir os fundamentos das duas teses anteriores (regras próprias + autonomia da vontade).

Particularmente, somos seguidores desse último entendimento (corrente eclética), tendo em vista que não podemos negar a necessidade da manifestação espontânea, livre e consciente do elemento "vontade" para a existência do casamento, mas ao mesmo tempo a análise da nossa legislação nos permite afirmar que o casamento é uma instituição com contornos próprios que o difere dos demais institutos presentes no nosso ordenamento jurídico. Apesar dessa discussão apresentar maior interesse teórico do que prático, nas páginas seguintes, ao abordarmos os direitos patrimoniais decorrentes do casamento e a formas de dissolução do casamento, voltaremos a essa discussão sobre a natureza jurídica do casamento.

3.5. Dos atos que antecedem o casamento

Buscando a segurança jurídica através da exigência da prática de determinados atos, encontramos na nossa legislação o que a doutrina chama de "formalidades oreliminares do casamento", que abrange desde o requerimento elaborado pelas partes, demonstrando a sua intenção de contrair núpcias, até a celebração do casamento propriamente dito.

> "..., o casamento é o ato com maior número de solenidades, no direito civil, no que é secundado pelo testamento. A lei procura envolvê-lo de pompa, publicidade e solenidade, de molde que garanta sua validade, bem como demonstrar sua importância no seio da sociedade. As exigências formais incluem um procedimento prévio, que antecede à celebração" (VENOSA, 2020, vol. VI, p. 49).

O processo de habilitação do casamento inicia-se com a elaboração de requerimento firmado por ambos os nubentes, de próprio punho ou, a seu pedido, por procuração endereçada ao oficial do Cartório de Registro Civil, com audiência do Ministério Público. Caso haja impugnação do oficial do Ministério Público ou de terceiros, a habilitação será submetida ao juiz (art. 1.526, CC).

Exige-se, ainda, a juntada ao presente requerimento dos seguintes documentos: certidão de nascimento ou documento equivalente; autorização por escrito das pessoas sob cuja dependência legal estiverem, ou ato judicial que a supra; declaração de duas testemunhas maiores, parentes ou não, que atestem conhecê-los e afirmem não existir impedimento que os iniba de casar; declaração do estado civil, do domicílio e da residência atual dos contraentes e de seus pais, se forem conhecidos; certidão de óbito do cônjuge falecido, de sentença declaratória de nulidade ou de anulação de casamento, transitada em julgado, ou do registro da sentença de divórcio (art. 1.525, CC).

Dentre os citados documentos, destacamos que a certidão de nascimento ou documento equivalente (RG, CPF, título de eleitor ou passaporte) tem a finalidade de atestar a idade mínima para contrair núpcias exigida pela legislação. Reza o art. 1.517, CC que a idade mínima para se adquirir capacidade para o casamento, tanto para o homem como para mulher, é de 16 (dezesseis) anos. Para as pessoas entre 16 (dezesseis) e 18 (dezoito) anos, é necessária a autorização dos representantes legais para a realização do casamento, pois não podemos esquecer que a menoridade cessa aos dezoito anos completos, quando a pessoa fica habilitada à prática de todos os atos da vida civil (art. 5º, CC). Até a celebração do casamento, podem os pais, tutores ou curadores, revogar a autorização para o casamento. Na hipótese de discordância ou ausência da manifestação de vontade dos pais, os nubentes poderão pleitear autorização judicial para contrair núpcias (suprimento judicial), demonstrando ao magistrado que apresentam maturidade e consciência dos direitos e deveres decorrentes do casamento (art. 1.517, parágrafo único c/c art. 1.631, parágrafo único, todos do Código Civil). Lembramos ao leitor que, em razão da aplicação do princípio da igualdade não prevalece mais a vontade paterna sobre a vontade materna. O magistrado irá se manifestar levando-se em consideração o que é mais importante e relevante para o casal, e que atenda as diretrizes da nossa legislação. Não será permitido o casamento de quem ainda não atingiu a idade núbil (dezesseis anos) em nenhuma hipótese, segundo a disciplina do art. 1.520, CC: "Não será permitido, em qualquer caso, o casamento de quem não atingiu a idade núbil, observado o disposto no art. 1.517 deste Código".

Ainda sobre a prova da idade dos nubentes, citamos a regra do art. 1.641, II, CC, que impõe o regime da separação obrigatória de bens para as pessoas casadas com mais de 70 (setenta) anos de idade (art. 1.641, II, CC: "É obrigatório o regime da separação de bens no casamento: II – da pessoa maior de setenta anos").

A declaração assinada por duas testemunhas tem o objetivo de confirmar a identificação dos nubentes e a inexistência de impedimentos para contrair o casamento, lembrando que a nossa legislação permite que referida declaração seja elaborada por parentes dos contraentes.

Carlos Roberto Gonçalves, com o brilhantismo de sempre, comenta os demais requisitos exigidos pelo legislador: "O documento, que recebe a denominação de memorial, destina-se a uma perfeita identificação dos nubentes e deve ser assinado por eles. A declaração esclarecerá se os nubentes são maiores ou menores, solteiros, viúvos ou divorciados, devendo os viúvos informar se há filhos do primeiro casamento e os divorciados exibir certidão do registro de sentença; se o casamento anterior de um deles foi anulado, onde e quando tal ocorreu. Deve ainda declarar se ambos têm domicílio na localidade ou se um deles reside em outra, o que terá influência para a publicação dos proclamas. A providência, como se percebe, oferece condições ao oficial do registro civil para aferir a existência de eventuais impedimentos ou causas suspensivas" (GONÇALVES, 2022, vol. VI, p. 49).

Estando em ordem a documentação, o oficial do Cartório de Registro Civil extrairá o edital, que se afixará durante 15 (quinze) dias nas circunscrições do registro civil de ambos os nubentes e, obrigatoriamente, se publicará na imprensa local, se houver. O art. 1.527, parágrafo único, CC permite que a autoridade competente dispense a publicação do edital, demonstrada a urgência da celebração do vínculo jurídico matrimonial. Como a lei não define expressamente o significado de urgência, caberá ao magistrado verificar o caso concreto para decidir ou não pela dispensa da publicação dos proclamas. Na doutrina, encontramos alguns exemplos: "Como exemplo de urgência capaz de deferir a dispensa de proclamas lembra a moléstia grave que ponha um dos nubentes em perigo de vida, ou a necessidade de viagem inadiável. A lei (CPC de 1939, art. 1.939, art. 744, parágrafo único) figurava como tal o crime contra a honra da mulher. E outros casos haverá em que o juiz reconhecerá a urgência" (RODRIGUES, 2022, vol. 17, p. 44).

Estando cumpridas as formalidades legais exigidas pelos arts. 1.526 e 1.527, CC (comentadas acima), e verificada a inexistência de fato obstativo, o oficial do registro extrairá o certificado de habilitação, cuja eficácia será de 90 (noventa) dias, a contar da data em que foi extraído o certificado. Esse certificado de habilitação é documento comprobatório de que o processo de habilitação ocorreu de acordo com as exigências legais. Assim, os contraentes terão o prazo citado acima para a celebração do casamento, sob pena da necessidade de formalização de um novo processo de habilitação. É pacífico o entendimento de que o prazo para a realização da celebração do casamento é um prazo decadencial e, portanto, não admite suspensão ou interrupção, pois a legislação inclusive permite o casamento em qualquer dia da semana.

Seguindo o que dispõe o art. 1.529, CC é permitido que pessoa legitimada pela lei através de declaração escrita e assinada, instruída com as provas do fato alegado, ou com a indicação do lugar onde possam ser obtidas, apresente oposição de impedimentos ou causas suspensivas.

A oposição de impedimentos é endereçada ao oficial do registro civil onde se processa a habilitação ou ao juiz que preside a celebração do casamento. O seu objetivo é demonstrar a existência ou descumprimento da regra do art. 1.521, CC, ou seja, a presença no caso concreto de algum impedimento matrimonial. A não observância do art. 1.521, CC gera o casamento nulo. A oposição dos impedimentos pode ser feita até o momento da celebração do casamento e poderá ser arguida por qualquer pessoa capaz ou mesmo de ofício pelo oficial do registro civil ou juiz da solenidade. A oposição de impedimento ou a sua declaração de ofício suspende a realização do casamento até a sua decisão final. Formalizada a oposição de impedimento, o oficial do registro dará aos nubentes ou a seus representantes nota da oposição, indicando os fundamentos, as provas e o nome de quem a ofereceu. Recebida a referida nota, os nubentes poderão requerer prazo razoável para fazer prova contrária aos fatos alegados. Após os autos serão remetidos ao juízo competente que designará uma audiência, se houver a necessidade de produção de prova testemunhal, ouvindo os interessados e o Ministério Público. A pendência jurídica será decidida em 5 (cinco) dias, cabendo a interposição de recurso de apelação, tanto por parte dos interessados como do representante do Ministério Público. Na hipótese de improcedência do pedido de oposição, e demonstrada a má-fé do oponente com fundamento no art. 186 c/c art. 1.530, todos do Código Civil, será cabível a propositura de ação de perdas e danos, inclusive com a possibilidade de ser pleiteada reparação pelos danos patrimoniais e morais, sem exclusão das consequências criminais que a declaração de oposição possa gerar.

Por sua vez, a oposição das causas suspensivas tem como objetivo alegar o descumprimento da regra do art. 1.523, CC. São situações que não geram a nulidade ou anulação do casamento, mas que descumpridas, acarretam como consequência prática a imposição do regime da separação obrigatória de bens para os contraentes envolvidos (art. 1.641, I, CC). A oposição das causas suspensivas deve ser apresentada por escrito e com as provas que servem de fundamento para as alegações do opoente, até o decurso do prazo de 15 (quinze) dias da publicação dos proclamas. Sendo tempestiva, a sua apresentação acarreta a suspensão da realização do casamento até decisão do juízo competente, tendo legitimidade para arguir oposição de causa suspensiva somente os parentes em linha reta de um dos nubentes, sejam consanguíneos ou afins e os colaterais em segundo grau, sejam também consanguíneos ou afins.

3.6. Da celebração e prova do casamento

Cumpridas todas as formalidades preliminares estabelecidas no processo de habilitação, os contraentes poderão peticionar à autoridade competente que presidirá o ato para a definição da data e local da celebração do casamento.

Ocorrendo a solenidade na sede do cartório, as portas do referido local deverão ficar abertas durante a realização de toda a cerimônia. Exige o legislador a presença de pelo menos duas testemunhas, parentes ou não dos contraentes, podendo a cerimônia ser realizada inclusive aos domingos ou feriados e a qualquer hora do dia ou à noite, desde que não ocorra de madrugada ou em altas horas noturnas, pois isso poderia comprometer a publicidade do ato e dificultar a apresentação de oposição.

Realizada a cerimônia em local particular, durante todo o ritual, referido imóvel deve estar com as portas abertas durante o ato (art. 1.534, § 1º, CC). Se um dos contraentes não souber ou não puder escrever, serão 4 (quatro) as testemunhas exigidas pelo legislador para a realização de casamento em prédio particular.

A celebração do casamento será imediatamente suspensa se algum dos contraentes se recusar à afirmação da sua vontade; declarar-se que a sua vontade não é livre e espontânea ou manifestar-se arrependido. Procurou o legislador garantir a manifestação da vontade livre e consciente, evitando a coação moral ou qualquer outro defeito do negócio jurídico. Caso o nubente provoque a suspensão da cerimônia, não será possível a retratação no mesmo dia.

Até a entrada em vigor da Lei n. 10.406/02 existia acentuada polêmica sobre o momento da consumação do casamento como instituto jurídico. A primeira corrente, levando em consideração a natureza jurídica contratual do casamento, afirmava a existência do vínculo jurídico matrimonial a partir da manifestação de vontade livre e consciente dos nubentes. Em sentido contrário, surgia a tese de que o casamento passava a existir gerando direitos e deveres a partir do momento em que a autoridade competente pronunciava a fórmula de encerramento do casamento, declarando formalizado o casamento logo após a manifestação de vontade dos contraentes.

O Código Civil atual encerrou essa celeuma jurídica ao adotar expressamente o segundo entendimento (manifestação de vontade + fórmula de encerramento). A interpretação dos art. 1.514 c/c art. 1.535, CC aponta essa diretriz adotada pelo legislador de 2002.

> Art. 1.514, CC – O casamento se realiza no momento que o homem e a mulher manifestam, perante o juiz, a sua vontade de estabelecer vínculo conjugal, e o juiz os declara casados.
>
> Art. 1.535, CC – Presentes os contraentes, em pessoa ou por procurador especial, juntamente com as testemunhas e o oficial do registro, o presidente do ato, ouvida aos nubentes a afirmação de que pretendem casar por livre e espontânea vontade, declarará efetuado o casamento, nestes termos:
>
> De acordo com a vontade que ambos acabais de afirmar perante mim, de vos receberdes por marido e mulher, eu, em nome da lei, vos declaro casados.

Com fundamento nesse raciocínio, podemos afirmar que o contraente, mesmo após a sua manifestação de vontade favorável à formalização do casamento, poderá desistir do prosseguimento da solenidade, e esse fato provocará a suspensão da cerimônia e não concretização do vínculo jurídico matrimonial, assim como o casuísmo poderá impedir a existência do casamento naquele momento: súbito problema de saúde de um dos contraentes ou mesmo da autoridade competente.

O principal meio de prova do casamento é a certidão do registro. Somente quando não for possível a prova através de certidão, é admissível o uso de outros meios de prova. Lembramos ainda a regra do art. 1.545, CC, que estabelece que o casamento de pessoas que, na posse do estado de casadas, não possam manifestar vontade, ou tenham falecido, não se pode contestar em prejuízo da prole comum, salvo mediante certidão do Registro Civil que prove que já era casada alguma delas, quando contraiu o casamento impugnado.

O casamento de brasileiro, celebrado no estrangeiro, perante as respectivas autoridades ou os cônsules brasileiros, deverá ser registrado em 180 (cento e oitenta) dias, a contar da volta de um ou de ambos os cônjuges ao Brasil, no cartório do respectivo domicílio ou, em sua falta, no 1º ofício da capital do estado que passarem a residir.

3.7. Das várias espécies de casamento

3.7.1. Casamento civil e 3.7.2. Casamento religioso com efeitos civis

O casamento válido no nosso país é o casamento civil celebrado no Cartório de Registro Civil do domicílio do casal. Apesar da tradição e costumes da nossa sociedade em realizar a cerimônia religiosa, para o Direito de Família o que realmente gera direitos e deveres é apenas o casamento segundo as diretrizes do Direito Civil. O casamento religioso, quando único, só tem eficácia se os nubentes cumprirem todas as formalidades legais. São exigências legais para que o casamento religioso produza os seus efeitos civis: a necessidade do processo de habilitação idêntico ao reclamado para o casamento civil (arts. 1.525 a 1532, CC) e o registro dentro de 90 (noventa) dias de sua realização, mediante comunicação do celebrante ao ofício competente, ou por iniciativa de qualquer interessado (art. 1.516, § 1º, CC).

O casamento religioso celebrado sem as formalidades exigidas no Código Civil terá os efeitos civis se, a requerimento do casal, for registrado, a qualquer tempo, no registro civil, mediante prévia habilitação perante a autoridade competente e o prazo do art. 1.532.

Na prática, a grande maioria dos casais celebra o casamento civil no cartório e o casamento religioso em local diverso, de acordo com o seu credo religioso. Em alguns momentos, existe um intervalo de horas ou dias entre as duas cerimônias, embora para o Direito das Famílias o que interessa é a cerimônia civil, pois somente ela gera consequências jurídicas, salvo, é claro, da hipótese do casamento religioso com efeitos civis.

3.7.3. Casamento inexistente

Trabalhando o casamento como um negócio jurídico, podemos estabelecer os três patamares ou planos do negócio jurídico: existência, validade e eficácia. Os planos da validade e eficácia serão desenvolvidos nos tópicos abaixo. Resta comentarmos, nessa oportunidade, o plano da existência.

Para o casamento existir juridicamente, são necessários três requisitos: vontade, diversidade de sexo e autoridade competente. A *contrário sensu*, é considerado casamento inexistente todo casamento caracterizado pela inobservância de qualquer um dos requisitos indicados acima.

Para a existência do casamento, é necessária a manifestação de vontade espontânea, livre e consciente. A coação física exclui a manifestação de vontade inerente ao casamento e gera o que a doutrina e jurisprudência chamam de casamento inexistente, ou seja, "o nada jurídico".

Sobre a diversidade de sexo, conforme explicação acima dentro dos requisitos essenciais do casamento, parte da doutrina entende a possibilidade da utilização de casamento em sentido amplo e, assim, a possibilidade do casamento de pessoas do mesmo sexo. Em sentido diferente, outros doutrinadores sustentam a necessidade do reconhecimento da união homoafetiva como entidade autônoma e independente do casamento e, assim, as pessoas do mesmo sexo podem constituir família através da utilização dessa entidade familiar que apresenta características distintas do casamento.

Ainda estabelece a lei a necessidade da celebração do vínculo jurídico matrimonial perante autoridade absolutamente competente.

Entre os autores renomados, apenas Silvio Rodrigues critica a distinção entre os planos de existência, validade e eficácia. Para esse autor, tudo deveria ser resolvido no plano da validade (ato válido, nulo ou anulável). Vejamos os seus ensinamentos sobre a expressão "casamento inexistente": "Em matéria de casamento a noção de inexistência apresenta-se, ainda, inconveniente, pois o matrimônio inexistente, como acabamos de ver, não pode ser declarado putativo. Assim sendo, o cônjuge de boa-fé e os filhos ficam privados dos efeitos da putatividade. Ademais, se a ideia de inexistência puder conduzir o novo casamento, independentemente de sentença judicial que declare sem efeito o enlace anterior, a sua admissão é igualmente perigosa, já que, neste caso, abrem-se as portas à bigamia, visto que será fácil a alguém escusar-se desse crime sustentando a persuasão de ter estado ligado a um matrimônio inexistente. Finalmente, desde que se afaste o preconceito de que não há nulidade sem texto e tal preconceito nunca existiu em nosso direito, a ideia de ato jurídico inexistente perde sua razão de ser" (RODRIGUES, 2022, vol. 6, p. 86).

3.7.4. Casamento nulo

Pelo critério da exclusão, podemos definir como casamento válido todo vínculo jurídico matrimonial onde foram preenchidas as exigências legais (processo de habilitação, celebração do casamento e capacidade para o casamento), assim como não existe inobservância das regras do art. 1.548, CC (casamento nulo) e art. 1.550, CC (casamento anulável). Com o estudo das hipóteses estabelecidas pelo legislador de casamento nulo e casamento anulável, podemos chegar ao conceito de casamento válido.

É nulo o casamento contraído por infringência dos impedimentos matrimoniais (art. 1.521, CC). Todas as hipóteses de casamento nulo/impedimentos matrimoniais estão elencadas no art. 1.521, CC:

> "Não podem casar: I – os ascendentes com os descendentes, seja o parentesco natural ou civil; II – os afins em linha reta; III – o adotante com quem foi cônjuge do adotado e o adotado com quem foi do adotante; IV – os irmãos, unilaterais ou bilaterais, e demais colaterais, até o terceiro grau inclusive; V – o adotado com o filho do adotante; VI – as pessoas casadas; VII – o cônjuge sobrevivente com o condenado por homicídio ou tentativa de homicídio contra o seu consorte."

Por ser norma restritiva de direitos, o rol dos impedimentos matrimoniais é taxativo ("*numerus clausus*"), não sendo admitida interpretação extensiva ou analogia para criar impedimentos para o casamento.

Podemos dividir os impedimentos matrimoniais em três grupos: parentesco (consanguíneo, afinidade e civil/adoção), decorrente de casamento anterior e resultante de crime.

É vedado o casamento entre parentes consanguíneos em linha reta, ou seja, a legislação civil proíbe o casamento entre ascendentes e descendentes. Essa limitação é aplicada a todos os graus de parentesco em linha reta. Buscou o legislador proteger a moralidade (casamento entre pai e filha ou entre avô e neta) e o aspecto biológico ("*turbatio consanguinis*" — confusão consanguínea e a probabilidade de geração de prole com sérios problemas de desenvolvimento físico e mental).

No parentesco consanguíneo de linha colateral, a vedação atinge até o terceiro grau (sobrinhos e tios). Sobre esse assunto, existe acirrada discussão na doutrina, ensejando dois entendimentos:

Para uma parte da doutrina, o art. 1.521, IV, CC, ao inserir a palavra "inclusive" no corpo do citado dispositivo legal, revogou o Decreto n. 3.200/41, que autorizava o casamento entre parentes consanguíneos até o terceiro grau, desde que existisse laudo médico assinado por dois médicos e autorização judicial (art. 2º, Decreto n. 3.200/41), adotando como fundamento jurídico a Lei de Introdução às Normas do Direito Brasileiro, que estabelece que lei posterior revoga a anterior naquilo que for contrária (art. 2º, § 1º, LICC). Em suma, o supramencionado Decreto n. 3.200/41 revogou o art. 183, IV, Código Civil de 1916 e, por sua vez, o Código Civil atual (Lei n. 10.406/02) retirou a eficácia jurídica do decreto de 1941.

Em sentido contrário, os opositores ao pensamento citado acima afirmam que, na interpretação da lei, deve-se buscar a sua finalidade, o seu sentido e alcance (interpretação teleológica). A finalidade do ora mencionado inciso do art. 1.521, CC é evitar uma confusão consanguínea em prejuízo de uma prole futura. Assim, demonstrada a inexistência de incompatibilidade de ordem biológica, não existiria fundamento jurídico para se estabelecer proibição de casamento entre parentes colaterais de 3º (terceiro) grau. Sob a palavra "inclusive", inserida na parte final do art. 1.521, IV, CC, para esses autores ocorreu apenas reprodução do conteúdo do art. 183, IV, CC, anterior sem a análise da existência do Decreto n. 3.200/41 e, portanto, não foi intenção do legislador proibir o casamento entre parentes consanguíneos na linha colateral de terceiro grau. A esse respeito, ainda citamos, o enunciado da I Jornada de Direito Civil – STJ: "O art. 1.521, IV, CC deve ser interpretado à luz do Decreto-lei n. 3.200/41, no que se refere à possibilidade de casamento entre colaterais de 3º graus (Enunciando n. 98 – Jornada de Direito Civil I – STJ).

Apesar da interpretação exegética/gramatical/literal do art. 1.521, IV, CC induzir o intérprete da lei civil a afirmar que não é possível atualmente (após a entrada em vigor do CC atual, em janeiro de 2003) o casamento entre parentes colaterais até o 3º grau, seguimos o segundo posicionamento, pois entendemos que para o caso em questão, além dos fundamentos referidos no parágrafo anterior, deve prevalecer a regra do art. 5º, LICC: "Na aplicação da lei, o juiz atenderá aos fins sociais a que ela se dirige e às exigências do bem comum". Deve prevalecer o conteúdo, e não a forma.

No parentesco por afinidade, a proibição restringe-se à linha reta (art. 1.521, II, CC). O parentesco por afinidade estabelece o vínculo jurídico entre cada cônjuge e os parentes do outro. Conforme estabelece o art. 1.595, § 2º, CC, na linha reta, a afinidade não se extingue com a dissolução do casamento ou união estável. Exemplos: é vedado o casamento com o sogro ou a sogra após a dissolução do vínculo jurídico matrimonial. Contudo, é possível o enlace matrimonial com o cunhado ou a cunhada após a extinção do contrato de núpcias.

O parentesco civil, também chamado de adoção, estabelece três impedimentos matrimoniais: vedação do casamento entre adotante e adotado (art. 1.521, I, parte final, CC); adotante com quem foi cônjuge do adotado e o adotado com quem o foi do adotante (art. 1.521, III, CC) e o casamento entre o adotado com o filho do adotante (art. 1.521, V, CC).

A principal característica da adoção é gerar a ruptura do vínculo jurídico com a família biológica e criar um vínculo jurídico com a família caracterizada pelo parentesco civil. Com a adoção, o adotante passa a ocupar o lugar do pai biológico. O objetivo desse primeiro dispositivo legal (art. 1.521, I, parte final, CC) é impedir o casamento entre pais e filhos, o que comprometeria a finalidade do instituto da adoção.

O segundo impedimento citado acima (art. 1.521, III, CC) apresenta como fundamento a moralidade, pois, com adoção, passa a existir um laço afetivo e jurídico entre adotante e adotado. O adotado passa a ocupar o *status* jurídico de filho do adotante, sendo vedado qualquer tipo de discriminação decorrente dessa espécie de parentesco (art. 227, § 6º, CF/88). Não existindo proibição a esse respeito, de uma forma indireta, o nosso legislador estaria admitindo o casamento entre sogro e nora ou entre ascendente e descendente, dada a equiparação formalizada pelo legislador constitucional.

Na terceira situação (art. 1.521, V, CC), o legislador buscou impedir o casamento entre irmãos, pois o filho adotivo goza dos mesmos direitos e deveres que os filhos biológicos e ocupa o mesmo *status* jurídico. Ainda sobre esse dispositivo legal (art. 1.521, V, CC), a atual redação da legislação civil acabou com acirrada celeuma jurídica existente na legislação anterior que estabelecia a proibição de casamento entre adotado e filho superveniente ao pai ou à mãe adotiva (art. 183, V, CC/1916) e que poderia gerar a interpretação da possibilidade do casamento entre filho adotivo com filho dos pais adotivos, desde que esse último já tivesse nascido antes da adoção. Com a nova redação, ocorreu o fim da divergência doutrinária e jurisprudencial que poderia levar ao absurdo de se permitir o casamento entre irmãos (biológico e adotivo).

O art. 1.521, VI, CC proíbe o casamento de pessoas casadas, em razão da opção ideológica do nosso legislador em consagrar o regime da monogamia. Tal dispositivo legal segue a nossa tradição cristã. Lembramos o leitor de que o CC 1916, no seu art. 183, VII, proibia o casamento do cônjuge adúltero com o seu corréu, por tal condenado, o que acabava gerando o concubinato entre essas pessoas, pois até a Constituição Federal de 1988, a união estável não era reconhecida como entidade familiar. Ainda destacando que eventual reconhecimento da união pluri (poli) afetiva como entidade familiar em nada ofende a regra da monogamia, pois nessa referida entidade familiar estaremos sempre falando de um **único** relacionamento com o diferencial da existência de mais de duas buscando a constituição de família e, como consequência, todos os deveres e direitos do casamento elencados no art. 1.566, CC (fidelidade recíproca; vida em comum, no domicílio conjugal; mútua assistência; dever de sustento, guarda e educação dos filhos e respeito e consideração mútuos) deverão ser observados no momento de constituição e manutenção dessa união.

Por último, como forma de punir o cônjuge pela prática de ato contra a vida do seu consorte, estabelece o nosso legislador a proibição do casamento entre o cônjuge sobrevivente com o condenado por homicídio ou tentativa de homicídio contra o seu consorte (art. 1.521, VII, CC). No caso em questão, trata-se do homicídio doloso tentado ou consumado. "A inspiração do impedimento é, portanto, de ordem moral. Exige-se, todavia, para a sua existência, que tenha havido condenação. Se ocorreu absolvição ou o crime prescreveu, extinguindo-se a punibilidade, não se configura o impedimento. Tendo, porém, havido condenação, não o fazem desaparecer a prescrição da pretensão executória, a reabilitação, a anistia, a graça ou perdão. Quer a lei que se trate de condenação criminal, porquanto em processo civil de separação judicial poderá ser condenado o cônjuge adúltero, não o seu corréu" (GONÇALVES, 2022, vol. VI, p. 64). Acirrada é a discussão doutrinária e jurisprudencial sobre a necessidade do trânsito em julgado para a imposição do referido impedimento matrimonial e a necessidade de respeito ao princípio da presunção de inocência (art. 5º, LVII, CF/88: "ninguém será considerado culpado até o trânsito em julgado de sentença penal condenatória").

3.7.5. Casamento anulável

Casamento anulável é o realizado em descumprimento do art. 1.550, CC: "É anulável o casamento: I – de quem não completou a idade mínima para casar; II – do menor em idade núbil, quando não autorizado por seu representante legal; III – por vício da vontade nos termos dos arts. 1.556 a 1.558 (coação e erro essencial quanto à pessoa); IV – do incapaz de consentir ou manifestar, de modo inequívoco, o consentimento; V – o realizado pelo mandatário, sem que ele ou o outro contraente soubesse da revogação do mandato, e não sobrevindo coabitação entre os cônjuges; VI – por incompetência da autoridade celebrante".

A capacidade para o casamento (art. 1.550, I e II, CC) passa a existir quando o homem e a mulher completam 16 (dezesseis) anos de idade, exigindo até os 18 (dezoito) anos a autorização dos pais para a realização do enlace matrimonial. O descumprimento desses requisitos exigidos pelo legislador gera a possibilidade de anulação do casamento.

Possuem legitimidade para a propositura de ação anulatória pela inobservância desses requisitos, o próprio cônjuge menor, os seus representantes legais e seus ascendentes. O prazo para a propositura da referida é de 180 (cento e oitenta) dias (art. 1.555, CC).

Analisando a outra situação de anulação do casamento estampada no art. 1.550, III, CC, percebemos a presença de um vício do negócio jurídico chamado coação ou pressão psicológica. Conforme relatado, a *vis absoluta* (coação física) acarreta a inexistência do casamento. Apenas a coação moral gera a hipótese ora comentada. Para isso, é necessária a apreciação do caso concreto, levando-se em consideração o sexo, idade, saúde, temperamento da vítima, usos e costumes locais e todas as demais circunstâncias que possam influir na análise da situação colocada *sub judice*. A coação moral deve ser tal que incuta ao paciente fundado temor de dano iminente e considerável à sua pessoa, sua saúde, sua honra ou de seus familiares.

A incapacidade para consentir ou manifestar de modo inequívoco o consentimento (art. 1.550, IV, CC) torna anulável o casamento, os ébrios habituais, os viciados em tóxicos, etc.

O nosso ordenamento jurídico admite o casamento por procuração, assim, a utilização de mandato para a formalização do vínculo jurídico matrimonial, estando de boa-fé o mandatário, autoriza a possibilidade de anulação do casamento, desde que não ocorra a coabitação entre os cônjuges. O art. 1.550, § 1º, CC equipara a revogação à invalidade do mandato judicialmente decretada.

A incompetência da autoridade celebrante acarreta a anulação do casamento (art. 1.550, VI, CC). A celebração do casamento deve ocorrer no mesmo local em que se promoveram as formalidades preliminares, sob pena de ficar dificultada a oposição de impedimentos ou mesmo de causas suspensivas. O casamento celebrado por autoridade fora do território da sua circunscrição (competência territorial — "*ratione loci*") gera a anulação do enlace matrimonial. O leitor não pode confundir a situação comentada acima nesse parágrafo com a incompetência em razão da matéria, pois nessa segunda situação estaremos diante do casamento inexistente.

As hipóteses de erro essencial quanto à pessoa (art. 1.550, III, CC) do outro cônjuge estão previstas no art. 1.557, CC: "Considera-se erro essencial sobre a pessoa do outro cônjuge: I – o que diz respeito à sua identidade, sua honra e boa fama, sendo esse erro tal que o seu conhecimento ulterior torne insuportável a vida em comum ao cônjuge enganado; II – a ignorância de crime anterior ao casamento, que, por sua natureza torne insuportável a vida conjugal; III – a ignorância, anterior ao casamento, de defeito físico irremediável, que não caracterize deficiência ou de moléstia grave e transmissível pelo contágio ou herança, capaz de por em risco a saúde do outro cônjuge ou de sua descendência.

O erro quanto à entidade física é de difícil configuração na prática, ainda mais levando-se em consideração os hábitos e costumes atuais. Na doutrina e jurisprudência, encontramos algumas situações vinculadas à identidade civil (conjunto de atributos e qualidades com que a pessoa se apresenta no meio social), à honra (agir de acordo com a moral e os bons costumes) e à boa fama (estima social por agir corretamente).

Sobre a prática de crime anterior ao casamento, essa hipótese somente caracteriza erro essencial quanto à pessoa, se o outro cônjuge desconhecia a prática de ilícito penal e se o conhecimento do fato tornou insuportável a vida em comum. Parte o legislador da premissa de que o conhecimento da prática de ilícito penal seria fator predominante para que o outro cônjuge não contraísse núpcias. A absolvição em processo crime exclui a possibilidade do cônjuge em pleitear a anulação do casamento com fundamento nessa hipótese. Pela sistemática atual, a sentença condenatória poderá ser prolatada após a celebração do casamento, desde que o crime tenha ocorrido antes do casamento.

O defeito físico irremediável, entende-se ser uma incapacidade física que inabilita o seu portador a realizar atos fundamentais da vida civil, com reflexos prejudiciais na esfera do casamento. A impotência pode ser *coeundi* (inaptidão para a prática do ato sexual) ou para fins de reprodução (*generandi* para os homens e *concipiendi* para as mulheres). A única espécie de impotência que gera a anulação do casamento é a decorrente da insatisfação sexual (*coeundi*), mesmo que não seja absoluta para com outra pessoa, pois a esterilidade não é reconhecida como causa de anulação do casamento, por não ser a procriação o único fim do casamento. Não podemos esquecer as preciosas lições de Luiz Edson Fachin sobre esse assunto: "Pode-se cogitar, entretanto, hipótese em que a esterilidade de um dos cônjuges é voluntária — como, por exemplo, em situação na qual, antes de contrair matrimônio, o homem realiza uma vasectomia — e, quando do casamento, é dolosamente omitida perante o outro contraente. Em tais circunstâncias, devidamente aferidos os elementos que compõem o caso concreto, pode ser cogitável a anulabilidade do casamento, até mesmo em homenagem ao princípio da boa-fé objetiva, que também incide sobre as relações de família" (FACHIN, 2022, vol. 15, p. 180-181).

Em suma, a caracterização do erro essencial quanto à pessoa do outro cônjuge em todas as situações comentadas apresenta como pressupostos: anterioridade (causa pré-existente ao casamento), desconhecimento por parte do cônjuge e a insuportabilidade da vida em comum. O não preenchimento de qualquer um desses pressupostos irá autorizar a propositura da ação de divórcio, e não a possibilidade de ser pleiteada a anulação do casamento por esse fundamento.

3.7.5.1. Diferenças entre casamento nulo e casamento anulável

Várias são as distinções de ordem teórica/prática entre essas duas espécies de casamento. Para evitarmos discussões bizantinas sobre o tema, iremos abordar as seguintes: quanto à natureza jurídica da ação a ser proposta e seus efeitos; legitimidade ativa para a propositura da ação; possibilidade ou de convalidação; espécie de bem tutelado; possibilidade ou não da aplicação da prescrição ou decadência, etc.

A nulidade do casamento acarreta a possibilidade de ação declaratória com efeitos *"ex tunc"*, ou seja, os efeitos da sentença retroagem à data da celebração do casamento como se o mesmo não tivesse ocorrido. A ação constitutiva é a espécie de ação utilizada para as hipóteses de casamento anulável. A sentença que decreta a anulação do casamento gera efeitos *"ex nunc"*, em suma, o casamento produz efeitos até o pronunciamento do Poder Judiciário, determinando a sua anulação.

Quanto à legitimidade para a propositura de ação, são legitimados para o ingresso de ação de nulidade de casamento qualquer pessoa maior capaz, o representante do Ministério Público e mesmo o Estado-juiz pode reconhecer, de ofício, a nulidade do vínculo jurídico matrimonial. Por sua vez, têm legitimidade para o ingresso de ação de anulação do casamento somente as pessoas que demonstrarem interesse jurídico. Sobre esse assunto, recomendamos a leitura dos arts. 1.552 a 1.564, todos do Código Civil, onde o legislador especifica a legitimidade para cada hipótese de anulação do casamento.

Ainda sobre as diferenças entre casamento nulo e casamento anulável, destacamos que a primeira espécie provoca ofensa à ordem pública e, em razão disso, há maior rigor estabelecido pela lei, enquanto no casamento anulável a ofensa aos direitos ofendidos é eminentemente de ordem particular. Em razão dessa diferença, o casamento nulo não está sujeito aos fenômenos da prescrição ou decadência e o casamento anulável depende da propositura de ação nos prazos estabelecidos pelo legislador, sob pena de decadência e convalidação pelo decurso do tempo.

3.7.5.2. Prazos para a propositura da ação de anulação do casamento: Análise do conteúdo do art. 1.560, Código Civil

1. Ausência de idade núbil ou menor em idade núbil não autorizado por seu representante legal (art. 1.550, I e II, CC): extingue-se em 180 (cento e oitenta) dias o direito de anular o casamento de menores de 16 (dezesseis) anos, contado o prazo para o menor do dia em que perfez essa idade, e da data do casamento para os representantes legais;

2. Erro essencial quanto à pessoa do outro cônjuge (art. 1.550, III, CC): o prazo decadencial para a propositura de ação constitutiva de anulação de casamento será de 3 (três) anos;

3. Coação moral (art. 1.550, III, CC): a vítima de pressão psicológica terá o prazo de 4 (quatro) anos para ingressar em juízo e provar a existência de vício do negócio jurídico. Nessa circunstância, apenas o cônjuge que sofreu a coação pode demandar a anulação do casamento;

4. Incapacidade de manifestação do consentimento (art. 1.550, IV, CC): deverá ser proposta a ação anulatória dentro de 180 (cento e oitenta) dias a contar da data de celebração do casamento;

5. Revogação de mandato (art. 1.550, V, CC): nessa hipótese do art. 1.550, CC, o prazo para a anulação do casamento é de 180 (cento e oitenta) dias a partir da data em que o mandante tiver conhecimento da celebração;

6. Incompetência relativa (art. 1.550, VI, CC): o casamento celebrado por autoridade competente fora da sua circunscrição (competência territorial) gera a possibilidade de ação de anulação do casamento, desde que a referida ação seja proposta dentro de 2 (dois) anos a contar da celebração do casamento.

3.7.6. Casamento irregular

Casamento irregular corresponde à espécie de casamento celebrado em descumprimento das causas suspensivas do casamento elencadas no art. 1.523, CC. Não gera nulidade ou anulação do casamento. A não observância das causas suspensivas do casamento acarreta a imposição do regime da separação obrigatória de bens (art. 1.641, I, CC). Em outras palavras, os cônjuges não poderão escolher o regime de bens e também não será aplicada a regra do regime legal (ausência de pacto antenupcial estabelece o regime da comunhão parcial para o casamento).

Hipóteses legais:

a) A viúva ou viúvo que tiver filho do cônjuge falecido, enquanto não fizer inventário dos bens do casal e der partilha aos herdeiro (art. 1.523, I, CC).

b) A viúva, ou a mulher cujo casamento se desfez por ser nulo ou ter sido anulado, até dez meses depois do começo da viuvez, ou na dissolução da sociedade conjugal (art. 1.523, II, CC).

c) O divorciado que se casa novamente antes da homologação ou decisão da partilha de bens do casamento anterior (art. 1.523, III, CC).

d) O tutor ou o curador e os seus descendentes, ascendentes, irmãos, cunhados ou sobrinhos, com a pessoa tutelada ou curatelada, enquanto não cessar a tutela ou curatela, e não estiverem prestadas as respectivas contas (art. 1.523, IV, CC).

3.7.7. Casamento putativo

O Casamento putativo é aquele que se outorga efeitos ao casamento quando os cônjuges, ou ao menos um deles, acreditarem estar casando validamente. É o casamento nulo ou anulável que pelo menos um dos cônjuges está de boa-fé. Casamento putativo é o casamento "imaginário" (verbo *putare* significa crer, acreditar). A sentença que decreta a nulidade ou anulação do casamento em atenção à boa-fé de pelo menos um dos cônjuges produz efeitos *"ex nunc"*, ou seja, o casamento produz efeitos em relação aos cônjuges e filhos até a data do pronunciamento do Estado-juiz. A esse respeito, citamos o art. 1.561, CC, que bem ilustra essa espécie de casamento:

> Art. 1561, CC – Embora anulável ou mesmo nulo, se contraído de boa-fé, por ambos os cônjuges, o casamento, em relação a estes como aos filhos, produz todos os efeitos até o dia da sentença anulatória.
>
> § 1º Se um dos cônjuges estava de boa-fé ao celebrar o casamento, os seus efeitos civis só a ele e aos filhos aproveitarão.
>
> § 2º Se ambos os cônjuges estavam de má-fé ao celebrar o casamento, os seus efeitos civis só aos filhos aproveitarão.

Com a aplicação do princípio da igualdade jurídica e, consequentemente, a equiparação dos filhos, independentemente da procedência (casamento, união estável, adoção, relacionamento extraconjugal, etc.) e o reconhecimento da união estável como entidade familiar, essa espécie de casamento perdeu um pouco a sua importância prática, devendo a putatividade ser reconhecida na própria ação anulatória ou em processo autônomo.

Na doutrina, Silvio Venosa, ao comentar os efeitos do casamento putativo, comunga o mesmo entendimento: "Como visto, não mais importando a boa ou má-fé dos pais, a anulação de casamento não prejudicará as condições dos filhos, não importando sua origem. Terão eles o estado técnico de legítimos, desconsiderando-se outros qualificativos, tais como adulterinos ou incestuosos, os quais, modernamente, nos termos do art. 227, § 6º, da Magna Carta, não podem mesmo ser utilizados, salvo para explanação didática. Como regra geral, o cônjuge menor que se emancipou com o casamento não terá repristinada sua incapacidade anterior na hipótese de casamento putativo. No entanto, há que se apurar se o menor casou de má-fé, exclusivamente para obter a plena capacidade. Nessa situação, embora não haja unanimidade na doutrina, terceiros não podem ser prejudicados por essa situação, o que se examina no caso concreto. Com a putatividade, portanto, escoimam-se situações irregulares que seriam reconhecidas na ausência desse entendimento legal: adultério da segunda mulher do bígamo, por exemplo. As pensões alimentícias porventura impostas serão devidas até a data da sentença, sem direito à repetição, embora exista corrente que entende persistir o dever alimentar em favor do cônjuge inocente no casamento putativo (Cahali, 1979:124). As dívidas contraídas pelo cônjuge regulam-se como se o casamento tivesse sido válido até a data da sentença de anulação" (VENOSA, 2019, vol.VI, p. 122).

Quanto aos consortes, deve-se analisar duas situações: a) se ambos atuaram de boa-fé ou b) se apenas um dos cônjuges atuou de boa-fé, surgindo a necessidade de análise do direito a alimentos, herança, meação e dívidas do casal e a demonstração da putatividade do casamento.

Efeitos práticos do reconhecimento da putatividade:

a) Filhos: independentemente da putatividade do casamento, terão os mesmos direitos que outros filhos dos genitores (nome, apelido de família, alimentos, direitos sucessórios, responsabilidade civil dos pais pelos atos ilícitos praticados pelos filhos menores, direito/dever de visitar os filhos, etc. Não existem categorias ou classes de filhos. Dever de observância do princípio da igualdade dentro do Direito de Família. Fundamento constitucional: art. 227, § 6º, CF/88;

b) Emancipação: o casamento é exemplo de emancipação que decorre da lei (art. 5º, parágrafo único, II, CC). O reconhecimento do casamento putativo torna o consorte de boa-fé apto à prática dos atos da vida civil, independentemente de aplicação dos institutos "representação" (absolutamente incapaz) e "assistência" (relativamente incapaz);

c) Alimentos entre os cônjuges: existem dois entendimentos: a) corrente majoritária irá existir até a decretação da invalidade do casamento; b) corrente minoritária: continua existindo mesmo após a decretação da anulação do casamento. Fundamento constitucional: art. 3º, I, CF/88 — princípio da solidariedade familiar (necessidade de amparo e assistência material e moral recíproca entre todos os familiares). Importância prática dessa divergência atualmente reduzida em face do entendimento do STJ que estabeleceu como regra que a obrigação alimentar entre os cônjuges deve ser fixada por prazo determinado, levando-se em consideração, no caso concreto, idade dos envolvidos, incapacidade para o exercício de atividade laborativa, nível intelectual e social, vigência do casamento, etc.;

d) Partilha de bens: segue a regra do regime de bens escolhido pelo casal (não existindo pacto antenupcial, presume-se que o casamento obedece ao conteúdo do regime da comunhão parcial). Não reconhecida a putatividade, aplica-se a disciplina da sociedade de fato com o objetivo de se evitar o enriquecimento ilícito e partilha de bens do casal;

e) Direitos sucessórios: serão reconhecidos até a decretação da invalidação do casamento, participando o cônjuge sobrevivente na sucessão dos bens deixados pelo falecido e concorrendo com os demais herdeiros com fulcro no art. 1.829, CC (linha sucessória).

3.7.8. Casamento nuncupativo

É a espécie de casamento realizado quando um dos noivos está em iminente risco de morte e não há tempo para a celebração do matrimônio dentro das formalidades previstas pelo Código Civil. Também chamado de casamento *"in extremis"*.

Para a validade do casamento nuncupativo, é necessário que:

I) A celebração ocorra na presença de seis testemunhas, sem parentesco em linha reta ou colateral (até o 2º grau) com os noivos;

II) As testemunhas tenham sido convocadas pelo enfermo;

III) O enfermo aparentava estar em risco de morte, mas sem afetação do juízo;

IV) A declaração dos noivos, por livre e espontânea vontade, de se receberem como cônjuges;

V) A instauração, dentro do prazo de dez dias, do procedimento judicial para confirmação e validação do casamento.

Diferente do casamento civil, onde há a presença de um juiz de paz e um escrevente quando realizado no cartório, no casamento nuncupativo não tem a necessidade de um juiz de paz e nem habilitação (formalidades legais), por se tratar de iminente risco de vida. Sendo assim, ele pode ser celebrado por qualquer pessoa escolhida pelos noivos, embora seja importante ressaltar novamente que não pode ter relação de parentesco até o 2° grau com os noivos (base legal: arts. 1.540 e 1.541, Código Civil).

> "... O casamento *in extremis* dispensa o processo de habilitação, a publicação de proclamas e a presença de autoridade. É celebrado pelos próprios nubentes ou por qualquer pessoa na presença de seis testemunhas que com eles não tenham parentesco em linha reta, ou, na colateral, até segundo grau. Aludido casamento só é possível mediante dois requisitos: a) que um dos contraentes esteja em iminente risco de vida; b) impossibilidade de os contraentes obterem a presença da autoridade celebrante ou de seu substituto. Note-se que é o único casamento que: a) dispensa a presença da autoridade celebrante; b) as testemunhas não podem ter vínculo de parentesco em linha reta, ou colateral até o segundo grau, com os nubentes; c) exige seis testemunhas. Realizado o casamento, devem as testemunhas comparecer, voluntariamente ou mediante intimação, perante a autoridade judiciária competente, dentro de 10 dias, sob pena de inexistência do casamento, pedindo que lhe tome por termo a declaração de: 1. que foram convocadas por parte do enfermo; 2. que este parecia em perigo de vida, mas em perfeito juízo; 3. que em sua presença declararam os contraentes, livre e espontaneamente, receber-se por marido e mulher (art. 1.541). Estranhamente o Código não prevê a oitiva do cônjuge sobrevivente..." (BARROS, 2024, p. 43).

3.8. Da eficácia jurídica do casamento

O casamento, como instituto jurídico, gera direitos e deveres no âmbito do Direito. Sem dúvida, a principal consequência jurídica é a caracterização de uma entidade familiar reconhecida pelo ordenamento jurídico e amplamente aceita pela sociedade.

Entendendo que a família é a base do Estado e o casamento constitui a principal forma de constituição da família, podemos afirmar que a necessidade de regulamentação específica e detalhada dessa entidade familiar ocorre não somente pelas tradições religiosas e costumes da nossa sociedade civil, mas também por existir uma relação inseparável entre essas 3 (três) expressões: **CASAMENTO, FAMÍLIA E ESTADO.**

Na nossa concepção, a crise pela qual passa o Estado brasileiro está vinculada ao enfraquecimento da instituição família e da sua principal forma de constituição, o casamento. Devemos buscar resgatar os valores da moralidade, eticidade e sociabilidade como forma de não passarmos a julgar situações ofensivas a esses valores como algo corriqueiro ou banal dentro da sociedade.

Feita essa breve exposição sobre o assunto, podemos dividir os efeitos decorrentes do casamento em: efeitos sociais, efeitos pessoais e efeitos patrimoniais.

3.8.1. Efeitos sociais

No aspecto social, o casamento gera a constituição da família (no prisma fático, a principal forma de constituir família dentro da sociedade brasileira). Com o casamento, surge a formalização do *affectio maritalis* inerente a qualquer entidade familiar, ou seja, a legalização da atividade sexual do casal, a mudança do estado civil dos consortes e a concepção de família pelo vínculo afetivo.

Destacando+se que é defeso a qualquer pessoa, de direito público ou privado, interferir na comunhão de vida instituída pelo casamento (art. 1.513, CC) e que o planejamento familiar é de livre decisão do casal, competindo ao Estado propiciar recursos educacionais e financeiros para o exercício desse direito, vedado qualquer tipo de coerção por parte de instituições privadas ou públicas (art. 1.565, § 2º, CC). Consagração do princípio da paternidade responsável/livre planejamento familiar estampado no art. 226, § 7º, CF/88.

Outro efeito social do casamento é a emancipação do cônjuge menor (art. 5º, II, CC) e a constituição do vínculo de afinidade entre cada cônjuge e os parentes do outro (art. 1.595, CC), não esquecendo de mencionar que o parentesco por afinidade limita-se aos ascendentes e descendentes e aos irmãos do cônjuge ou companheiro e, na linha reta, a afinidade não se extingue com a dissolução do casamento ou união estável.

3.8.2. Efeitos pessoais

Os efeitos pessoais do casamento acarretam direitos e deveres recíprocos para os cônjuges. Em face da aplicação do princípio da igualdade jurídica não se justifica mais o tratamento diferenciado dos direitos e deveres do marido e da mulher. As palavras "reciprocidade" e "colaboração" bem ilustram o pensamento do legislador constitucional de 1988, reproduzido nas regras atuais da legislação civil (art. 1.511, CC).

São deveres de ambos os cônjuges: I – fidelidade recíproca; II – vida em comum, no domicílio conjugal; III – mútua assistência; IV – sustento, guarda e educação dos filhos; V – respeito e consideração mútuos (art. 1.566, CC).

O dever de fidelidade é inerente ao regime monogâmico adotado pelo nosso legislador. O descumprimento desse dever provoca grave violação dos deveres inerentes ao casamento e acaba sendo um dos principais motivos para a propositura de ação de divórcio com o objetivo de por fim à sociedade conjugal. Sobre esse assunto, citamos as esclarecedoras lições do mestre Caio Mário: "A quebra do dever de fidelidade não se caracteriza apenas pela prática de relações sexuais com outra pessoa. A jurisprudência e a doutrina criaram o conceito de "infidelidade moral", a qual não é tomada em sentido estrito, senão como injúria grave relativa à separação judicial contenciosa. Fala-se, hoje, em "infidelidade virtual" onde os relacionamentos extramatrimoniais dão-se no universo da informática, especificamente via Internet, o que não deixa de caracterizar uma atitude de efetivo desrespeito ao outro cônjuge" (PEREIRA, 2022, vol. V, p. 171).

A coabitação é inerente ao casamento que requer dos cônjuges vida em comum, no domicílio do casal. O domicílio do casal será escolhido por ambos os cônjuges, mas um e outro podem ausentar-se do domicílio conjugal para atender a encargos públicos, ao exercício de sua profissão ou a interesses particulares relevantes. Tanto a doutrina como a jurisprudência adotam uma conotação mais ampla de coabitação, não analisando apenas a concepção física (viver sob o mesmo teto). Atualmente, alguns casais optam por viverem em endereços distintos. Cada cônjuge mantém o seu domicílio, simplesmente por opção particular, com o objetivo de facilitar o desenvolvimento de atividade profissional ou intelectual. Nesses casos, o critério para definição da existência ou não desse dever inerente ao casamento é verificar as circunstâncias do caso concreto e analisar se existe a intenção dos cônjuges de constituir família *affectio maritalis*. O que não pode ocorrer, de forma alguma, é ausência do lar caracterizar desamparo à pessoa do outro cônjuge e da prole do casal.

A mútua assistência corresponde no dever de auxílio material, moral e espiritual. "Com essas palavras quis o Código dizer que os cônjuges reciprocamente se obrigam à prestação de socorro material e moral. Uma das finalidades do matrimônio é precisamente o *mutuum adjutorium* nos momentos felizes bem como nos instantes de infortúnio. Por mais grave que seja a moléstia de um dos cônjuges, por mais prolongado que se mostre seu mal, cabe ao outro, por dever de solidariedade ou por sublimação, prestar-lhe toda a assistência de que for capaz. Além desse conforto moral, cabe ainda aos cônjuges mútua colaboração material, destacando-se nesse tema a obrigação alimentar, que compreende não só prestação de alimentos propriamente ditos (*alimenta naturalia*), como também de vestuário, transporte, medicamentos e até diversões (*alimenta civilia*)" (MONTEIRO, 2022, vol. 2, p. 113).

O poder familiar dos pais gera o poder-dever de sustento, guarda e educação dos filhos. Estabelece a nossa legislação a responsabilidade civil dos pais pela integridade física, moral e intelectual dos filhos. Impõe o legislador em situações extremas a suspensão ou perda do poder familiar, bem como, em algumas hipóteses, ficar tipificada a prática de ilícito penal (abandono de recém-nascido ou abandono intelectual). Lembramos ainda que a nossa Constituição Federal de 1988 consagrou a reciprocidade do dever alimentar entre pais e filhos (art. 229, CF/88).

Complementando e bem explicando o assunto, cumpre mencionar as lições do sempre brilhante civilista: "... Vale dizer, o dever de sustentar, guardar e educar os filhos impõe-se sempre, a todo pai, a toda mãe, não importando se são casados, companheiros, separados, divorciados, solteiros ou viúvos! Esse dever é, pois, decorrência do próprio poder familiar, e não do casamento..." (GAGLIANO, 2018, vol. 6, p. 307).

O respeito e consideração mútuos, "...abrangem o de sinceridade, o de zelo pela honra e dignidade do cônjuge e da família, o de não expor, p. ex., o outro consorte a companhias degradantes, o de não conduzir a esposa a ambientes de baixa moral, o de acatar a liberdade de correspondência epistolar ou eletrônica e de comunicação telefônica ou a privacidade do outro etc. Na apreciação desses deveres, ante a amplitude da forma legal, dever-se-ão também levar em conta as condições e ambiente de vida do casal, bem como a educação dos consortes e circunstâncias de cada caso. A violação do dever de assistência e do de respeito e consideração mútuos constitui injúria grave, que pode dar origem à ação de separação judicial (CC, art. 1.573, III)" (DINIZ, 2017, vol. 5, p. 133).

3.8.3. Efeitos patrimoniais

O estudo dos efeitos patrimoniais do casamento apresenta a sua importância prática no enfoque preventivo (escolha do regime de bens e elaboração do pacto antenupcial) e contencioso (disciplina dos direitos do cônjuge/filhos em uma possível separação judicial ou direitos sucessórios).

A experiência prática demonstra a necessidade de uma boa orientação sobre o tema, pois em várias ocasiões um dos cônjuges (ou ambos) utilizam as questões patrimoniais como forma de vingança ou mesmo prejudicar o outro cônjuge/filhos. Geralmente, as pessoas abaladas emocionalmente com o fim do casamento buscam, na discussão dos direitos patrimoniais, uma fuga para o sentimento de perda que possa ocorrer com o término do vínculo jurídico matrimonial. Daí a necessidade de conscientização dos profissionais do Direito em abordar essas questões aparentemente e exclusivamente patrimoniais, dentro desse contexto que envolve também sentimentos como a dor, a angústia e a insegurança de ter que começar uma nova vida.

Os direitos patrimoniais decorrentes do casamento estão disciplinados no Código Civil nos arts. 1.639 a 1.722. São eles: regime de bens entre os cônjuges; usufruto e da administração dos bens dos filhos menores; alimentos e bem de família. Mencionados temas serão desenvolvidos dentro da temática denominada "institutos afins das entidades familiares".

Ainda sobre o assunto, mencionamos as valiosas lições da doutrina sobre a não fluência de prazo prescricional entre cônjuges na constância do casamento e a possibilidade de usucapião conjugal (usucapião por abandono do lar). "... Ao estabelecer as hipóteses de suspensão do prazo prescricional (CC, arts. 197 a 199), a legislação, expressamente, estabeleceu que não corre a prescrição entre marido e mulher na constância do casamento. Já de saída, vale o registro de que, embora o Código Civil não faça menção literal, há de se entender o aludido efeito jurídico às uniões estáveis. Com isso, também não haverá fluência de prazo prescricional na constância de casamento ou de união estável (e, naturalmente, de uniões homoafetivas), conferindo uma interpretação prospectiva ao art. 197 da Lei Civil. É que a *ratio* da referida norma legal é, por evidente, a proteção do núcleo familiar. E, por outro turno, o art. 226 da *Lex Legum* afirma que toda e qualquer entidade familiar merece especial proteção do Estado, explicitando a impossibilidade de discriminação entre os diferentes tipos de grupos familiares. É também o que restou cimentado no Enunciado 296 das Jornadas de Direito Civil, promovidas pelo Conselho da Justiça Federal: "não corre prescrição entre os companheiros, na constância da união estável".

Entrementes, com a redação emprestada pela Lei n. 12.424/11 ao art. 1.240-A da Codificação de 2002, foi estabelecida uma exceção à referida regra, admitindo-se, então, a usucapião conjugal ou usucapião por abandono do lar, como vem sendo apelidada. "A usucapião conjugal decorre do abandono de lar (separação de fato) por um dos consortes, pelo prazo mínimo de dois anos. Em se tratando de separação de fato, nota-se que o casamento ou a união estável ainda não se desfez, mantendo-se vínculo familiar entre as partes. Contudo, a ausência de afetividade decorrente do abandono do lar (cessando a convivência entre o casal) justifica a posição do sistema jurídico, permitindo que um dos consortes (ou companheiros) venha a adquirir o imóvel que pertencia ao casal. Sob o ponto de vista prático, parece-nos se tratar, verdadeiramente, de uma usucapião de meação, na medida em que um dos parceiros adquirirá a cota-parte do outro em relação ao imóvel que servia de lar para o casal. Para a sua caracterização é necessário que o imóvel-usucapiendo integre o patrimônio comum do casal e que seja o único imóvel destinado à finalidade residencial, situado em área urbana e não excedendo 250 metros quadrados..." (ROSENVALD, 2024, p. 291-292).

Capítulo 4º

União Estável

4.1. Evolução histórica do instituto dentro do Direito brasileiro

Sobre a união estável dentro do Código Civil, entendemos que o legislador pátrio perdeu ótima oportunidade para unificar e modernizar as diretrizes sobre essa entidade familiar. A própria análise do projeto Miguel Reale, que culminou com a Lei n. 10.406/02 demonstra essa situação. O citado projeto de Código Civil de 1975 não abordava a união estável como entidade familiar independente e autônoma do casamento, destacando que mencionado projeto de lei teve longa tramitação no Congresso Nacional. No momento da sua entrada em vigor, a CF/88 já estava produzindo efeitos há alguns anos e traçando novas diretrizes ao Direito de Família brasileiro, dentre as quais o reconhecimento da união estável como forma de constituição da família.

Assim, a união estável no corpo do Código Civil aparece diretamente nos arts. 1.723 a 1.727 o que gera dificuldades na aplicação de regras e institutos interligados a essa forma de concepção da família. Em que pese não ser pacífico na doutrina, entendemos que os conteúdos da Lei n. 8.971/94 e da Lei n. 9.278/96 foram revogados com a entrada em vigor do diploma civil em 2003.

Em vários momentos, o intérprete da legislação civil/constitucional terá que invocar a aplicação do princípio da igualdade entre as entidades familiares, sob pena de ficar consagrada a hierarquia entre casamento e união estável, com total descompasso à necessidade de se respeitar a liberdade, autonomia da vontade dos envolvidos e equiparação entre as entidades familiares.

4.2. Conceito e requisitos da união estável

Seguindo o que estabelece o nosso pátrio no art. 1.723, CC, podemos definir união estável como entidade familiar formada pela união fática do homem e da mulher desimpedidos de contrair casamento, assegurada pela convivência pública, contínua e duradoura, e estabelecida com o objetivo de constituição da família.

No conceito extraído da legislação, podemos destacar os seguintes requisitos: 1) a união estável é uma entidade familiar e, assim, está subordinada às regras do Direito de Família, e não mais ao direito obrigacional; 2) na definição de união estável, encontramos como elementos objetivos para a caracterização desse instituto: a obrigatoriedade da união ser constituída por pessoas de sexos diferentes; pessoas desimpedidas de contrair o casamento; a existência de convivência pública, duradoura e contínua, e como elemento subjetivo à obrigatoriedade da demonstração do *"affectio"*, ou seja, a intenção de constituir família.

Comentando os requisitos que caracterizam a união estável, percebemos que o legislador reconheceu a necessidade da constituição de uma entidade familiar não esporádica ou clandestina e de conhecimento de todos. Assim, é necessário que os conviventes se apresentem publicamente como se fossem casados e demonstrem estabilidade no relacionamento. Não ficou estabelecido prazo para a efetivação da entidade familiar e agiu bem o legislador de 2002, pois o que se deve analisar no caso concreto para reconhecimento da união estável é inexistência de sobressaltos na convivência dos companheiros e atos externos que demonstram o reconhecimento e, principalmente, a comprovação da intenção de constituir família, e não apenas manter um relacionamento amoroso. A título de ilustração, citamos alguns atos que, dentro de um contexto, poderão auxiliar o magistrado no momento do reconhecimento da união: a existência de filhos registrados pelos conviventes e declaração no referido documento do estado civil dos pais do menor; inclusão do convivente como dependente para efeitos previdenciários e fiscais; inclusão no plano de saúde como dependente; constituição de conta corrente conjunta; realização de recepção ou festas e recebimento dos convidados e apresentação perante o público como marido e mulher; fixação do domicílio do casal; celebração de contratos no dia a dia em conjunto, etc.

Não podemos esquecer que o dever de coabitação deve ser interpretado em sentido amplo, ou seja, a jurisprudência admite a constituição de união estável independentemente dos conviventes morarem ou não sob o mesmo teto. A *more uxoria* deve ser interpretada dentro de um contexto sistemático, pois, por opção, questões profissionais ou pessoais, os conviventes não precisam morar sob o mesmo teto para a efetiva caracterização da união estável como entidade familiar. Assim como o lapso temporal pode auxiliar a demonstração da entidade familiar e a existência de filhos a estabilidade do relacionamento. A doutrina chama de elementos acidentais a coabitação, lapso temporal e prole, e a análise, no caso concreto, pode facilitar a definição e comprovação da união estável.

Rodrigo da Cunha Pereira bem explica as diferenças entre união estável e namoro: "A caracterização da união estável se faz a partir da presença de vários elementos, como durabilidade, estabilidade, relação de dependência econômica, sexualidade, convivência sob o mesmo teto, prole, enfim, uma série de fatores que, somados, constituem uma família. Isto não significa que se faltar um desses elementos estará descaracterizada a união como entidade familiar. Pode ser que um casal, casado, no civil e no religioso, não tenha filhos e isto não significa que não tenha ali uma família. Pode ser que um casal esteja junto há muitos anos, constituíram família, têm filhos, mas optaram por viver em tetos separados. São várias as possibilidades dos arranjos familiares, ou seja, não há um elemento único definidor ou descaracterizador da união estável. O fundamental é verificar se há ali a presença de um núcleo familiar e isto, muitas vezes, só tem sido possível na avaliação de cada caso.

Há situações em que o relacionamento, embora duradouro e estável, é apenas um namoro. Em muitos casos, há um limite tênue e estreito entre namoro e união estável. A dificuldade de avaliação entre estes dois institutos surgiu com a mudança de costumes e valores, especialmente a partir da década de sessenta. Explico: antes disso um dos elementos diferenciadores entre namoro e o então chamado concubinato era a presença de relações sexuais. Com isto era fácil dizer se aquela relação era namoro ou união estável. Hoje, a maioria dos casais de namorados mantém relações sexuais, que se tornou um dos ingredientes saudáveis da relação, já que o casamento não é mais a única forma de legitimar as relações sexuais. Portanto, já não há mais este elemento que era determinante para a distinção entre uma e outra relação. E assim o limite ficou ainda mais estreito. A diferença entre namoro e união será feita, quando essa dúvida for suscitada, é no caso a caso, e na apreciação dos elementos objetivos, e também subjetivos, para a constituição da família" (CUNHA PEREIRA, 2023, p. 64-65, vol. XX).

Ainda analisando o Direito Positivo, notamos que todos os impedimentos matrimoniais elencados no art. 1.521, CC, são aplicados para a união estável e, assim, o conteúdo do art. 1.723, § 1º, CC, deve ser interpretado à luz do princípio da igualdade entre as entidades familiares

Em suma, a demonstração da entidade familiar "união estável" depende da verificação dentro de um contexto fático da análise da vontade das partes e, principalmente, da existência ou não da intenção de constituir família.

4.3. Direitos e deveres decorrentes da união estável

São deveres decorrentes da união estável: dever de lealdade; respeito e assistência mútua e educação, guarda e sustento dos filhos menores (art. 1.724, CC).

É inerente a essa entidade familiar a fidelidade recíproca. Comete injúria grave e descumpre o dever de lealdade, o convivente que pratica o adultério ou simplesmente namora ou mantém relações íntimas com terceiro. No tocante ao dever de respeito entre os conviventes, é ele descumprido quando existe conduta injuriosa grave de um dos conviventes, atingindo a honra ou a imagem do outro, com palavras ofensivas, gestos indecorosos, etc.

Sobre a mútua assistência (moral ou material), transcrevemos as lições de Álvaro Villaça Azevedo: "... a assistência moral é de suma importância, principalmente, na atualidade, em que as pessoas pouco se comunicam no lar, descuidando do companheiro, sem diálogo e sem considerá-lo, em verdadeiro estado de abandono moral. É a vida de um convivente, como se o outro não existisse... Do mesmo modo, acontece entre os companheiros, que devem manter esse clima de solidariedade, nos bons e nos maus momentos de sua convivência. Já a assistência material mostra-se no âmbito do patrimônio, dos alimentos entre conviventes, principalmente. Nesse passo, a mesquinharia, a sovinice, a avareza configuram, certamente, injúria de caráter econômico" (AZEVEDO, 2022, p. 264, vol. 19).

O dever de guarda, sustento e educação dos filhos menores e comuns decorrem do poder familiar dos pais sobre os filhos menores e correspondem à responsabilidade civil pelos atos ilícitos praticados pelos menores e no dever de contribuir para os alimentos materiais (sustento) indispensáveis à preservação da subsistência, saúde, vestuário e lazer, bem como arcar com os alimentos imateriais (educação), incluindo não somente o ensinamento escolar, mas também os cuidados com o aprendizado e a formação moral dos filhos.

Em suma, os direitos e deveres da união estável correspondem exatamente aos direitos e deveres decorrentes do casamento (assunto estudado dentro dos efeitos pessoais do casamento – art. 1.566, CC).

4.4. Efeitos patrimoniais

O art. 1.725, CC estabelece que, na união estável, salvo a existência de contrato escrito entre os conviventes, aplica-se as relações patrimoniais, as regras da comunhão parcial. A ausência de manifestação de vontade expressa e da forma escrita, por exclusão, estabelece as diretrizes do regime legal como parâmetro para a divisão do patrimônio do casal no momento da dissolução da união estável.

Sobre os alimentos, podemos afirmar que é devida a prestação alimentar, atendendo o binômio "capacidade + necessidade = proporcionalidade". É a garantia do direito à vida dos filhos menores e do companheiro que necessitar do pagamento de pensão alimentícia para a sua subsistência.

Ainda destacamos os direitos sucessórios e direito real de habitação e a necessidade de observância do princípio da igualdade entre as entidades familiares no momento de aplicação desses institutos na união estável.

Referido assunto será desenvolvido e abordado de forma mais detalhada dentro da temática denominada "institutos afins das entidades familiares".

4.5. Contrato de namoro x contrato de união estável

Acirrada é a discussão doutrinária sobre a validade do contrato de namoro como possibilidade da descaracterização da união estável como entidade familiar.

Seguimos posicionamento que o contrato de namoro não tem o condão de afastar a existência da união estável como forma de constituição da família. Referido contrato de namoro seria nulo por falta da licitude do objeto (art. 104, CC estabelece como requisito de validade do negócio jurídico, agente capaz, objeto lícito, possível ou determinado e forma prescrita ou não defesa em lei).

O contrato de namoro não é instrumento obrigacional para excluir a união estável, pois os seus requisitos são trazidos em norma de ordem pública, inclusive com proteção da própria Constituição Federal de 1988. Por essa razão, não pode ser disposta pelas partes que almejam declarar um fato do qual não vivem.

Na jurisprudência dos Tribunais Superiores e Tribunais de Justiça de 2ª instância, não vem recebendo a modalidade contratual como válida, pois há o entendimento dominante de que essas cláusulas contratuais atentam contra normas de ordem pública e, portanto, são inválidas, sendo ainda invalidada por haver o princípio da realidade, ou seja, prevalece o que está acontecendo no plano fático, e não o que foi convencionado em contrato.

Sobre o contrato de convivência disciplinando as regras patrimoniais e de ordem pessoal da união estável, é perfeitamente possível os companheiros estabelecerem regulamentações. Esclarecedoras as lições da professora Maria Berenice Dias sobre o assunto: "A possibilidade de avença escrita passou a ser denominada de contrato de convivência: instrumento pelo qual os sujeitos de uma união estável promovem regulamentações quanto aos reflexos da relação. Pacto informal, pode tanto constar de escrito particular como de escritura pública, e ser levado ou não a inscrição, registro ou a averbação. Pode até mesmo conter disposições ou estipulações esparsas, instrumentalizadas em conjunto ou separadamente em negócios jurídicos diversos, desde que contenha a manifestação bilateral da vontade dos companheiros, identificando o elemento volitivo expresso pelas partes. O contrato de convivência não cria a união estável, pois sua constituição decorre do atendimento dos requisitos legais (art. 1.723, CC), mas é um forte indício da sua existência. Já a manifestação unilateral de um dos conviventes não tem o condão de provar nada: nem o começo nem o fim da união estável..." (*Manual de Direito das Famílias*. 12. ed. São Paulo: RT, 2017, p. 271).

Ainda sobre o contrato de união estável, não podemos deixar de mencionar ser excelente meio probatório, principalmente para a definição do termo inicial da entidade familiar constituída pelos companheiros até porque, em ação de reconhecimento de união estável, será necessária a especificação do início e fim do relacionamento. A existência de prova escrita irá facilitar ou mesmo estabelecer como parâmetro situação de um passado um pouco distante, não esquecendo de frisar que a existência de contrato escrito de união estável permite aos companheiros a escolha do regime de bens do relacionamento e a exclusão da aplicação do regime legal (comunhão parcial), consagrando a autonomia da vontade dos companheiros e estabelecendo regras sobre os direitos patrimoniais do casal.

4.6. Concubinato e direitos da amante

Inicialmente, relatamos que o nosso ordenamento jurídico não reconhece o concubinato como entidade familiar, pois a união estável apresenta como requisito objetivo a necessidade dos companheiros estarem desimpedidos de contrair casamento (art. 1.723, parágrafo único c/c art. 1.727, CC).

O fato do legislador não reconhecer como forma de constituição da família exclui direitos da concubina, popularmente chamada de amante. Essa é a polêmica sobre o assunto envolvendo o famoso "triângulo amoroso" ou mesmo discussão sobre a possibilidade da existência de união estável paralela a outra entidade familiar.

Em dezembro de 2020, o STF (recurso extraordinário n. 1.045.273), em decisão acirrada (6x5), entendeu não reconhecer direitos da amante em questão previdenciária (direito à pensão em razão do evento morte). É nítido o entendimento da Corte Suprema abordando a monogamia como princípio constitucional do Direito de Família e, como consequência, o dever de fidelidade e lealdade.

Particularmente, seguimos posicionamento onde a análise do caso concreto irá definir a aplicação da regra jurídica. Ocorrendo relacionamento de forma paralela e não existindo conhecimento por parte da terceira pessoa (amante/concubina), julgamos necessária a aplicação dos princípios da boa-fé e a da vedação do enriquecimento ilícito. Dessa forma, a exclusão dos direitos da suposta amante irá consagrar a injustiça e total arrepio ao nosso ordenamento jurídico, devendo ser aplicadas as regras do Direito de Família, Direito das Sucessões e reconhecimento das diretrizes do Direito Previdenciário. de forma excepcional para solução equitativa do caso em apreço.

Mais delicada é a situação da concubina/amante ter ciência da existência do relacionamento oficial. Surgindo essa hipótese, entendemos que devemos aplicar as regras do Direito obrigacional e a caracterização da sociedade de fato e, assim, a amante, para ter reconhecido qualquer direito patrimonial, deverá demonstrar esforço comum. Todavia, não poderá invocar a disciplina do Direito de Família, Direito das Sucessões ou mesmo pleitear qualquer benefício previdenciário em razão do evento morte.

Esclarecedoras as lições do mestre baiano sobre o assunto; "... Longe de ser pacífica, a questão ainda passa por um processo de amadurecimento doutrinário e jurisprudencial, reclamando, no futuro, pronunciamento final do Plenário do Pretório Excelso. Até lá, é papel de todos os cultores do Direito Civil encarar o tema de forma madura, sensata, não discriminatória e, acima de tudo, em harmonia com o princípio matricial da dignidade humana aplicado nas relações de afeto. Em conclusão, se nos permitem um conselho, sugerimos cultivar sempre a fidelidade a dois em nossas vidas, pois certamente, assim, teremos mais paz e tranquilidade. E que Deus nos ouça! E o nosso coração também..." (GAGLIANO, 2022, p. 478).

Capítulo 5º

Família Monoparental

5.1. Conceito e fundamento constitucional

Essa espécie de constituição da família está consagrada no art. 226, § 4º da nossa Magna Carta de 1988 e estabelece como entidade familiar a comunidade formada por qualquer dos pais e seus descendentes. Exemplos: relação entre viúvo (a) e filhos; mãe solteira e filho; separado (a) ou divorciado (a) que obtém a guarda do filho menor.

O objetivo do nosso legislador foi evitar o preconceito e discriminação presente em alguns setores da nossa sociedade que apontam o casamento como a única e correta forma de constituição da família. Ficou claro que o nosso legislador constituinte procurou reconhecer a realidade social onde o casamento continua sendo a principal forma de constituição, mas não é a única. Ademais, são vários os exemplos e situações práticas onde a família monoparental irá existir como forma de constituição de família.

5.2. Classificação

Seguindo a doutrina, são duas as espécies de família monoparental dentro do nosso ordenamento jurídico: família monoparental originária e família monoparental superveniente.

A família monoparental originária surge sem a concepção da família de forma tradicional (casamento ou união estável). Exemplos: mãe solteira, pai solteiro, "produção independente", adoção por pessoa solteira.

Por sua vez, a família monoparental superveniente corresponde à fragmentação de um núcleo parental originalmente composto por duas pessoas. Exemplos: morte do cônjuge ou companheiro, separação de fato, divórcio, etc.

5.3. Importância

Trata-se de núcleo familiar prestigiado constitucionalmente. Vínculo transitório (família recomposta) ou durável (opção do genitor e garantia e respeito à liberdade individual e autonomia da vontade).

Luta-se para evitar o preconceito e respeito aos direitos e deveres decorrentes dessa entidade familiar positivada expressamente na Constituição Federal (poder familiar, responsabilidade civil do genitor pelos atos ilícitos praticados pelos filhos menores, direito ao nome e apelido de família, direito a alimentos, direitos sucessórios e dever de amparar o genitor na velhice). Há necessidade de se evitar rótulos pejorativos em razão do distanciamento dessa entidade familiar com o casamento ou união estável.

5.4. Família monoparental atípica

Aceita por parte da doutrina, corresponde a grupo composto por um ascendente em grau superior ao de seu pai ou mãe (exemplo, um avô ou avó) com os seus respectivos descendentes. Corresponde uma realidade presente no cotidiano da família brasileira, estabelecendo laços afetivos e responsabilidade jurídica.

A professora Maria Berenice Dias adota uma concepção mais ampla de família monoparental atípica: "... **Quando um tio assume a responsabilidade por seus sobrinhos,** ou um dos avós passa a conviver com os netos, caracteriza-se, também, uma família monoparental. Tanto são prestigiadas tais relações de parentesco que os ascendentes e os parentes colaterais têm preferência para serem nomeados tutores (CC 1.731). Devem ser valorados os vínculos de afeto existentes, merecendo essas realidades familiares idêntica proteção estatal..." (DIAS, 2017, p. 313) (Grifo nosso).

5.5. Necessidade de regulamentação específica dentro do Código Civil e discussão do princípio da paternidade responsável

Não encontramos menção expressa da família monoparental dentro da legislação civil. Para o legislador infraconstitucional, é como se não existisse como entidade familiar. Em suma, a regra constitucional do art. 226, § 4º da Constituição Federal é totalmente ignorada. O legislador civil esquece que a opção do poder constituinte originário foi adoção do pluralismo familiar, admitindo outras formas de concepção da família além do casamento.

Assim, de plano, de faz necessária regulamentação legislativa específica dentro do Código Civil, bem como a necessidade de implantação de políticas públicas, pois quem vive sozinho com a prole acaba com encargos redobrados. Além dos cuidados com o lar e com os filhos, também necessita buscar meios de prover o sustento da família. Exemplos: facilitar comprovação de renda para aquisição de casa própria; benefícios assistenciais; reconhecimento e proteção do imóvel utilizado como bem de família, etc.

Mencionamos ainda o número predominante de mulheres que compõem referida entidade familiar e a dificuldade na manutenção da família e educação dos filhos, dados ainda a desigualdade e o total desrespeito ao princípio da igualdade entre homem e mulher, o que agrava ainda mais os problemas sociais e econômicos dentro da sociedade brasileira.

Sendo originária ou superveniente, a família monoparental merece todo o respeito do legislador pátrio, que não pode se ocultar de estabelecer tratamento específico e detalhado dessa forma importante de constituir família.

Capítulo 6º

União Homoafetiva

6.1. Considerações gerais

Seguindo a diretriz do art. 226, CF/88, existem 3 (três) entidades familiares dentro do nosso ordenamento jurídico: casamento, união estável e família monoparental. Portanto, a análise isolada desse dispositivo constitucional poderia dar a falsa ideia da impossibilidade jurídica da união homoafetiva ser trabalhada como entidade familiar.

Entretanto, interpretando de forma sistemática a própria Constituição Federal de 1988, encontramos no art. 1º, III, como fundamento do Estado brasileiro, o respeito à dignidade da pessoa humana. Na sequência, observamos na Magna Carta que um dos objetivos da República Federativa do Brasil é promover o bem de todos, sem preconceitos de origem, raça, sexo, cor, idade ou quaisquer outras formas de discriminação. Por último, o princípio da igualdade é elencado no patamar de direito fundamental do ser humano (art. 5º, CF/88). Assim, podemos concluir que a sociedade não pode fechar os olhos à união homoafetiva, simplesmente por ser uma forma diferenciada de relacionamento afetivo. É papel do Direito proteger os interesses e direitos subjetivos não somente da maioria da população, mas também de todos os cidadãos. A opção sexual ou orientação sexual não pode ser fator de preconceito e tratamento diferenciado.

Os ministros do Supremo Tribunal Federal (STF), ao julgarem a Ação Direta de Inconstitucionalidade (ADI) 4.277 e a Arguição de Descumprimento de Preceito Fundamental (ADPF) 132, reconheceram a união estável para casais do mesmo sexo. As ações foram ajuizadas na corte respectivamente, pela Procuradoria-Geral da República e pelo governador do Rio de Janeiro, Sérgio Cabral. Referido julgamento ocorreu em maio de 2011 e estabeleceu que pessoas do mesmo sexo podem constituir família (entidade familiar), em observância aos preceitos e princípios constitucionais com destaque: dignidade da pessoa humana, igualdade, liberdade e afetividade. Cumpre destacar a ausência de regulamentação específica na legislação civil sobre referida entidade familiar, o que atesta a necessidade ainda de evolução da sociedade civil e do legislador pátrio.

6.2. Conceito e requisitos essenciais

Corresponde à entidade familiar formada por duas pessoas do mesmo sexo, com o objetivo de constituir família e caracterizada pela estabilidade do relacionamento afetivo.

Requisitos essenciais: 1) união fática; 2) pessoas desimpedidas de constituir casamento; 3) pessoas do mesmo sexo; 4) união duradoura, contínua e pública; 5) intenção de constituir família.

Por falta de regulamentação específica no Código Civil, tanto doutrina como jurisprudência adotam como parâmetro na definição dessa entidade familiar o disposto no art. 1.723, Código Civil, onde encontramos os requisitos legais da conceituação da união estável como forma de constituição da família.

6.3. Efeitos pessoais e direitos e deveres dos conviventes

Por equiparação e respeito ao princípio da igualdade, gera os mesmos direitos e deveres decorrentes do casamento e união estável (arts. 1.566 e 1.724, CC). Em suma, o dever de lealdade, respeito, mútua assistência e educação, guarda e sustento dos filhos menores.

6.4. Efeitos patrimoniais

Em observância ao princípio da igualdade e a vedação da estipulação de classes ou categorias de família, o reconhecimento da união homoafetiva como entidade familiar acarreta os mesmos direitos patrimoniais que o casamento e união estável.

Sobre a obrigação alimentar, ocorrendo a dissolução da união homoafetiva, o dever alimentar surge quando demonstrados os pressupostos do débito alimentar (necessidade x capacidade) e respeito ao princípio da proporcionalidade. Após o reconhecimento da união homoafetiva como entidade familiar, os tribunais de 2ª instância, bem como o STJ vem reconhecendo o direito alimentar no momento da dissolução da entidade familiar.

Aplicando por analogia ao disposto no art. 1.725, CC, podemos afirmar que na união homoafetiva não existindo contrato escrito que estabelece escolha do regime de bens, presume-se que eventual partilha de bens do casal irá seguir o conteúdo das regras do regime da comunhão parcial de bens.

A comprovação e reconhecimento da união homoafetiva como entidade familiar gera direitos sucessórios para o companheiro sobrevivente, com fulcro no disposto no art. 1.829, CC. Em outras palavras, após o STF ter declarado a inconstitucionalidade do art. 1.790, CC, que estabelecia linha sucessória para as pessoas que viviam em união estável, hoje temos uma única linha sucessória aplicada para todas as entidades familiares em respeito e observância do princípio da igualdade entre as entidades familiares ("não existem classes ou categorias de famílias").

Como consequência do reconhecimento do companheiro como herdeiro, também afirmamos a necessidade da revisão e ampliação do conteúdo do art. 1.845, Código Civil ("são herdeiros necessários os descendentes, os ascendentes e cônjuge") e a inclusão da pessoa que vive em união homoafetiva como herdeiro necessário. Dessa forma, a pessoa que constitui essa espécie de entidade familiar não pode dispor de mais de 50% (cinquenta por cento) através do contrato de doação (art. 549, CC) ou testamento (art. 1.846, CC) do seu patrimônio, pelo fato do companheiro ser considerado herdeiro necessário. Novamente, o fundamento constitucional para aplicação do referido posicionamento encontra resguardo na aplicação do princípio da igualdade entre as entidades familiares.

A regra protetiva do art. 1.831, CC ("ao cônjuge sobrevivente, qualquer que seja o regime de bens, será assegurado, sem prejuízo da participação que lhe caiba na herança, o direito real de habitação relativamente ao imóvel destinado à residência da família, desde que seja o único daquela natureza a inventariar") é aplicada para companheiro sobrevivente como forma de garantir o direito de moradia. Mais uma vez, invocamos a necessidade de complemento da legislação e o respeito aos princípios constitucionais do Direito das Famílias.

Por último, os nossos tribunais reconhecem a existência de direitos previdenciários a partir do reconhecimento da união homoafetiva como entidade familiar e a comprovação dos requisitos objetivos e subjetivos dessa forma de constituição da família.

6.5. Adoção por casais homoafetivos

Admitida pela doutrina e jurisprudência, com aplicação dos princípios da afetividade, igualdade e proteção ao melhor interesse da criança ou adolescente.

Estabelece o art. 43 do ECA que "a adoção será deferida quando apresentar reais vantagens para o adotando e fundar-se em motivos legítimos".

De forma gradativa, a sociedade civil, rompendo o rótulo e o preconceito, vem cada vez mais admitindo essa espécie de adoção, até porque seria absurdo impedir a adoção simplesmente tomando como parâmetro a orientação sexual do casal adotante.

O STJ, mesmo antes do STF reconhecer a união homoafetiva como entidade familiar, já admitia a adoção por casais formados por pessoas do mesmo sexo. Referidos posicionamentos ou entendimentos correspondem à correta aplicação dos princípios constitucionais do Direito das Famílias, com enfoque no princípio do melhor interesse da criança ou adolescente (art. 227, CF/88).

Capítulo 7º

Da União Poliafetiva e das Outras Formas da Constituição da Família

7.1. Conceito

Corresponde à união fática de pessoas desimpedidas de contrair casamento, caracterizada pela estabilidade do relacionamento, intenção de constituir família e a presença de **mais de duas pessoas.**

Vejamos as lições da professora Maria Berenice: "... Mas quando o vínculo de convivência de mais de duas pessoas acontece sob o mesmo teto, não é possível se chamar de união paralela, no sentido mesmo da palavra, ou seja, que elas não se encontram. Daí o nome união poliafetiva, ou poliamor. Trata-se de uma interação recíproca, constituindo família ou não. Todos os envolvidos sabem da existência das outras relações, compartilhando muitas vezes entre si o afeto..." (DIAS, 2017, p. 300).

7.2. Requisitos

Requisitos objetivos: união fática, contínua, pública, duradoura, com pessoas desimpedidas de contrair casamento e constituída com pelo menos 03 (três) integrantes.

Requisito subjetivo: intenção de constituir família.

Proximidade com a união estável: requisitos objetivos e requisitos subjetivos.

Diferença com a união estável: relacionamento afetivo composto por mais de duas pessoas.

Proximidade com a união homoafetiva: requisitos objetivos e requisitos subjetivos.

Diferença com a união homoafetiva: relacionamento afetivo composto por mais de duas pessoas.

É perfeitamente possível e admissível a existência de união pluriafetiva homoafetiva, pois a presença de pelo menos 03 (três) pessoas não está vinculada à orientação ou opção sexual dos seus integrantes.

7.3. Posicionamento da doutrina, jurisprudência e CNJ

Parte da doutrina e jurisprudência reconhecem a união pluriafetiva como entidade familiar, principalmente nos casos de uniões simultâneas e não união paralelas, não existindo ofensa à monogamia ou mesmo ao dever de fidelidade recíproca, até porque deve ser aplicada à união pluriafetiva os mesmos impedimentos e deveres do casamento e união estável.

Recentemente, o CNJ (junho de 2018) estabeleceu orientação às Corregedorias Gerais de Justiça a proibirem os cartórios de lavrarem escritura pública de união poliafetiva. Deve-se ressaltar que o guardião da CF/88 é o STF e que vários doutrinadores entendem a necessidade de aplicação dos mesmos fundamentos jurídicos que decretaram o reconhecimento da união homoafetiva como entidade familiar: dignidade da pessoa humana, liberdade, igualdade e afetividade. Assim, a união pluriafetiva deve ser reconhecida como entidade familiar e trabalhada dentro do Direito de Família. Cumpre a necessidade de pronunciamento expresso do STF sobre esse assunto, deixando clara a observância dos requisitos objetivos e subjetivos que caracterizam essa entidade familiar. Não entendendo união poliafetiva apenas como sinônimo de uniões paralelas, e sim como relacionamento composto por mais de duas pessoas desimpedidas de contrair casamento, e assim, respeitado o dever de fidelidade e a monogamia. Com adoção desses parâmetros, não existem obstáculos jurídicos para reconhecimento e disciplina da união poliafetiva como forma de concepção da família e respeito às diretrizes constitucionais e, em especial, aos princípios constitucionais do Direito das Famílias.

7.4. Efeitos pessoais

Seguem a mesma disciplina do casamento e união estável (arts. 1.566 e 1.724, CC): dever de lealdade, respeito, mútua assistência e educação, guarda e sustento dos filhos menores. A existência de mais de duas pessoas não impede a necessidade e o dever de observância dos direitos e deveres dos companheiros.

7.5. Efeitos patrimoniais

Em observância ao princípio da igualdade e à vedação da estipulação de classes ou categorias de família, o reconhecimento da união poliafetiva como entidade familiar acarreta os mesmos direitos patrimoniais que o casamento, a união estável e a união homoafetiva.

O débito alimentar pode existir no momento da dissolução da união poliafetiva e deve observância ao princípio da proporcionalidade (necessidade x capacidade). Pela presença de mais de duas compondo o relacionamento, iremos trabalhar em alguns casos concretos com os institutos litisconsórcio (ativo ou passivo) e com a figura de intervenção de terceiro denominada "chamamento ao processo". O respeito à dignidade da pessoa humana deve ser cumprido e o fato da presença de mais de duas pessoas ocupando o polo ativo ou polo passivo de uma demanda processual não pode ser obstáculo para a fixação do valor da pensão alimentícia.

Seguindo as regras do regime legal supletivo, declaramos que a ausência de contrato escrito entre as partes, salvo as hipóteses do art. 1.641, CC, onde o legislador impõe regime de bens para os companheiros (regime da separação obrigatória de bens), terão plena liberdade quanto à escolha do regime de bens, a união poliafetiva será disciplinada pelo conteúdo da sistemática do regime da comunhão parcial (arts. 1.658 a 1.666, Código Civil). Na prática, existindo a presença da comunicabilidade dos bens adquiridos na constância do relacionamento, em vez da divisão com 50% (cinquenta por cento) para companheiro, teremos uma divisão em 3 partes (hipótese da caracterização do trisal) ou mais, dependendo da quantidade de pessoas que buscaram a constituição da referida entidade familiar. Assim, não existe qualquer objeção para a aplicação das regras que disciplinam o tema "regime de bens" e, por sua vez, aplicação desse conteúdo, uma vez ocorrendo a dissolução da união poliafetiva em vida ou mesmo através do evento morte.

A ordem de sucessão hereditária estampada essencialmente no disposto do art. 1.829, CC consagra os direitos sucessórios do cônjuge sobrevivente, bem como os direitos sucessórios do companheiro sobrevivente. Sendo reconhecida a união poliafetiva como forma de constituição da família, como consequência temos que aceitar o reconhecimento dos direitos sucessórios dos companheiros sobreviventes. Segundo o que estabelece o legislador civil, em vários momentos a equiparação dos companheiros sobreviventes com os descendentes do falecido, salva a hipótese da união poliafetiva, deve ser disciplinada pelas regras da comunhão universal, separação obrigatória ou comunhão parcial, se o autor da herança não tiver deixado bens particulares.

Assim como na união estável e na união homoafetiva, caracterizada e demonstrada a existência da união poliafetiva, é forçoso o reconhecimento da figura dos companheiros/conviventes como herdeiros necessários. Em suma, existindo a união poliafetiva, o companheiro não poderá dispor de mais de 50% (cinquenta por cento) do seu patrimônio através da celebração do contrato de doação (art. 549, CC) ou mesmo com a elaboração do testamento (art. 1.846, CC). O texto do art. 1.845, CC deve ser interpretado à luz das diretrizes constitucionais e em respeito ao princípio da igualdade entre as entidades familiares, ampliando e aplicando essa regra protetiva para as demais entidades familiares, e não apenas para o casamento.

O direito real de habitação deve ser aplicado, uma vez reconhecida união poliafetiva como entidade familiar. Assim, ocorrendo o evento morte, os companheiros sobreviventes terão direito à moradia do único imóvel do trisal utilizado como moradia da família. Aplicação da regra do art. 1.831, CC, com a interpretação constitucional desse dispositivo e consagração do princípio da igualdade entre as entidades familiares, ou seja, essa regra de proteção deve ser aplicada a todas as formas de constituição de família sem distinção.

Sobre os direitos previdenciários, eventual concessão de qualquer benefício exige a demonstração dos requisitos objetivos e subjetivos da união poliafetiva e, principalmente, a caracterização de união simultânea, e não uniões paralelas, sob pena de ocorrer desfiguração dessa forma de constituir para o instituto do concubinato e eventual discussão sobre direitos da amante ou concubina.

7.6. Outras formas de constituição da família

1) **Família anaparental:** constituída somente pelos filhos (irmãos) e a ausência de verticalidade dos vínculos parentais;

2) **Família eudemonista:** constituída pelo vínculo afetivo. Citamos, "...o eudemonismo é a doutrina que enfatiza o sentido da busca pelo sujeito de sua felicidade. A absorção do princípio eudemonista pelo ordenamento legal altera o sentido de proteção jurídica da família, deslocando-o da instituição para o sujeito, como se infere da primeira parte do parágrafo oitavo do art. 226 da CF: o Estado assegurará a assistência à família na pessoa de cada um dos que a integram..." (DIAS, 2017, p. 158).

3) **Família substituta:** é a que recebe a criança ou o adolescente na ausência ou impossibilidade da família natural. Segundo o art. 28, ECA, a colocação em família substituta far-se-á mediante guarda, tutela ou adoção, independentemente da situação jurídica da criança ou adolescente, nos termos desta lei. Sempre que possível, a criança ou o adolescente deverá ser previamente ouvido e sua opinião devidamente considerada.

4) **Família extensa ou ampliada:** é aquela que se estende para além da unidade pais e filhos ou da unidade do casal, formada por parentes próximos com os quais a criança ou adolescente convive e mantém vínculos de afinidade e afetividade (art. 25, parágrafo único, ECA).

5) **Família recomposta ou família reconstruída:** é aquela em que um dos parceiros ou ambos possuem filhos de relacionamentos anteriores. Ela não possui codificação civil, mas reflete a pluralidade dos novos arranjos familiares. Muito comum, principalmente em face dos acentuados índices de divórcio e dissolução da união estável dentro da realidade da sociedade brasileira.

Capítulo 8º

Dos Institutos Afins das Entidades Familiares

8.1. Considerações iniciais

Buscando observância aos princípios constitucionais do Direito das Famílias e, em especial ao resguardo do princípio da igualdade entre as entidades familiares, elencamos alguns institutos do Direito das Famílias aplicados a todas as formas de constituição das famílias. Assim, iremos abordar referidos institutos com essa conotação, indicando sempre a importância teórica e prática e a necessidade de respeito às diretrizes constitucionais. São eles: regime de bens, guarda/visita, alimentos, direito ao nome, bem de família e usufruto e administração dos bens dos filhos menores.

8.2. Regime de bens

> "Regime de bens é o conjunto de regras aplicáveis à sociedade conjugal considerada sob o aspecto dos seus interesses patrimoniais. Em síntese, o estatuto patrimonial dos cônjuges. Compreende esse estatuto as relações patrimoniais entre os cônjuges e entre terceiros e a sociedade conjugal" (GOMES, 2021, p. 173).

Trata-se de um contrato especial de direito das famílias, pois as partes, salvo as exceções legais, terão a possibilidade de escolha sobre o regime de bens. Apenas quando o legislador impõe o regime de bens para as partes (hipótese do art. 1.641, CC — regime da separação obrigatória de bens) ou é aplicado o princípio do regime legal (silêncio das partes ou nulidade do pacto antenupcial — imposição do regime da comunhão parcial), a plena autonomia da vontade cede espaço para a aplicação de uma norma de ordem pública.

A opção do regime de bens gera a aquisição da propriedade e, como consequência, aplicação dos institutos da composse e copropriedade. Daí a necessidade de regulamentação específica sobre o tema, pois naturalmente aparecerão questões envolvendo esse assunto. Dentre outras, destacamos: contribuição de cada consorte para as despesas de manutenção da família; administração dos bens do casal adquiridos na constância do casamento; responsabilidade pelas dívidas; formação de patrimônio particular e comum; alienação de bens na constância do casamento; partilha de bens no momento de dissolução da sociedade conjugal.

8.2.1. Dos princípios relativos aos regimes de bens

O estudo dos princípios relativos aos regimes de bens encontra-se disciplinado no Capítulo I – Título II do Código Civil (arts. 1.639 a 1.657). A análise dos referidos princípios estabelece as diretrizes essenciais seguidas pelo legislador de 2002 sobre o assunto.

São princípios aplicados aos regimes de bens: princípio da variedade de regimes; princípio da livre estipulação e princípio da mutabilidade motivada.

Pelo princípio da variedade de regimes, podemos concluir que o nosso legislador estabelece um rol de regimes dentro do Código Civil, entretanto, esse rol é meramente exemplificativo. Estão tipificados na legislação civil os regimes da comunhão parcial, comunhão universal, separação de bens (legal e convencional) e participação final nos aquestos. Além desses regimes tipificados, existe a possibilidade das partes disporem sobre o seu patrimônio de forma diferente, desde que elaborem um pacto antenupcial ou contrato escrito (união estável, união homoafetiva e união pluriafetiva), estabelecendo regras sobre os direitos patrimoniais. Predomina a autonomia da vontade com relação à escolha do regime de bens, porém, essa liberdade não é absoluta em prol da necessidade de observância das normas de ordem pública. "Prepondera, assim, a autonomia da vontade na matéria, exceção feita às pessoas referidas no art. 1.641, CC e à restrição descrita no art. 1.655, CC. Trata-se do sistema que melhor atende ao interesse dos consortes e o mais ajustado às nossas tendências morais, além de ser de nossa tradição jurídica. Melhor do que a lei, cada casal, escolhendo o regime matrimonial da preferência, regulará, de modo soberano, os respectivos interesses. No entanto, conforme assinalado, essa probabilidade de diversificação não pode contrariar disposição absoluta de lei, sob pena de nulidade (art. 1.655), assim como princípios de ordem pública, fins e natureza da instituição matrimonial. Por exemplo, serão nulas as cláusulas, não o pacto, de seguinte conformação: a) que dispensem os cônjuges dos deveres do casamento; b) que privem a mãe do poder familiar ou, submissa ao marido, de assumir a direção da família; c) que alterem a ordem de vocação hereditária; d) que ajustem a comunhão de bens, quando, por força de lei, o casamento somente se poderia realizar pelo regime da separação; e) que estabeleçam poder ao marido para vender imóveis sem outorga uxória" (MANFRÉ, 2013, p. 29-30). Ainda sobre esse princípio, a sua base legal é o art. 1.639, CC: "É lícito aos nubentes, antes de celebrado o casamento, estipular, quanto aos seus bens, o que lhes aprouver".

O art. 1.640, parágrafo único, CC ("Poderão os nubentes, no processo de habilitação, optar por qualquer dos regimes que este Código regula. Quanto à forma, reduzir-se-á a termo a opção pela comunhão parcial, fazendo-se o pacto antenupcial por escritura pública, nas demais escolhas) aborda as características do princípio da livre estipulação. Esse princípio nada mais é do que um complemento do princípio da variedade de regimes. Os contraentes poderão optar entre os regimes tipificados no Código Civil (comunhão parcial, comunhão universal, separação de bens e participação final nos aquestos) ou mesmo através de escritura pública elaborarem um pacto antenupcial e dispor as questões patrimoniais sobre o casamento ou contrato escrito demais entidades familiares. O silêncio das partes, sendo nula ou ineficaz a convenção, vigorará entre os cônjuges o regime da comunhão parcial de bens (regime legal).

Ainda sobre o princípio da livre estipulação destacamos que o legislador, nas hipóteses do art. 1.641, CC, impõe um regime de bens para os nubentes. Nessas situações, a elaboração de convenção através de pacto antenupcial não irá preponderar sobre a vontade do legislador. São hipóteses de aplicação do regime da separação obrigatória de bens no casamento de pessoas que o contraírem com inobservância das causas suspensivas da celebração do casamento: da pessoa maior de 70 (setenta) anos e de todos os que dependerem para se casar de suprimento judicial. Nessas três situações, a autonomia da vontade é mitigada em prol da aplicação de uma norma de ordem pública.

Comentando o art. 1.641, CC, chegamos a algumas conclusões:

> *1ª Conclusão:* a imposição do regime da separação obrigatória de bens para o caso de inobservância das causas suspensivas ocorre pela necessidade de se evitar o que a doutrina dá o nome de confusão patrimonial. Exige o legislador a partilha de bens proveniente do primeiro casamento e uma maior transparência dos institutos da tutela e curatela. Conforme relatado acima, o casamento celebrado é válido, contudo, a autonomia da vontade é mitigada em prol da proteção dos filhos do primeiro casamento, do ex-cônjuge, do tutelado e do curatelado;
>
> *2ª Conclusão:* a limitação da manifestação de vontade da pessoa maior de 70 (setenta) anos de idade, na nossa humilde concepção, provoca uma restrição à capacidade civil dessas pessoas sem fundamento jurídico e ainda ofende o princípio da igualdade jurídica estabelecendo uma discriminação entre pessoas pelo fator da idade, sem a existência de um fator de discriminação amparado pela Constituição Federal de 1988.

Sob o prisma jurídico, é necessário ponderar que o nosso ordenamento jurídico não estabelece que a idade avançada é fator para estabelecer restrição à capacidade civil de uma pessoa. Como regra geral, uma pessoa adquire plena capacidade civil (capacidade de fato e de direito) quando completa 18 (dezoito) anos e possui pleno discernimento mental. Assim, uma pessoa com 70 (setenta) ou 80 (oitenta) anos, apresentando discernimento mental, está apta à prática de todos os atos da vida civil, podendo participar diretamente da formalização de negócios jurídicos, como a compra e venda, doação, testamento, seguro, mútuo, etc., tendo uma vida totalmente autônoma e independente dos seus familiares. Contudo, para o legislador pátrio, essa mesma pessoa não tem discernimento para escolher o regime de bens de um casamento celebrado após o contraente completar 70 (setenta) anos.

Procurou o legislador, com essa restrição, proteger a pessoa maior de 70 (setenta) anos do casamento cujo objetivo oculto de um dos cônjuges é meramente obter vantagens econômicas (o popular e famoso "golpe do baú"), principalmente nos casos onde a diferença de idade entre os cônjuges é bem acentuada (ex: Maria, no momento do casamento, possuía 30 anos de idade e João tinha 71 anos de idade).

No plano sociológico, não podemos esquecer que, cada vez mais, a expectativa de vida do brasileiro aumenta e, dessa forma, ano após ano, cresce o percentual de pessoas que atingem 70 (setenta) anos e mantém uma qualidade de vida compatível com qualquer outra pessoa mais nova. Essas pessoas realizam transações comerciais, participam ativamente da nossa economia e auxiliam, inclusive financeiramente, os seus descendentes, e algumas buscam reconstruir a sua vida pessoal com um novo casamento após a frustração de um primeiro casamento malsucedido ou falecimento do cônjuge. Daí a restrição estabelecida pela lei ser ofensiva à liberdade individual dessas pessoas.

Recentemente, entrou em pauta para julgamento Agravo em Recurso Extraordinário (ARE 1309642) no Supremo Tribunal Federal e a análise da constitucionalidade do art. 1.641, II, CC, que impõe o regime da separação obrigatória para as pessoas com mais de 70 (setenta) anos que buscam constituir entidade familiar. Pelos motivos elencados acima, julgamos duvidosa a constitucionalidade desse dispositivo do Código Civil e questionamos a aplicação dessa limitação à autonomia da vontade em face da ofensa de dois princípios constitucionais: igualdade e liberdade (art. 5º, CF/88).

> *3ª Conclusão:* dependem de autorização judicial para o casamento as pessoas entre 16 e 18 anos que tiveram negada ou ocorreu divergência entre a vontade dos pais sobre a autorização para o casamento e o casamento entre parentes colaterais de 3º grau (seguindo a corrente doutrinária que aceita o casamento entre essas pessoas). Para todas essas situações, é aplicado o que nosso legislador chamou de suprimento judicial.

A autorização judicial para o casamento entre parentes colaterais de 3º grau é exigida pelo fator biológico e, dessa forma, não existe nenhum fundamento jurídico para a aplicação do regime da separação obrigatória para o casamento realizado nessas circunstâncias.

Por último, o legislador de 2002 estabeleceu uma alteração no nosso ordenamento jurídico ao admitir a mudança do regime de bens na constância do casamento (princípio da mutabilidade motivada). Reza o art. 1.639, § 2º, CC: "É admissível alteração do regime de bens, mediante autorização judicial em pedido motivado de ambos os cônjuges, apurada a procedência das razões invocadas e ressalvados os direitos de terceiros". Para a aplicação desse princípio, são necessários 3 (três) requisitos: pedido fundamentado das partes, autorização judicial e proteção dos direitos de terceiros.

A doutrina se divide sobre a alteração introduzida na legislação civil que passou a admitir a alteração do regime de bens na constância do casamento. Para os defensores da nova regra, ficou consagrado o princípio da liberdade individual (art. 5º, CF/88), pois os cônjuges, durante o casamento, terão a possibilidade de uma maior reflexão sobre qual o melhor regime de bens para disciplinar as suas questões patrimoniais. Permite-se a correção de uma escolha realizada na juventude e uma maior proteção dos cônjuges, com relação a aplicação dos institutos "meação e sucessão". Em outros momentos, a mudança do regime de bens irá permitir uma maior autonomia para administração e alienação de bens. Em sentido contrário, os críticos dessa alteração afirmam que o legislador acabou facilitando a fraude contra credores, pois antes dessa modificação legislativa, as partes teriam que pleitear o divórcio ou dissolução da entidade familiar e partilha de bens para excluírem possíveis direitos de terceiros. Hoje basta a autorização judicial. Além disso, durante o casamento, poderá existir uma influência negativa de um cônjuge sobre o outro, com o objetivo de alterar o regime de bens e se obter vantagens patrimoniais em divórcio ou mesmo no momento da abertura do inventário e partilha. O fator passional poderá levar a alterações que consagram a astúcia e o ardil.

Particularmente, somos favoráveis à aplicação do princípio da mutabilidade motivada, pois conforme estabelecido pelo legislador, os direitos de terceiros sempre serão resguardados e a todo momento existirá a possibilidade da comprovação de fraude. Sobre a modificação do regime de bens com intuito de obter vantagens econômicas (próxima da propositura da ação de divórcio, por exemplo), com sérios prejuízos patrimoniais para um dos cônjuges, e a consagração do princípio da liberdade individual que permite a prática de disposição de bens disponíveis, optamos pela aplicação do princípio constitucional. A ingerência do legislador no Direito de Família deve-se limitar à satisfação do interesse social, e não à interferência em questões exclusivamente patrimoniais. Deve-se realizar uma política de conscientização da população, antes da celebração e na constância do casamento, sobre as características de cada regime de bens e não se proibir mudanças simplesmente pensando na má-fé de um dos cônjuges.

8.2.2. Dos regimes típicos

Dentro do Código Civil, temos 4 regimes de bens: comunhão parcial, comunhão universal, separação de bens (subdividida em separação convencional e separação legal/obrigatória) e participação final nos aquestos. Conforme relatado no estudo dos princípios do regimes de bens, chegamos à conclusão que o rol estabelecido pelo legislador é exemplificativo. Assim, com aplicação da autonomia da vontade e liberdade para estipulação do regime, bem como a variedade dos regimes dentro da legislação pátria, existe a possibilidade dos futuros cônjuges ou companheiros criarem outros regimes de bens além dos regimes tipificados dentro do Código Civil. Ainda mencionando que não é comum a escolha de regime de bens no casamento, união estável, união homoafetiva ou mesmo união poliafetiva, são aplicadas as regras do regime da comunhão parcial (regime legal).

A) Do regime da comunhão parcial (arts. 1.658 a 1.666, Código Civil)

Com o advento da Lei do Divórcio (Lei n. 6.515/77) o regime da comunhão parcial passou a ser o regime legal ou regime supletivo. Assim, no silêncio das partes, no caso de nulidade ou ineficácia da convenção, o nosso legislador estabeleceu a presunção de opção por esse regime de bem (art. 1.640, CC). Essa escolha do legislador, no aspecto prático, acaba gerando a maioria dos casamentos disciplinados pelas regras da comunhão parcial. Existe um desconhecimento por parte da nossa população sobre as características dos principais regimes de bens e da possibilidade de escolha através da utilização do pacto antenupcial. Portanto, por exclusão e estatisticamente falando, a análise do regime da comunhão parcial exige uma atenção redobrada do profissional do Direito, pois na prática a maioria das pendências jurídicas tramita em torno da aplicação desse regime de bens.

O regime da comunhão parcial estabelece a comunicabilidade de todos os bens adquiridos a título oneroso e dos bens doados ou deixados a ambos os cônjuges. Os bens alheios ao casamento, adquiridos antes do casamento por cada um dos cônjuges, a título gratuito e os sub-rogados em bens particulares, não entram nessa comunicabilidade.

> "Destarte, e como mais se discorrerá em seguida, com esse regime tem-se três espécies de bens: os do marido, os da mulher e os comuns. Trata-se de regime que melhor atende ao espírito da sociedade conjugal; os bens adquiridos na constância do casamento devem ser comuns, por serem fruto da estreita colaboração que se estabelece entre marido e mulher, permanecendo incomunicáveis os adquiridos por motivos anteriores ou alheios ao matrimônio. Dado não haver comunicação envolvendo esses bens adquiridos antes das núpcias ou os decorrentes de situações a elas relacionadas, importante se faça a descrição pormenorizada dos pertencentes a cada qual dos cônjuges à época desse enlace, sobretudo em caso de imóveis (para se estabelecer os haveres respectivos e os pertencentes em comum), mediante escritura pública ou pacto antenupcial, embora não seja obrigatório por força do regime ser o legal, presumindo-se que os móveis não constantes do rol tenham sido adquiridos na vigência da sociedade conjugal (art. 1.662).

> Por sinal, decidiu o Tribunal de Justiça de São Paulo que a falta de indicação de bem móvel para ser partilhado entre os cônjuges, em caso de separação judicial consensual, redunda no direito à meação por um deles. Assim, o bem omitido integra o acervo de bens do casal, na forma dos arts. 271, I (atual 1.660, I), e 273 (atual 1.662) do Código Civil de 1916. Esse regime de bens, excepcional antes da Lei do Divórcio, é hoje, o da grandiosa maioria dos casamentos realizados no Brasil, por sinal, representando aproximadamente noventa e cinco por cento" (MANFRÉ, 2013, p. 53-54).

Diante das afirmações emitidas acima, podemos afirmar a existência de bens particulares (pertencentes ao cônjuge/companheiro de forma exclusiva) e bens comuns (patrimônio comum do casal). Para definirmos a comunicabilidade ou não dos bens, se faz necessária a análise dos arts. 1.658, 1.659, 1.660 e 1.661, todos do Código Civil.

São **bens comunicáveis**, e pertencem ao patrimônio comum do casal como regra geral, todos os bens que sobrevierem ao casal na constância do casal. Também entram na comunhão: todos os bens adquiridos na constância do casamento por título oneroso, ainda que só em nome de um dos cônjuges; os bens adquiridos por fato eventual, com ou sem o concurso de trabalho ou despesa anterior; os bens adquiridos por doação, herança ou legado, em favor de ambos os cônjuges; as benfeitorias em bens particulares de cada cônjuge e os frutos dos bens comuns, ou dos particulares de cada cônjuge, percebidos na constância do casamento, ou pendentes ao tempo de cessar a comunhão (art. 1.658 c/c art. 1.660, CC).

Por sua vez, **são incomunicáveis**: os bens que cada cônjuge possuir ao casar e os que lhe sobrevierem, na constância do casamento, por doação ou sucessão, e os sub-rogados em seu lugar; os bens adquiridos com valores exclusivamente pertencentes a um dos cônjuges em sub-rogação dos bens particulares; as obrigações anteriores ao casamento; as obrigações provenientes de atos ilícitos, salvo reversão em proveito do casal; os bens de uso pessoal, os livros e instrumentos de profissão; os proventos do trabalho pessoal do cônjuge; as pensões, meio-soldos, montepios e outras rendas semelhantes (art. 1.659, CC). Também são incomunicáveis os bens cuja aquisição tiver por título uma causa anterior ao casamento (art. 1.661, CC).

Sobre os bens móveis, o nosso legislador estabelece a presunção de serem adquiridos na constância do casamento, salvo prova em sentido contrário, de aquisição com data anterior à celebração do casamento.

A administração dos bens do casal será exercida em cooperação, seguindo os mandamentos constitucionais, que estabelece plena igualdade jurídica entre os cônjuges/companheiros e, dessa forma, abolida a figura do chefe do casal e o que estabelece o art. 226, § 5º, CF/88: "Os direitos e deveres referentes à sociedade conjugal são exercidos igualmente pelo homem e pela mulher".

As dívidas contraídas no exercício da administração obrigam os bens comuns e particulares do cônjuge que os administra, e os do outro na razão do proveito que houver auferido. Os bens da comunhão respondem pelas obrigações contraídas pelo marido ou pela mulher para atender aos encargos da família, às despesas de administração e às decorrentes de imposição legal (art. 1.664, CC). Na administração dos bens particulares, as dívidas contraídas por qualquer dos cônjuges não obrigam os bens comuns. Ainda sobre as dívidas, não podemos esquecer que as obrigações anteriores ao casamento são incomunicáveis, bem como as obrigações provenientes de atos ilícitos, salvo reversão em proveito do casal.

Ainda lembramos ao leitor que esse regime de bens exige a outorga uxória (autorização do outro cônjuge) para a prática de determinados atos da vida civil. No art. 1.647, CC, encontramos o fundamento legal: "Ressalvando o disposto no art. 1.648, nenhum dos cônjuges pode, sem autorização do outro, exceto, no regime da separação absoluta: I – alienar ou gravar de ônus real os bens imóveis; II – pleitear, como autor ou réu, acerca desses bens ou direitos; III – prestar fiança ou aval; IV – fazer doação, não sendo remuneratória, de bens comuns, ou dos que possam integrar futura meação". Dentre as inovações introduzidas pelo legislador de 2002, destacamos a inclusão do aval e a proibição de doar bens que possam integrar futura meação no rol dos atos que dependem de outorga do outro cônjuge.

Na I Jornada de Direito Civil do Superior Tribunal de Justiça, foi proposta a alteração do art. 1.647, III, CC, ou seja, a supressão da expressão "ou aval". No enunciado n. 132, encontramos a justificativa desse entendimento: "Exigir a anuência do cônjuge para a outorga de aval é afrontar a Lei Uniforme de Genebra e descaracterizar o instituto. Ademais, a celeridade indispensável para a circulação dos títulos de crédito é incompatível com essa exigência, pois não se pode esperar que, na celebração de um negócio corriqueiro, lastreado em cambial ou duplicata, seja necessário, para a obtenção de um aval, ir à busca do cônjuge e da certidão de seu casamento, determinadora do respectivo regime de bens". Em que pese o brilhantismo das afirmações acima, fruto de ampla discussão científica, ousamos discordar, e concordar com a postura adotada pelo legislador ao exigir outorga uxória para o aval, pois apesar das distinções tradicionais entre o instituto do direito comercial (aval) e a fiança, o fundamento jurídico da necessidade da autorização do outro cônjuge encontra fundamento maior, que é a proteção da família. Deve-se evitar uma forma indireta da fraude à lei, pois o cônjuge poderia utilizar o aval para burlar a exigência do legislador e, assim, estaria comprometida, em algumas situações, a estabilidade econômica da família por um ato unilateral de um dos cônjuges. Assim, os preceitos inerentes aos títulos de crédito devem ceder espaço para a disciplina do Direito de Família com raízes profundas em proteger o bem-estar social das pessoas que estão sob a sua esfera de proteção.

Na doutrina de Clóvis Beviláqua (comentando os artigos do Código Civil de 1916), encontramos os fundamentos para o legislador exigir a autorização do outro cônjuge para a prática de alienação de bens particulares: "Estabelece este artigo limitações ao poder de representação e administração conferidos ao marido pelo art. 233, I e II. Quanto aos bens imóveis e aos direitos reais, que sobre eles recaem, não quer o Código que somente um dos cônjuges tenha o direito de disposição. Qualquer que seja o regime de bens, hão de os dois agir de acordo, salvo o direito de um deles recorre ao juiz, quando for injustificada a recusa da cooperação. A razão da lei, facilmente se revela. Os imóveis podem oferecer uma base mais segura ao bem-estar da família ou, pelo menos, lhe propor cionarão um abrigo na desventura e não acarretam obstáculos prejudiciais à circulação e desenvolvimento das riquezas as restrições postas ao direito de livre disposição deles. É o lar a terá nutrix, que o Código defende das possíveis dilapidações, no interesse da família, mas sem retirar do comércio, instituindo apenas a fiscalização, por um dos cônjuges, dos atos do outro. Se os dois estiverem de acordo, deve supor-se que a operação é, ou pareceu, vantajosa e, sendo responsabilidade de ambos, nenhum pode imputar ao outro a culpa do desastre. Em todo o caso, a lei obriga-os a refletir sobre o passo, que vão dar. (BEVILAQUA, 1954, p. 94, vol. 2).

É possível suprir a outorga quando um dos cônjuges a denegue sem motivo justo ou lhe seja impossível concedê-la. A falta de autorização, não suprida pelo juiz, quando necessária, tornará anulável o ato praticado, podendo o outro cônjuge pleitear-lhe a anulação até dois anos depois de terminada a sociedade conjugal.

Em razão da importância prática e teórica sobre o tema comunicabilidade ou não dos bens adquiridos na constância de um casamento subordinado as regras da comunhão parcial, elencaremos alguns exemplos com o objetivo de esclarecer o assunto e permitir uma melhor interpretação do leitor sobre o tema:

> Exemplo 1 – Antônio e Maria, casados pelo regime da comunhão parcial, conversam com um advogado sobre eventual partilha de bens em ação de divórcio. Antônio, antes do casamento, era proprietário de um carro (valor de R$ 20.000,00) e um terreno (valor de R$ 30.000,00); Maria não tinha adquirido nenhum bem móvel ou imóvel antes do casamento. Na constância do casamento, o casal adquiriu uma casa/domicílio conjugal (valor de R$ 100.000,00) e dois carros (valor total dos veículos: R$ 60.000,00). Destaca-se ainda que o terreno que Antônio possuía antes do casamento foi vendido na vigência do casamento e o dinheiro obtido da venda foi utilizado para saldar parte do pagamento da compra da casa onde fixaram domicílio. Qual a cota-parte de cada cônjuge em uma eventual ação de divórcio?
>
> Resposta: Antônio adquiriu, antes do casamento, um carro no valor de R$ 20.000,00 — bem incomunicável/bem particular (art. 1.661, CC). Na constância do casamento, o casal comprou dois carros avaliados em R$ 60.000,00 (valor total). Referidos

veículos são bens comunicáveis (art. 1.658, CC), existindo o direito de meação, ou seja, cada cônjuge terá direito a quantia de R$ 30.000,00 na partilha desses carros. Por último, durante o casamento, Antônio vendeu terreno adquirido antes do casamento (bem incomunicável) e utilizou numerário da venda para compra uma casa de maior valor. Assim, do valor da casa (R$ 100.000,00) deve ser descontado o valor do terreno (R$ 30.000,00), ficando caracterizada a sub-rogação parcial (art. 1.659, II, CC), o que resulta que, na constância do casamento, foi adquirido o correspondente à quantia de R$ 70.000,00, que deve ser dividida entre os cônjuges, cabendo o valor de R$ 35.000,00 para cada consorte, ou seja, do valor total da casa, Antônio fica com R$ 65.000,00 e Maria com R$ 35.000,00.

Em síntese, a cota-parte de Antônio corresponde à quantia de R$ 115.000,00 (R$ 20.000,00 — carro adquirido antes do casamento, R$ 30.000,00 — carros adquiridos na constância do casamento e R$ 65.000,00 — valor da casa adquirida na constância do casamento, aplicando a sub-rogação parcial com relação ao valor do terreno) e Maria receberá a cota-parte de R$ 65.000,00 (R$ 30.000,00 — meação dos carros adquiridos na constância do casamento e R$ 35.000,00 — meação da cota-parte da casa com aplicação do instituto sub-rogação parcial.

Exemplo 2 – Paulo e Ana, casados pelo regime da comunhão parcial, após ruptura da vida em comum, ingressam com ação de divórcio consensual. Paulo, antes do casamento, era proprietário de um apartamento no valor de R$ 40.000,00, e Ana, após muito esforço, conseguiu adquirir um veículo alguns dias antes do casamento com Paulo, no valor de R$ 20.000,00. Percebendo as dificuldades financeiras do casal, o pai de Ana (viúvo) resolveu doar para a sua única filha uma casa (valor de R$ 100.000,00) com o objetivo de evitar que a filha continuasse pagando aluguel (doação realizada na constância do casamento). Infelizmente, dias após a formalização do referido contrato de doação, o pai de Ana falece, deixando patrimônio avaliado em R$ 60.000,00. Ressalta-se ainda que, na constância do casamento, Paulo adquiriu um carro (valor de R$ 20.000,00) e o casal não conseguiu incorporar mais nenhum outro bem ao seu patrimônio. Como deve ser feita a partilha dos bens do casal?

Resposta: Paulo terá direito ao valor do apartamento (bem incomunicável – art. 1.661, CC – R$ 40.000,00) e meação sobre o valor do carro adquirido na constância do casamento (art. 1.658, CC – R$ 10.000,00). Logo, a cota-parte de Paulo corresponde à quantia de R$ 50.000,00.

Por sua vez, Ana terá direito ao veículo adquirido antes do casamento (R$ 20.000,00 – art. 1.661, CC), agregado à casa (R$ 100.000,00 fruto de doação — bem incomunicável —

art. 1.659, I, CC) e herança no valor de R$ 60.000,00 (bem incomunicável – art. 1.659, I, CC). Logo, a cota-parte de Ana corresponde à quantia de R$ 180.000,00.

> Exemplo 3 – Marcos e Solange, casados pelo regime da comunhão parcial, procuram estabelecer uma partilha amigável de bens para evitar o desgaste de um divórcio litigioso, para isso, buscam a aplicação das regras do Código Civil sobre regime de bens. Marcos e Solange não possuíam nenhum patrimônio antes do casamento. Na constância do casamento, aos poucos, foram construindo o seguinte patrimônio: casa (R$ 100.000,00) e carros (valor de R$ 50.000,00). Receberam uma doação em favor de ambos do pai de Solange (R$ 60.000,00) e Marcos adquiriu alguns livros e computador para o início da nobre arte da advocacia (R$ 20.000,00). Qual a solução do legislador para a partilha dos bens no caso em apreço?
>
> Resposta: são bens comunicáveis os bens adquiridos na constância do casamento – art. 1.658, CC (casa – R$ 100.000,00, carros – R$ 50.000,00 e doação em favor de ambos – R$ 60.000,00 – art. 1.660, III, CC). Sobre esses bens é aplicado o instituto meação. Com relação aos livros e computador, pelo texto do Código Civil (art. 1.659, V, CC), são bens incomunicáveis e, assim, em eventual partilha de bens ficariam com Marcos. Contudo, a jurisprudência tem entendido pela aplicação da vedação do enriquecimento ilícito, que em razão do valor dos referidos bens deve ocorrer a divisão e aplicação do instituto "meação" sobre citados bens (livros e computador).

Logo, seguindo o texto literal do Código Civil, Marcos terá direito à quantia de R$ 105.000,00 (bens comunicáveis) e R$ 20.000,00 (bens incomunicáveis – livros e computador). Seguindo jurisprudência, os livros e computador, em razão do valor, serão comunicáveis e, assim, Marcos terá o valor de R$ 10.000,00 sobre citados bens, devendo seguir o mesmo raciocínio no cálculo da cota-parte de Solange. Ainda ressaltando que a tese da aplicação da vedação do enriquecimento ilícito cada vez mais ganha seguidores na doutrina e jurisprudência, o que estabelece a necessidade do reconhecimento da aplicação da meação e divisão dos bens que se encontram nessa situação (livros e computador).

B) Do regime da comunhão universal (arts. 1.667 a 1.671, CC)

Considerado o regime legal até 1977 (promulgação da Lei do Divórcio), o regime da comunhão universal estabelece plena comunicabilidade de todos os bens presentes e futuros dos cônjuges e suas dívidas passivas, excetuados os bens excluídos pelo legislador no art. 1.668, CC. A existência jurídica desse regime de bem no casamento depende da elaboração de pacto antenupcial que deve ser feito por escritura pública e levado a registro ao Cartório de Registro de Imóveis para produzir efeitos perante terceiros ou redação de contrato escrito para as demais entidades familiares (art. 1.725, CC), ou seja, para a união estável, união homoafetiva ou união poliafetiva.

Trata-se de um regime de bem que, em tese, acaba caracterizando a existência de um patrimônio comum e o estado da composse e condomínio sobre todos os bens do casal, não interessando a origem e o momento da aquisição (antes ou na constância do casamento). Em razão dessa quase comunicabilidade absoluta, julgamos acertada a postura do legislador quando alterou o regime legal para o regime da comunhão parcial. Em outras palavras, salvo as exceções previstas no art. 1.668, CC, temos um só patrimônio que abrange os bens que cada cônjuge/companheiro possuía antes do relacionamento, bem como os bens adquiridos na constância do casamento/demais entidades familiares.

Sobre a incomunicabilidade nesse regime de bens, o art. 1668, CC estabelece o rol: "São excluídos da comunhão: I – os bens doados ou herdados com a cláusula de incomunicabilidade e os sub-rogados em seu lugar; II – os bens gravados de fideicomisso e o direito do herdeiro fideicomissário, antes de realizada a condição suspensiva; III – as dívidas anteriores ao casamento, salvo se provierem de despesas com seus aprestos, ou reverterem em proveito comum; IV – as doações antenupciais feitas por um dos cônjuges ao outro com a cláusula de incomunicabilidade; V – os bens referidos nos incisos V a VII do art. 1.659" (os incisos correspondem às seguintes hipóteses: bens de uso pessoal; os livros e instrumentos de profissão; os proventos do trabalho pessoal de cada cônjuge e as pensões, meio-soldos, montepios e outras rendas semelhantes). Ainda sobre a incomunicabilidade dos bens enumerados no art. 1.668, CC, ela não atinge os frutos quando se percebam ou vençam durante o casamento.

Vejamos os ensinamentos da doutrina sobre o conteúdo do art. 1.668, I, CC. Muito se discutiu a respeito de a inalienabilidade importar incomunicabilidade, conforme retrata Francisco Morato. A questão está hoje superada, tendo em vista a Súmula n. 49 do Supremo Tribunal Federal, cujo histórico foi reproduzido por Roberto Rosas: "A cláusula de inalienabilidade inclui a incomunicabilidade dos bens". A questão que ora nos interessa é a duração da incomunicabilidade: se, uma vez imposta a determinado bem, passa a outra geração além daquela a que visou imediatamente o doador ou o testador. Exemplificando: se o marido recebe, em doação, um imóvel gravado com incomunicabilidade, a cláusula restritiva continuará a gravá-lo quando se der a sucessão do proprietário, tendo, como consequência, que o bem continue incomunicável? Lembre-se que a incomunicabilidade normalmente pretende proteger um cônjuge em relação ao outro, circunstância ponderada em cada caso concreto, não se podendo presumir que necessidade de proteção se perpetuará. Ademais, o sucessor nem sempre será o descendente do proprietário do bem clausulado pelo doador ou pelo testador. Nem sempre será casado ou convivente, podendo ser solteiro. O sucessor pode ser um colateral até o quarto grau. "A finalidade de proteção do cônjuge, que é circunstancial, por si só já afastaria o cabimento da continuidade da cláusula" (CHINELATO, 2022, p. 351-352, vol. 18).

A administração dos bens do casal é feita de acordo com as regras do regime da comunhão parcial (art. 1.670, CC), inclusive sendo obrigatória à outorga uxória para a prática dos atos elencados no art. 1.647, CC. Pelas dívidas contraídas na constância do casamento, respondem os bens comuns e os particulares do cônjuge administrador. Os bens do outro cônjuge apenas responderão se for provado que este obteve algum benefício. Os débitos assumidos por qualquer dos cônjuges na administração dos seus bens particulares, e em benefício destes, não atingirão os bens comuns. A responsabilidade civil pelas obrigações ilícitas não poderá recair sobre os bens comuns do casal, salvo se o cônjuge que não cometeu o ilícito obteve benefício com o produto do ilícito perpetrado pelo outro, assim como estão excluídos da comunhão as dívidas anteriores ao casamento, salvo se provierem de despesas com seus aprestos ou reverterem em proveito comum. (art. 1.668, III, CC).

A título de ilustração, seguem abaixo exemplos de aplicação desse regime de bens:

Exemplo 1 – Antônio e Maria celebraram um pacto antenupcial com o objetivo de estabelecer o regime da comunhão universal para disciplinar as questões patrimoniais do casamento que iriam celebrar após alguns dias à elaboração do citado documento. Após o casamento, as vaidades e os problemas profissionais contribuíram para o desgaste natural do vínculo que perdurou apenas por 1 (um) ano e 4 (quatro) meses. Tentando evitar constrangimentos recíprocos, partiram para divórcio consensual. Para isso, seria necessária a partilha de bens do casal. Dados: Antônio, antes do casamento, era proprietário de um carro (valor do bem: R$ 50.000,00) e, na constância do casamento, o cônjuge varão perdeu o emprego e todos os bens foram adquiridos pelo trabalho de Maria: um terreno (R$ 30.000,00), uma casa (R$ 100.000,00) e um carro (R$ 20.000,00). Estabeleça a divisão do patrimônio do casal.

Resposta: aplicando a regra do art. 1.667, CC, que consagra a comunicabilidade dos bens adquiridos antes e na constância do casamento, podemos chegar ao seguinte raciocínio: valor total do patrimônio (bens adquiridos antes e durante o casamento) correspondente à quantia de R$ 200.000,00. Aplicando a divisão do patrimônio e a aplicação do instituto "meação", podemos afirmar que cada cônjuge terá direito ao valor de R$ 100.000,00 (cem mil reais).

Exemplo 2 – Eduardo e Mônica, casados pelo regime da comunhão universal, após várias tentativas de reconciliação, resolvem por fim à sociedade conjugal e ingressar com ação de divórcio consensual. Para isso, contratam um advogado com o objetivo de estabelecer a partilha de bens do casal. Nenhum dos cônjuges possuía bens antes do casamento e, na constância, foram adquiridos: uma casa (R$ 100.000,00), uma chácara (R$ 50.000,00), dois carros (R$ 50.000,00) e Mônica recebeu uma doação de um terreno com a cláusula de incomunicabilidade (valor do imóvel: R$ 50.000,00). Qual a cota-parte de cada cônjuge?

Resposta: no caso em apreço, não foram adquiridos bens antes do casamento e todo patrimônio foi constituído na constância do relacionamento. Aplicando a regra do art. 1.667, CC c/c art. 1.668, I, CC, chegamos à seguinte conclusão. Patrimônio comum: casa, chácara e dois carros no valor total de R$ 200.000,00, devendo ser aplicada a divisão com meação de cada consorte, ou seja, a quantia de R$ 100.000,00 para cada um. Com relação ao terreno que Mônica recebeu de doação com cláusula de incomunicabilidade (valor de R$ 50.000,00), trata-se de patrimônio particular e, assim, bem que irá incorporar exclusivamente o patrimônio da consorte sem aplicação da meação. Assim Eduardo não terá direito à participação de qualquer numerário sobre referido bem (terreno).

Em suma, Eduardo terá direito ao valor de R$ 100.000,00 (cem mil reais) referente a sua cota-parte e Mônica ficará com o equivalente à quantia de R$ 150.000,00 (cento e cinquenta mil reais).

C) Do regime da separação de bens (arts. 1.641, 1.687 e 1.688, CC)

A nossa legislação civil admite duas espécies de separação de bens: a separação convencional, disciplinada nos arts. 1.687 e 1.688, CC, e que depende de pacto antenupcial (contrato escrito para existir e produzir efeitos ou aplicação do princípio da mutabilidade motivada) e a separação obrigatória ou legal, que surge por imposição do legislador e encontra-se regulamentada no art. 1.641, CC.

O objetivo desse regime de bens é estabelecer plena incomunicabilidade dos bens existentes antes do casal e dos adquiridos na constância. A administração dos bens dos cônjuges será independente e autônoma, assim como as dívidas atingirão o patrimônio particular de cada nubente.

A separação convencional de bens pode ser classificada em pura ou absoluta e relativa ou limitada. Na separação convencional pura ou absoluta, fica estabelecida pelas partes a exclusão dos bens havidos ou adquiridos antes, assim como na constância do casamento. A separação convencional relativa estabelece a incomunicabilidade dos bens existentes antes do casamento e a comunhão de alguns ou de todos os bens adquiridos na constância do casamento. Nessa hipótese, não existe diferença em relação ao regime da comunhão parcial.

Sobre a comunhão dos aquestos (divisão dos bens adquiridos na constância do casamento), uma parte da doutrina entendia que a redação do art. 259, CC de 1916 e a elaboração das Súmulas ns. 377 e 380, STF estabelecia a necessidade de partilha de todos os bens adquiridos na constância do matrimônio, desde que comprovado esforço comum. Tal entendimento se apoiava na necessidade de se evitar o enriquecimento ilícito. Sob essa sistemática, devemos entender como esforço comum, não apenas a contribuição financeira de cada cônjuge, mas também o apoio moral e psicológico. Seguindo esse entendimento, em vários casos concretos a divisão do patrimônio do casal se aproximava das diretrizes do regime da comunhão parcial, em que pese o regime escolhido pelas partes ser o da separação de bens.

Observando a nova sistemática do Código Civil, percebemos que o legislador pátrio consagrou o princípio da liberdade e, dessa forma, a vontade dos cônjuges deve prevalecer. Entendemos que a comunicabilidade dos aquestos não se aplica ao regime da separação convencional absoluta e que as súmulas do STF citadas acima perderam a sua aplicação em face da revogação do art. 259, CC anterior. Em suma, nesse regime de bens, cada consorte manterá plena autonomia do seu patrimônio e não existirá comunicabilidade de bens adquiridos na constância do casamento por esforço comum, pois foi a vontade das partes que criou a existência de dois patrimônios distintos. Os bens adquiridos pelos cônjuges em conjunto, com a contribuição financeira de ambos, serão tratados segundo as regras do condomínio e serão partilhados de acordo com a quota-parte de cada nubente.

Em razão da falta de clareza do nosso legislador de 2002 (não eliminando a polêmica sobre a comunicabilidade ou não dos aquestos), recomendamos aos consortes, no momento da elaboração do pacto antenupcial, a inclusão de cláusula expressa, excluindo a possibilidade de comunicabilidade dos aquestos como forma de ressaltar a vontade das partes e deixar claro que os bens adquiridos em conjunto obedecerão às regras da copropriedade.

Nesse sentido, a doutrina de Silmara Chinelato defende a tese de ser desnecessária a inclusão de cláusula no pacto antenupcial para excluir a comunicabilidade dos aquestos: "Parece-me que a comunicação automática de aquestos no regime da separação convencional de bens caminha na direção antagônica à vontade das partes, aproximando o regime da separação, eleito livremente, ao da comunhão parcial. Ressalvo o adjetivo 'automática', pois, se foi comprovada a participação pecuniária de um cônjuge na aquisição de bens pelo outro, é de ser reconhecida a copropriedade, sob pena de configurar-se enriquecimento sem causa... No meu modo de ver, nem no regime de separação legal ou separação obrigatória nem no regime da separação convencional há comunicação de aquestos, pois o Código de 2002 não consagra norma de conteúdo igual ao art. 259 do Código Civil de 1916. Destarte, não há necessidade de excluir-se os aquestos por cláusula expressa em pacto antenupcial, tratando-se de separação convencional. Deve-se respeitar a vontade dos cônjuges que livremente escolheram não ser sócios na aquisição de bens, pelo fato tão só de estarem casados. E pelo mesmo argumento, sou fortemente contrária à consideração de herdeiro necessário do cônjuge casado sob o regime da separação absoluta de bens. A lei impõe, na morte, a comunhão que os cônjuges não quiseram em vida. Inadmissível intromissão do legislador em assuntos de interesse privado, sem que se vislumbre interesse público algum na divisão forçosa e forçada de bens, em direção contrária ao livre-arbítrio das pessoas. Se na aquisição de bens na constância do casamento tiver havido colaboração financeira, há de ser comprovada, para que o cônjuge que se julgar prejudicado seja considerado coproprietário, assim deve ocorrer com qualquer pessoa, estranha ao casamento. A copropriedade decorrerá do Direito das Obrigações e não, automaticamente, do regime de bens do casamento" (CHINELATO, 2022, p. 398-399, vol. 18).

Reforçando o nosso entendimento, os arts. 1.687 e 1688 do Código Civil consagram a plena liberdade na administração dos bens particulares dos cônjuges, inclusive não sendo necessária a outorga uxória para a prática de atos de alienação, disciplinados pelo art. 1.647, CC (parte final do *"caput"* desse artigo). Ainda sobre esses artigos, destacamos que o legislador estabelece que as despesas do casal serão rateadas pelos cônjuges na proporção dos vencimentos de cada consorte, se o pacto antenupcial não dispor de forma diferente. Vejamos o conteúdo desses artigos:

> Art. 1.687, CC – Estipulada a separação de bens, estes permanecerão sob a administração exclusiva de cada um dos cônjuges, que os poderá livremente alienar ou gravar de ônus real.
>
> Art. 1.688, CC – Ambos os cônjuges são obrigados a contribuir para as despesas do casal na proporção dos rendimentos de seu trabalho e de seus bens, salvo disposição em contrário no pacto antenupcial.

Sobre o regime da separação obrigatória ou legal de bens, disciplinado no art. 1.641, CC, conforme narrado no estudo dos princípios relativos aos regimes de bens, julgamos a intromissão feita pelo legislador infraconstitucional ofensiva às diretrizes estabelecidas na nossa Constituição Federal de 1988, em especial aos princípios da liberdade e igualdade jurídica.

Ainda lembramos ao leitor que, em razão da imposição feita pelo legislador, a existência de pacto antenupcial não poderá alterar as diretrizes estabelecidas pelo legislador de aplicação do regime da separação legal, e não poderá ser aplicado o princípio da mutabilidade motivada dos regimes de bens para as hipóteses onde o legislador estabelece o regime, sob pena de fraude a lei. Se os consortes não podem escolher antes do casamento o regime de bens, logo não poderão mudar o referido regime de bens na constância do casamento.

Sobre a comunicabilidade dos aquestos no regime da separação obrigatória de bens, entendemos que a Súmula n. 377, STF pode ser aplicada, pois caso contrário estaríamos consagrando a tese do enriquecimento ilícito. Não podemos esquecer que, na separação obrigatória, o legislador não permite aos consortes/companheiros a escolha do regime de bens, e exclusão dos aquestos estaria consagrando a tese de que a mútua assistência, como dever decorrente de toda entidade familiar, corresponde apenas à contribuição financeira. Em vários relacionamentos, mesmo o cônjuge/companheiro não exercendo nenhuma atividade laborativa com aferição de rendimentos, existe auxílio e trabalho com relação a cuidar dos afazeres domésticos, gerenciar diretamente as atividades dos filhos menores em período fora da escola, economia dos gastos diários do casal, participação nos objetivos e metas financeiras do casal e gestão/administração do orçamento mensal. Assim, a aplicação da citada súmula do STF busca estabelecer um equilíbrio e respeito à igualdade no momento da partilha de bens do casal, valorizando todas as atividades exercidas pelos consortes/companheiros na constância do relacionamento. Portanto, a partilha de bens não deve seguir a mesma diretriz do regime da separação convencional, onde os cônjuges/companheiros, por meio da aplicação da autonomia da vontade, escolheram livremente a disciplina patrimonial e eventual partilha no momento da dissolução da entidade familiar. Qualquer entendimento diferente é flagrante o desrespeito ao princípio da vedação do enriquecimento ilícito consagrado no Código Civil (arts. 884 a 886).

Por último, excelente conclusão do mestre baiano sobre o tema: "... Certamente, por isso, melhor é o tratamento dado pelo Projeto de Lei n. 2.285/07 (Estatuto das Famílias) que, considerando 'o caráter discriminatório e atentatório da dignidade dos cônjuges', suprimiu esse indesejável regime de bens, uma vez que a única efetiva utilidade da separação obrigatória residiria na prevenção da confusão patrimonial (art. 1.523, CC/2002), o que poderia ser resolvido de outra forma, em previsão normativa específica e de cunho excepcional, sem limitar genericamente a manifestação da vontade de nubentes que se encontrassem em situação diversa (a exemplo dos idosos ou daqueles que necessitassem de autorização judicial para casar)..." (GAGLIANO, 2017, p. 335).

D) Do regime da participação final nos aquestos (arts. 1.672 a 1.686, CC)

Trata-se de um regime de bens que não existia dentro do corpo do Código Civil de 1916 e que surgiu para substituir o regime dotal que foi suprimido do Código Civil atual por não apresentar nenhum interesse prático, ou melhor, estar em desuso.

No art. 1.672, CC, encontramos a definição desse regime de bens: "No regime de participação final nos aquestos, cada cônjuge possui patrimônio, consoante disposto no artigo seguinte, e lhe cabe, à época da dissolução da sociedade conjugal, direito à metade dos bens adquiridos pelo casal, a título oneroso, na constância do casamento". O art. 1.673, CC complementa os contornos desse regime de bens: "Integram o patrimônio próprio os bens que cada cônjuge possuía ao casar e os por ele adquiridos, a qualquer título, na constância do casamento".

Interpretando esses dois, artigos podemos afirmar que nesse regime de bens existe a presença de um patrimônio próprio (bens adquiridos antes do casamento e bens adquiridos, a qualquer título, apenas pelo cônjuge na constância do casamento) e patrimônio comum (bens adquiridos pelo casal, a título oneroso, na constância do casamento que será partilhado por metade em eventual dissolução do casamento). Ressaltamos que não se presume ser comum o patrimônio adquirido na constância do casamento, como ocorre no regime da comunhão parcial. Deve constar no instrumento de aquisição, de modo expresso, título oneroso por ambos.

A administração do patrimônio próprio é exclusivamente de cada cônjuge que os poderá alienar, se os bens forem móveis. Quanto aos bens imóveis, a dispensa não é automática, sendo que o art. 1.656, CC permite a dispensa da outorga uxória para a alienação dos referidos bens, desde que conste cláusula expressa em pacto antenupcial (art. 1.656, CC: "No pacto antenupcial, que adotar o regime de participação final nos aquestos, poder-se-á convencionar a livre disposição dos bens imóveis, desde que particulares").

Comentando o conteúdo do art. 1.674, CC, que aborda a regra da dissolução da sociedade conjugal e a apuração dos aquestos, mais uma vez invocamos as lições esclarecedoras de Silmara Chinelato: "Ao ter a noção integral do regime em tela, chega-se à conclusão que, para efeito de cálculo dos aquestos, devem-se diferenciar no patrimônio próprio: a) bens adquiridos com recursos próprios de cada um, sem a participação do outro; b) bens que o cônjuge tinha antes do casamento e os sub-rogados em seu lugar; c) os que o cônjuge adquire, na constância do casamento, por sucessão ou liberalidade; d) dívidas relativas a esses bens. Aquestos consideram o patrimônio próprio e o patrimônio comum, com o elemento de serem adquiridos na constância do casamento. Esse conceito lato encontra respaldo em Teixeira de Freitas. A inclusão dos bens próprios no conceito amplo de aquestos decorre da afirmação do próprio *caput* do artigo em comento, que da soma daqueles exclui certos bens. O patrimônio comum é partilhado em partes iguais: meação nos próprios bens. Incluem-se os móveis. Sobre parte dos bens próprios, o patrimônio adquirido com recursos próprios (item a), abatidas dívidas a eles relativas, é que incide a participação. Quanto aos bens móveis, parece que o legislador desconheceu o alto valor que eles podem ter, como, por exemplo, joias. Algumas ultrapassam, em muito, o valor de imóveis. Independentemente do valor de móveis e imóveis, cada um terá diferente regime" (CHINELATO, 2022, p. 374-375, vol. 18).

Os bens adquiridos pelo trabalho conjunto dos cônjuges constituirão um condomínio e, salvo disposição, presumem-se adquiridos na constância do casamento os bens móveis. As dívidas posteriores ao casamento, contraídas por um dos cônjuges, somente este responderá, salvo prova de terem revertido, parcial ou totalmente, em benefício do outro. Se um dos cônjuges solveu uma dívida do outro com bens de seu patrimônio, o valor do pagamento deve ser atualizado e imputado, na data da dissolução, à meação do outro cônjuge e, por último, estabelece o art. 1.686, CC que as dívidas de um dos cônjuges, quando superiores à sua meação, não obrigam ao outro, ou aos seus herdeiros.

Na dissolução do regime de bens por morte ou por divórcio, verificar-se-á o montante dos aquestos à data em que cessou a convivência. Entendemos que o marco cronológico para a partilha será a separação de fato que muitas vezes antecede a dissolução do casamento/entidade familiar. No momento da divisão do patrimônio dos cônjuges, serão observadas as regras da comunhão parcial com as seguintes diferenças: 1) os bens adquiridos na constância do casamento somente pertencerão ao patrimônio comum, se ficar comprovada a participação de cada cônjuge (não existe presunção semelhante ao regime da comunhão parcial – art. 1.658, CC); 2) liberdade de administração do patrimônio; 3) constituição de patrimônio próprio na constância do casamento e coexistência com o patrimônio comum (art. 1.681, CC: "Os bens imóveis são de propriedade do cônjuge cujo nome constar no registro. Parágrafo único. Impugnada a titularidade, caberá ao cônjuge proprietário provar a aquisição regular dos bens").

Na sequência, apresentamos alguns exemplos de aplicação dos mencionados regimes de bens:

> Exemplo 1 – João e Maria constituíram entidade familiar denominada "união estável" em janeiro de 2010, preenchendo todos os requisitos exigidos pelo legislador no art. 1.723, CC. Buscando a escolha do regime de bens, optaram pelo regime da separação convencional através da celebração de contrato escrito. Infelizmente, em razão da insuportabilidade da vida, em outubro de 2023, contrataram os serviços de um advogado com o objetivo de partilha consensual de bens do casal. Dados complementares: a) João adquiriu veículo antes da união estável no valor de R$ 100.000,00; b) Na constância da união, João comprou um terreno no valor de R$ 300.000,00 e Maria adquiriu um veículo no valor de R$ 50.000,00; c) Com a contribuição financeira de ambos, compraram uma casa avaliada em R$ 500.000,00. Estabeleça a partilha de bens.
>
> Resposta: patrimônio particular de João: veículo (R$ 100.000,00) e terreno (R$ 300.000,00), aplicando as regras dos arts. 1.687 e 1.688, CC. Patrimônio particular de Maria: veículo (R$ 50.000,00), em consonância com o disposto nos arts. 1.687 e 1.688, CC. Patrimônio comum: casa (R$ 500.000,00) adquirida na constância da união estável e com contribuição de ambos os companheiros (condomínio ou copropriedade). Não existindo nada em sentido contrário, presume-se que cada companheiro contribuiu com 50% (cinquenta por cento) para aquisição desse imóvel.
>
> Exemplo 2 – Pedro e Ana vivem em união estável, nos termos da legislação civil, desde janeiro de 2018. No momento da constituição da referida união estável, Pedro tinha 71 anos e Ana acabara de completar 66 anos. Antes do início desse relacionamento, Pedro tinha uma casa (valor de R$ 500.000,00) e Ana, um apartamento (valor de R$ 300.000,00). Durante o relacionamento, Ana cuidava dos netos de Pedro (órfãos de pais), sempre auxiliou o companheiro no exercício da profissão (escritor de livros) e nas economias do lar. Por fim, no ano de 2020, antes de falecer, Pedro adquiriu imóvel com o objetivo de constituir o seu escritório profissional (valor de R$ 400.000,00). Infelizmente, em maio de 2023, Pedro falece vítima de infarto cardíaco. Estabeleça a partilha de bens.

Resposta: inicialmente, destacamos a idade de Pedro (71 anos) e a imposição do regime da separação obrigatória nos termos do art. 1.641, II, CC. Sobre a partilha de bens, casa adquirida por Pedro antes da constituição da união estável (R$ 500.000,00) será partilhada entre os seus descendentes (netos), com fulcro no art. 1.829, I, CC. Por sua vez, o apartamento que Ana adquiriu antes do início do relacionamento trata-se de patrimônio particular da companheira sobrevivente. Sobre o patrimônio adquirido na constância da união estável (escritório profissional – R$ 400.000,00), entendemos ser aplicada a Súmula n. 377, STF e a comunicabilidade dos aquestos (bens adquiridos na constância do relacionamento com esforço comum), tendo em vista que Ana cuidava dos netos de Pedro, auxiliava no exercício da profissão e ajudava nas economias do lar. Assim, referida quantia (R$ 400.000,00) deve ser partilhada em duas partes: metade para Ana e metade para os herdeiros de Pedro (netos).

Cumpre mencionar que julgamos essa hipótese de separação obrigatória inconstitucional (pessoa maior de 70 anos) por ofensa aos princípios da dignidade da pessoa humana, igualdade e liberdade e que, em breve, o STF irá se pronunciar sobre esse tema. Ainda sobre o assunto, substituindo esta situação de separação obrigatória pelo descumprimento das causas suspensivas (art. 1.523, CC) ou pelas pessoas que dependem de autorização judicial para se casarem, o raciocínio será o mesmo, ou seja, comunicabilidade dos aquestos e divisão do patrimônio da mesma forma, sob pena de consagração do enriquecimento ilícito.

Exemplo 3 – Eduardo e Mônica contraíram núpcias no dia 10.10.2010. Antes do casamento, através de pacto antenupcial, escolheram o regime da participação final nos aquestos. O casal não adquiriu bens antes do casamento. Na constância do casamento, Eduardo adquiriu imóvel com o objetivo de desenvolver atividades profissionais (valor de R$ 300.000,00), sendo citado imóvel registrado apenas em seu nome, constituindo patrimônio próprio, e herdou a quantia de R$ 100.000,00. Por sua vez, o casal adquiriu, fruto do trabalho conjunto dos cônjuges, uma casa avaliada em R$ 500.000,00. Estabeleça a partilha de bens.

Resposta: patrimônio particular de Eduardo – imóvel (R$ 300.000,00) e quantia de R$ 100.000,00 (aplicação do conteúdo do art. 1.674, II, CC) e patrimônio comum – casa (R$ 500.000,00) que deve ser partilhado em partes iguais entre o casal por ser fruto do trabalho conjunto.

8.3. Guarda e visita

8.3.1. Conceito

Esclarecedoras as lições do mestre gaúcho: "... a guarda é atributo do poder familiar, embora não seja da sua essência, pois existem guardiões sem o poder parental, como sucede, por exemplo, na tutela e com as famílias reconstituídas, nas quais o novo parceiro do guardião ascendente não exerce o poder familiar, embora exerça a guarda indireta dos filhos do seu companheiro. Compete aos pais ter os filhos em sua companhia e custódia, e não meramente em uma companhia física, mas em relação de comunicação que englobe não apenas o espaço físico do filho em interação com seu genitor, mas que esse ambiente também impere uma relação de afeto e carinho unindo ascendente e filho com laços de verdadeira e ilimitada comunhão de fraterno amor. Os adultos estão naturalmente encarregados de velar por seus filhos no sentido mais amplo da expressão. Os pais têm o dever, e não a mera faculdade de ter seus filhos menores sua companhia. Os filhos menores e incapazes são naturalmente frágeis, indefesos e vulneráveis, carecendo, portanto, de uma especial proteção que passa pela presença física, psicológica e afetiva dos pais, sendo esses os principais pressupostos da responsabilidade parental. A guarda tão apenas identifica quem tem o filho em sua companhia, diante da inexistência ou dissolução da sociedade afetiva dos pais, permanecendo intacta a autoridade parental e a guarda jurídica do art. 1589 do Código Civil, que é representada pelo direito de o pai ou a mãe, em cuja guarda não estejam os filhos poder/dever de visitá-los e tê-los em sua companhia, segundo o que acordar com o outro cônjuge, ou for fixado pelo juiz, bem como fiscalizar sua manutenção e educação..." (MADALENO, 2021, p. 459).

Em síntese, é dever dos pais cuidar, sustentar e educar os filhos menores e maiores incapazes, zelando pelo seu pleno desenvolvimento.

8.3.2. Espécies

Não existe consenso na doutrina sobre as espécies, sendo que cada autor estabelece um rol utilizando critérios diversos no momento de apresentar a sua fundamentação. Prevalece a seguinte classificação: guarda unilateral, guarda compartilhada, guarda alternada e guarda por nidação ou aninhamento. Vejamos abaixo considerações de cada uma delas.

A) <u>Guarda unilateral:</u> é atribuída a um só dos genitores ou alguém que o substitua (guarda a terceiros). Em contrapartida, o outro genitor terá direito de visita como forma de supervisionar as decisões quanto à criação do filho (prestação de contas, assuntos que afetem a saúde e a educação dos filhos (art. 1.589, CC). A visitação ocorre em finais de semana alternados. Quanto às festas de fim de ano, o mais recomendável é que o filho passe o Natal com um genitor o Ano-Novo com o outro, invertendo no ano seguinte. O período de férias escolares deve ser dividido pela metade. No Dia dos Pais e no aniversário do genitor, o filho permanece com o pai, ficando com a mãe no Dia das Mães e no aniversário dela. Por último, no dia do aniversário da criança, os genitores acordam que o filho passará um ano com cada genitor ou mesmo dividir o dia, metade passando com o visitante e outra metade com o guardião. Nada impede que façam uma festa em conjunto para o filho, com a presença de ambos, desde que exista um mínimo de convivência e respeito entre os pais. Cumpre ainda ressaltar que o direito de visita se estende aos avós, a critério do juiz, observados os interesses da criança/adolescente (art. 1.589, parágrafo único, CC).

Polêmica é a questão sobre a possibilidade de fixação de multa pelo não exercício do direito de visita/convivência ("astreintes"). Particularmente, não defendemos esse posicionamento até porque a imposição de carinho e afeto através de fixação de multa diária não é o caminho correto, gerando às vezes maiores sequelas ao menor, pois o genitor, em várias oportunidades, tentará simplesmente cumprir a determinação judicial com a finalidade de evitar o pagamento da multa. Todavia, essa conduta do genitor ausente poderá caracterizar o dever de indenizar em razão do abandono afetivo. Assim, evitamos a imposição de contato entre filho e pai desidioso, mas essa conduta, ou melhor, essa ausência de comportamento ativo e esperado de todo genitor não deixará de causar consequências jurídicas com a condenação do pagamento de indenização por dano moral, uma vez demonstrado o abandono afetivo.

B) Guarda compartilhada: o poder de decisão será exercido pelos pais (responsabilização conjunta no exercício de direitos e deveres do pai e da mãe), sendo que o tempo de convívio com os filhos será fixado de forma equilibrada, sempre tendo em vista as condições fáticas e os interesses dos filhos. O menor terá uma residência fixa, devendo ser preferencialmente aquela perto da escola, do clube, dos vizinhos, parentes e amigos, sempre atendendo à proteção aos interesses do menor. Essa espécie de guarda atualmente é adotada como regra dentro do nosso ordenamento jurídico, só não sendo aplicada se um dos genitores declarar expressamente ao magistrado que não deseja a guarda do menor ou quando houver elementos que evidenciem a probabilidade de risco de violência doméstica ou familiar (art. 1.584, § 2º, CC). Assim, é garantido o direito de convivência dos filhos com ambos os pais, ou seja, representa um chamamento aos pais que vivem separados para exercerem a autoridade parental, como faziam na constância do casamento ou união estável/união homoafetiva/união poliafetiva. O maior obstáculo para efetividade e produção de resultados positivos dessa espécie de guarda consiste nas hipóteses de ausência de convivência harmônica entre os pais, principalmente nos casos em que houve uma separação traumatizante que não foi superada pelo ex-casal. Ainda mencionamos que a divergência entre os genitores sobre a incidência da guarda compartilhada não é obstáculo para a sua implantação, segundo entendimento do STJ ("... a imposição judicial das atribuições de cada um dos pais, e o período de convivência da criança sob guarda compartilhada, quando não houver consenso, é medida extrema, porém necessária à implementação dessa nova visão, para que não se faça do texto legal, letra morta..." – 3ª Turma. REsp 1251000/MG – Relª. Minª. Nancy Andrighi).

Cruciais são as diferenças entre guarda unilateral e guarda compartilhada. Invocamos a doutrina sobre o assunto: "... Também difere-se a guarda compartilhada da guarda unilateral. Nesta, o guardião exerce a guarda física e a guarda jurídica, ao passo que na guarda compartilhada, embora o guardião exerça a guarda física, a guarda jurídica pertence a ambos os pais. O genitor que não detém a guarda física participa diretamente e em pé de igualdade com o guardião físico: a) da educação; b) da instrução; c) da reunião dos pais no colégio do filho; d) do desenvolvimento físico e psíquico do menor; e) na escolha da língua estrangeira a ser estudada; f) na escolha da prática de determinado esporte; g) na organização das férias. Por essa razão, convencionou a doutrina utilizar as expressões "direito de comunicação" ou "direito de convivência", no lugar da expressão "direito de visita", tendo em vista que a efetiva participação do genitor que não tem a guarda física não pode ser denominada mera visita. O aspecto mais importante da guarda compartilhada é que apesar de o filho residir com um dos genitores, ele tem a oportunidade de conviver com ambos. Dessa forma, a ruptura da relação conjugal não priva o menor de estar em companhia de seus pais durante a infância e adolescência..." (OLIVEIRA, 2018, p. 239).

C) <u>Guarda alternada:</u> os pais dividem de forma igualitária a convivência com o menor, gerando responsabilidade exclusiva sobre o menor durante o período de convivência. "... A guarda alternada não deixa de ser uma guarda única, porém descontínua, tendo em vista que o menor fica sob a guarda de um genitor, ora fica sob a guarda do outro. Fala-se em duplicidade de guardas unilaterais e exclusivas. Essa espécie de guarda, no entanto apresenta inconvenientes, como a possibilidade de ausência de um *modus vivendi*, a dificuldade do estabelecimento de determinados hábitos ou a longa distância entre as casas dos genitores..." (OLIVEIRA, 2018, p. 233).

Essa modalidade de guarda não é admitida dentro do nosso ordenamento jurídico.

D) <u>Guarda nidal ou aninhamento:</u> o filho permanece no domicílio original, enquanto os genitores fazem revezamento de residência, mudando-se periodicamente cada um deles para a casa em que o filho permanece. É necessária a manutenção de 3 (três) residências para a aplicação dessa espécie de guarda. Logo, essa modalidade de guarda recebe acentuadas críticas da doutrina e não é admitida pela jurisprudência.

8.3.3. Obrigação alimentar e o instituto guarda

Tanto na guarda compartilhada como na guarda unilateral existirá o dever do pagamento de pensão alimentícia como forma de se preservar o menor/maior incapaz. Ressaltando que o genitor, na guarda compartilhada que não detém a base de moradia, pagará pensão alimentícia na busca de permitir o pleno desenvolvimento do filho (alimentação, educação, saúde, lazer, vestuário, etc.) sempre com observância dos pressupostos da obrigação alimentar (necessidade + capacidade). Assim, a aplicação da guarda compartilhada não exclui o débito alimentar até porque a maioria das despesas do menor serão fixas independentemente do local da moradia ou residência.

8.3.4. Mudança de domicílio na guarda compartilhada

Estabelece o art. 1.583, § 3º, CC que a cidade considerada como base de moradia dos filhos será aquela que melhor atender aos interesses dos incapazes (princípio da prioridade e proteção absoluta à criança e ao adolescente e princípio do melhor interesse).

Durante a aplicação da guarda compartilhada, qualquer mudança de domicílio deve respeitar o melhor interesse do menor, sob pena, inclusive, de caracterizar alienação parental. Sobre a mudança para o exterior, depende do consenso entre os genitores. Não existindo consenso, poderá ocorrer mudança para fora do nosso país, desde que ocorra autorização judicial, sempre com a intervenção obrigatória do representante do Ministério Público e demonstrado respeito aos princípios norteadores do Direito de Família (melhor Interesse e prioridade e proteção integral à criança e ao adolescente). Ressaltando que, em vários julgados, o STJ reconheceu a possibilidade da aplicação da guarda compartilhada, mesmo os genitores morando em cidades ou países diferentes, até porque o que é compartilhado são as responsabilidades, e não estamos diante da aplicação da espécie guarda alternada, não esquecendo que o avanço tecnológico permite, inclusive, contato diário entre filhos e pais, mesmo distantes geograficamente. Assim, a correta análise do caso concreto permite a aplicação da guarda compartilhada, tendo os genitores domicílios em cidades ou países diversos.

8.3.5. Guarda a terceiro

Se o juiz verificar que o filho não deve permanecer sob a guarda do pai ou da mãe, deferirá a guarda à pessoa que revele compatibilidade com a natureza da medida, considerados, de preferência, o grau de parentesco e as relações de afinidade e afetividade (art. 1.584, § 5º, CC).

8.3.6. Aspectos processuais

Preliminarmente, destacamos que o tema "guarda" é assunto primordial e essencial a ser decidido em ação de divórcio ou ação de dissolução de união estável/união homoafetiva/união poliafetiva. Dessa forma, existindo incapazes, com oitiva obrigatória do representante do Ministério Público (art. 178, II, CPC), o juiz irá decidir e definir as questões, versando sobre a guarda dos menores. Nas referidas ações de dissolução da entidade familiar, a guarda pode ser definida de forma consensual ou litigiosa. Sendo litigiosa, o juiz irá aplicar a guarda compartilhada, independentemente do consenso entre os genitores, estando ambos aptos a exercer o poder familiar, salvo se um dos pais declarar que não deseja a guarda do menor ou quando houver elementos que evidenciem a probabilidade de risco ou violência doméstica ou familiar. Particularmente, entendemos que o magistrado deve analisar as particularidades do caso concreto, e, de forma excepcional, não determinar a fixação da guarda compartilhada nos casos onde existe profundo desentendimento entre os genitores após a dissolução da entidade familiar e não houver um mínimo de entendimento e cooperação no que se refere à proteção do filho, independentemente das diferenças do casal. Seguindo essa precaução, estaríamos respeitando o princípio constitucional de prioridade e proteção absoluta à criança e ao adolescente, em vez de aplicar, praticamente de forma automática, o instituto "guarda compartilhada".

Ainda sob o prisma processual, a guarda pode ser definida através da propositura de ação autônoma denominada "ação de regulamentação de guarda", mão esquecendo de frisar que referido procedimento judicial pode ser consensual ou litigioso e que, em várias situações, são utilizados os pedidos de tutela provisória, em especial as tutelas de urgência (arts. 300 e 301, CPC), como forma de se resguardar e proteger os interesses do menor. O deferimento da liminar na fixação da guarda provisória deve preencher os seguintes requisitos: viabilidade jurídica do pedido e perigo do dano ou risco do resultado útil do processo.

Uma vez fixada a guarda compartilhada ou mesmo, excepcionalmente, a guarda unilateral, o nosso ordenamento admite a propositura da ação de modificação e revogação da guarda, nos termos do art. 1.586, CC, ou seja, havendo motivos graves, poderá o juiz, em qualquer caso, a bem dos filhos, regular de maneira diferente da estipulada originariamente na ação de divórcio/ação de dissolução da união estável/união homoafetiva/união poliafetiva, ou mesmo alterar conteúdo de guarda definida em ação autônoma de regulamentação de guarda, ficando evidente a aplicação do instituto "coisa julgada formal". A análise do caso concreto e o cumprimento dos princípios constitucionais do Direito de Família permite a alteração da guarda, sempre respeitando a necessidade de proteção ao incapaz (melhor interesse e proteção integral).

8.3.7. Alienação parental

O próprio legislador, no art. 2º, Lei n. 12.318/10, define a alienação parental como toda a interferência na formação psicológica da criança ou do adolescente, promovida ou induzida por um dos genitores, pelos avós ou pelos que tenham a criança ou adolescente sob a sua autoridade, guarda ou vigilância, para que repudie genitor que cause prejuízo ao estabelecimento ou à manutenção de vínculos com este.

Podemos citar os seguintes exemplos: a) realizar campanha de desqualificação da conduta do genitor no exercício da paternidade ou maternidade; b) dificultar o exercício da autoridade parental; c) dificultar o contato da criança ou do adolescente com o genitor; d) Dificultar o exercício do direito regulamentado à convivência familiar; e) omitir deliberadamente ao genitor informações pessoais relevantes sobre a criança ou o adolescente, inclusive escolares, médicas e alterações de endereço; f) apresentar falsa denúncia contra o genitor, contra familiares deste ou contra os avós, para obstar ou dificultar a convivência deles com a criança ou o adolescente; g) mudar o domicílio para local distante, sem justificativa, visando dificultar a convivência da criança ou do adolescente com o outro genitor, com familiares deste ou com os avós.

Independentemente da dissolução do relacionamento, o menor tem o direito de manter a convivência com os genitores, bem como serem preservados o seu psicológico e cognitivo, em face das desavenças e conflitos jurídicos dos pais. Assim, a implantação da guarda compartilhada pode minimizar tentativa de alienação parental e evitar, em vários momentos, através de apresentação distorcida da realidade ou mesmo relato de inverdades, sequelas para o emocional do menor que, na nessa fase da vida, tem os pais como referência de imagem e conduta a ser seguida e admirada.

Conforme prevê o art. 6º da Lei n. 12.318/10, que trata do tema, uma vez caracterizados atos típicos de alienação parental ou qualquer conduta que dificulte a convivência da criança ou do adolescente com o genitor, o juiz poderá, cumulativamente ou não, sem prejuízo da decorrente responsabilidade civil ou criminal, e segundo a gravidade do caso, adotar as seguintes medidas: a) advertir o alienador; b) ampliar o regime de convivência familiar em favor do genitor alienado; c) estipular multa ao alienador; d) determinar acompanhamento psicológico e/ou biopsicossocial; e) determinar a alteração da guarda unilateral para guarda compartilhada ou sua inversão; f) determinar a fixação cautelar do domicílio da criança ou adolescente; g) declarar a suspensão da autoridade parental.

Por outro lado, se for caracterizada a mudança abusiva de endereço, inviabilização ou obstrução à convivência familiar (visitas), o juiz também poderá inverter a obrigação de levar ou retirar a criança/adolescente da residência do genitor, por ocasião das alternâncias dos períodos de convivência familiar. O objetivo consiste em preservar o direito fundamental da convivência familiar saudável, preservando-se o afeto devido nas relações entre filhos e genitores no seio do grupo familiar.

O reconhecimento da alienação parental pode se dar em ação autônoma ou incidentalmente, sendo obrigatória a intervenção do Ministério Público em todas as situações. O ato judicial que resolve, incidentalmente, a questão da alienação parental tem natureza jurídica de decisão interlocutória e, como consequência, o recurso cabível para impugná-lo é o agravo (art. 522, CPC). Se a questão, todavia, for resolvida na própria sentença, ou se for objeto de ação autônoma, o meio de impugnação será o recurso de apelação, porque nesses casos a decisão encerrará a etapa cognitiva do processo de primeira a instância. Em todas as hipóteses, é perfeitamente cabível a aplicação dos institutos da tutela provisória como forma de proteção e resguardo da integridade física, emocional e psicológica do menor.

8.3.8. Responsabilidade civil e o abandono afetivo

A questão do abandono material nas questões do Direito das Família é resolvida através da propositura de ação de alimentos/revisional de alimentos/exoneração de alimentos e, principalmente, com cumprimento de sentença com a cobrança efetiva do débito alimentar (com pedido de prisão – art. 528, parágrafos terceiro e sétimo, CPC, e sem pedido de prisão – art. 515, 831 e 911 a 913, CPC).

Agora, a discussão sobre o dever de indenizar (responsabilidade civil) versa sobre a falta de afeto (amor/carinho) a um filho, em suma, falta de assistência moral, ou seja, o afeto é um dever jurídico que caracterizaria um ato ilícito? Acirrada é a discussão doutrinária e jurisprudencial sobre o assunto. Invocamos a doutrina sobre o assunto:

> "... Os partidários da tese defendem a ideia de uma paternidade/maternidade responsável, em que a negativa do afeto, gerando diversas sequelas psicológicas, caracterizaria um ato contrário ao ordenamento jurídico e, por isso, sancionável no campo da responsabilidade civil. Já aqueles que se contrapõem à tese sustentam, em síntese, que a sua adoção importaria em uma indevida monetarização do afeto, com o desvirtuamento da sua essência, bem como a impossibilidade de ser aferir quantidade e qualidade do amor dedicado por alguém a outrem, que deve se sempre algo natural e espontâneo, e não uma obrigação jurídica, sob controle estatal..." (GAGLIANO, 2018, p. 747).

Na jurisprudência, os tribunais de 2ª instância e o STJ, nos julgados mais recentes, vem reconhecendo a responsabilidade civil e o dever de indenizar, uma vez demonstrado o abandono afetivo.

Particularmente, defendemos a imposição da responsabilidade civil como forma de consagração dos princípios constitucionais e, em especial, ao princípio da paternidade responsável (art. 226, § 7º, CF/88) e do princípio da igualdade entre os filhos (art. 227, § 6º, CF/88) cumulados com os arts. 186 (dever de indenizar em face da pratica de ato ilícito), 1.566, IV (efeito pessoal do casamento), 1.568 (dever de mútua assistência e solidariedade familiar), 1.579 (solidariedade familiar), 1.632 (poder familiar), 1.634, I (exercício do poder familiar e dever de criação e educação dos filhos)e 1.724 (efeito pessoal da união estável e demais entidade familiares), todos do Código Civil.

Mais uma vez, invocamos as lições do mestre baiano para concluir essa temática: "... Uma importante ponderação final deve ser feita. Logicamente, dinheiro nenhum efetivamente compensará a ausência, a frieza, o desprezo de um pai ou de uma mãe por seu filho, ao longo da vida. Mas é preciso se compreender que a fixação dessa indenização tem um acentuado e necessário caráter punitivo e pedagógico, na perspectiva da função social da responsabilidade civil, para que não se consagre o paradoxo de se impor ao pai ou mãe responsável por esse grave comportamento danoso (jurídico e espiritual), simplesmente a "perda do poder familiar", pois, se assim o for, para o genitor que o realiza, essa suposta sanção repercutiria como um verdadeiro favor..." (GAGLIANO, 2018, p. 755).

Ainda sobre esse tema, surge discussão sobre a competência para julgamento das ações de responsabilidade civil em matéria de relações de família. Prevalece na jurisprudência que mencionadas ações devem ser distribuídas nas varas cíveis por versar sobre pedidos de indenização (compensação financeira), e necessidade da demonstração e caracterização do dano moral. Particularmente, discordamos desse posicionamento, pois entendemos que esses assuntos são temas centrais voltados à preservação do núcleo familiar e, assim, o foro competente para julgar esses assuntos é da vara da família e sucessões.

> "... A ação de indenização decorrente de abandono afetivo é da competência das varas de família, sendo que o prazo prescricional é de três anos, a contar da maioridade do filho..." (DIAS, 2017, p. 572).

8.4. Alimentos

8.4.1. Conceito

Nos dizeres de Orlando Gomes, "... alimentos são prestações para a satisfação das necessidades vitais de quem não pode provê-las por si. Tem por finalidade fornecer a um parente, cônjuge ou companheiro o necessário à sua subsistência..." (GOMES, 2019, p. 427).

> "Alimentos, na linguagem jurídica, possuem significado bem mais amplo do que o sentido comum, compreendendo, além da alimentação, também o que for necessário para moradia, vestuário, assistência médica e instrução. Os alimentos, assim, traduzem-se em prestações periódicas fornecidas a alguém para suprir essas necessidades e assegurar sua subsistência. Nesse quadro, a doutrina costuma distinguir os alimentos naturais ou necessários, aqueles que possuem alcance limitado, compreendendo estritamente o necessário para a subsistência; e os alimentos civis ou côngruos, isto é, convenientes, que incluem os meios suficientes para a satisfação de todas as outras necessidades básicas do alimentando, segundo as possibilidades do obrigado" (VENOSA, 2022, p. 338, vol. VI).

Buscou o legislador a preservação da dignidade da pessoa humana (art. 1º, III, Constituição Federal de 1988) e conservar o direito à vida do alimentando. O fundamento do dever alimentar se encontra no princípio da solidariedade, ou seja, cumprimento do disposto no art. 3º, I, Constituição Federal (objetivo fundamental da República Federativa do Brasil, construir uma sociedade livre, justa e solidária).

8.4.2. Espécies

São várias as classificações e critérios utilizados pela doutrina. Basicamente, podemos dividir o assunto em dois grupos: os alimentos decorrentes da prática de ato ilícito e objeto de estudo na temática "responsabilidade civil" (exemplo: art. 948, II, CC, e o dever de pagamento de pensão alimentícia para os familiares da vítima no caso de condenação por homicídio) e alimentos advindos das regras do Direito das Família (parentesco e dissolução da entidade familiar).

Como forma de delimitação do assunto, iremos abordar no presente trabalho apenas os alimentos oriundos do Direito da Família, analisando as suas características e questões processuais.

8.4.3. Quem deve prestar e quem pode reclamar a obrigação alimentar?

Estão obrigados ao dever alimentar: os parentes consanguíneos de linha reta (é recíproco o débito alimentar entre ascendentes e descendentes) e, de forma subsidiária, os parentes consanguíneos na linha colateral até o 2º grau (art. 1.697, CC: "Na falta dos ascendentes cabe a obrigação aos descendentes, guardada a ordem de sucessão e, faltando estes, aos irmãos, assim germanos como unilaterais").

> "... Somente quatro classes de parentes, são, pois, obrigadas à prestação de alimentos, em ordem preferencial, formando uma verdadeira hierarquia no parentesco: a) pais e filhos, reciprocamente, b) na falta destes, os ascendentes, na ordem de proximidade; c) os descendentes, na ordem da sucessão; d) os irmãos, unilaterais ou bilaterais, sem distinção ou preferência. Os demais parentes, consequentemente, não se acham sujeitos ao encargo familiar..." (GONÇALVES, 2019, p. 540).

Ocorrendo a dissolução do casamento (divórcio) ou mesmo a dissolução da entidade familiar (união estável, união homoafetiva ou mesmo união poliafetiva), os cônjuges ou companheiros podem pedir uns aos outros os alimentos que necessitem para viver de modo compatível com a sua condição social, inclusive para atender às necessidades de sua educação (art. 1.694, CC).

8.4.4. Características

São características da obrigação alimentar: proporcionalidade/razoabilidade; reciprocidade; caráter atual; personalíssimo; não admite compensação; impenhorável; não admite cessão; é imprescritível; irrestituível; admite a transmissibilidade; está sujeito a cláusula *"rebus sic stantibus"* e não admite a renúncia.

O requisito da proporcionalidade aparece no disposto do parágrafo primeiro do art. 1.694, CC, onde o legislador pátrio estabelece os pressupostos de toda obrigação alimentar: necessidade + capacidade ("os alimentos devem ser fixados na proporção das necessidades do reclamante e dos recursos da pessoa obrigada"), já destacando que doutrina e jurisprudência estabelecem presunção de necessidade de todo menor incapaz (despesas essenciais e mensais para a garantia da sua subsistência). Ainda mencionamos que, mesmo não existindo cláusula expressa dentro do nosso ordenamento jurídico, é praxe jurídica o arbitramento do valor de 1/3 (um terço) dos vencimentos líquidos (descontados contribuição previdenciária e imposto de renda) do devedor como quantia devida a título de pensão alimentícia. Ainda seguindo jurisprudência, podemos afirmar que o valor mínimo da pensão alimentícia (mesmo estando desempregado o devedor de pensão alimentícia) corresponde à quantia de 1/3 (um terço) do salário mínimo nacional.

Estabelece o art. 229, CF/88: "Os pais têm o dever de assistir, criar e educar os filhos menores, e os filhos maiores têm o dever de ajudar e amparar os pais na velhice, carência ou enfermidade". Dessa forma, podemos afirmar a existência da reciprocidade no dever alimentar. Num primeiro momento, os filhos terão legitimidade para a propositura de ação de alimentos, figurando do polo passivo da referida demanda o genitor que não detém a guarda física/jurídica. Todavia, os pais poderão ingressar com ação de alimentos contra os filhos como forma de garantir a sua velhice e cumprimento do citado preceito constitucional, bem como invocar as regras estabelecidas no Estatuto do Idoso.

Sobre o caráter atual dos alimentos, afirmamos que o débito alimentar é devido no momento presente e futuro, não sendo possível a cobrança de alimentos pretéritos, até porque, até a fixação da verba alimentar, o alimentado sobreviveu sem o auxílio do pagamento de pensão alimentícia

É direito personalíssimo porque visa garantir a subsistência do alimentando, e não a outrem por negócio ou fato jurídico. No momento da fixação da obrigação alimentar, obrigatoriamente o magistrado irá analisar as necessidades do credor de alimentos e a capacidade financeira do devedor. A fixação do *"quantum"* devido passa necessariamente pela análise desses pressupostos de cunho particular.

O art. 373, II, CC c/c art. 1.707, CC estabelece a vedação da aplicação da compensação (se duas pessoas forem ao mesmo tempo credora e devedora uma da outra, as duas obrigações extinguem-se até onde se encontram) no momento do pagamento, tendo em vista a obrigação alimentar buscar garantir o mínimo necessário à subsistência do alimentado. Podemos aplicar o mesmo raciocínio quando afirmamos que o crédito alimentar não é suscetível de penhora, pois seria um grande absurdo admitir que os credores do alimentado pudessem privá-lo do que é estritamente necessário à sua mantença. O crédito alimentar, sendo inseparável da pessoa, não admite a cessão em razão da própria natureza da obrigação (art. 286, CC c/c art. 1.707, CC).

O credor de alimentos pode pleitear a obrigação alimentar a qualquer momento (imprescritível), mesmo que o direito a alimentos não tenha sido exercido por longo tempo, apesar do preenchimento dos pressupostos. O que prescreve é o direito de cobrar as pensões já fixadas em sentença ou estabelecidas em acordo e não pagas a partir da data em que se vencerem (art. 206, § 2º, CC: "Prescreve: em dois anos, a pretensão para haver prestações alimentares, a partir da data em que se vencerem").

Por ser personalíssimo e indisponível, o direito de alimentos não admite transação (art. 841, CC). O que é passível de transação é o valor a ser pago a título de pensão alimentícia. Em face da necessidade de garantir o sustento e integridade do alimentado, uma vez pagos, os alimentos são irrestituíveis, sejam provisórios ou definitivos. Deve-se, no caso concreto, evitar o enriquecimento ilícito. Assim, buscando um equilíbrio, uma parte da jurisprudência vem admitindo a possibilidade da propositura da ação de repetição de indébito, quando demonstrada a má-fé do autor de ação de alimentos e a possibilidade de restituição sem comprometer a sua subsistência ou mesmo a propositura de condenação por danos morais, pelo fato de atribuir de forma fraudulenta a paternidade a suposto pai com o objetivo de receber os alimentos durante a gestação, pelo fato de ser admissível pensão alimentícia em favor do nascituro em respeito ao princípio da dignidade da pessoa humana e garantia de uma ótima concepção.

O art. 1.700, CC estabelece que a obrigação de prestar alimentos transmite-se aos herdeiros na forma do art. 1.694, CC. "Registre-se que tal dispositivo consistiu em uma mudança de diretriz teórica, pois, no sistema codificado anterior, era vedada expressamente a transmissão da obrigação de prestar alimentos, na forma do revogado art. 402, CC/1916. Em nosso sentir, o sentido jurídico desta transmissibilidade é o seguinte. Se o sujeito, já condenado a pagar pensão alimentícia, deixou saldo devedor em aberto, poderá o credor (alimentando), sem prejuízo de eventual direito sucessório, desde que não ocorrida a prescrição, habilitar o seu crédito no inventário, podendo exigi-lo até as forças da herança. Ou seja, os outros herdeiros suportarão essa obrigação, na medida em que a herança que lhes foi transferida é atingida para saldar débito inadimplido. Mas, se não houver bens suficientes, não poderá o sucessor — ressalvada a hipótese de um dos herdeiros também se legitimado passivo para o pagamento da pensão (irmão do credor, por exemplo), o que desafiaria ação de alimentos própria — ter o seu patrimônio pessoal atingido pela dívida deixada pelo falecido..." (GAGLIANO, 2018, p. 697-698).

Ocorrendo modificação fática e jurídica dos pressupostos da obrigação alimentar (necessidade + capacidade), é possível a propositura da ação revisional de alimentos e ação de exoneração de alimentos. A condenação ao pagamento de pensão alimentícia, com trânsito em julgado, gera fenômeno processual da coisa julgada formal. Citamos como exemplos a perda do emprego, diminuição da renda, promoção com aumento salarial, ganhar na loteria esportiva, incapacidade relativa ou plena para o exercício de atividade laborativa. A aplicação da cláusula *rebus sic stantibus* é uma garantia de equilíbrio, respeito à igualdade e, principalmente, a consagração da vedação do enriquecimento ilícito.

O dever alimentar pode não ser exercido, porém é vedada a renúncia do direito a alimentos. Dessa forma, mesmo que durante um tempo o credor de alimentos não tenha exercitado o seu direito, nada impede a propositura da ação de alimentos e a postulação da obrigação alimentar. Por ser preceito de ordem pública, o débito alimentar não pode ser renunciado previamente através de previsão expressa em pacto antenupcial ou contrato escrito de união estável/união homoafetiva/união poliafetiva. Todavia, a jurisprudência dos tribunais admite a renúncia ao dever alimentar, uma vez ocorrendo a manifestação expressa em ação de divórcio ou dissolução de qualquer outra entidade familiar. Assim, homologado acordo nas referidas ações, não pode um dos ex-cônjuges/ex-companheiros, posteriormente, postular alimentos, dado que já definitivamente dissolvido qualquer vínculo existente entre eles. Ainda sobre o assunto, em consonância com a própria legislação civil, entendemos que o genitor, às vezes, na ansiedade de concluir a dissolução da entidade familiar, não pode renunciar direito à crédito alimentar que pertence ao filho (ninguém pode renunciar algo que não lhe pertence), devendo nessa situação o parecer do Ministério Público ser contrário ao citado procedimento, e mencionado acordo entre os genitores não ser homologado pelo magistrado, sob pena de flagrante descumprimento do conteúdo do art. 1.707, CC, que veda a renúncia da obrigação alimentar.

8.4.5. Aspectos processuais

8.4.5.1. Considerações iniciais

A obrigação alimentar é requisito essencial a ser resolvido em ação de divórcio ou ação de dissolução de união estável/união homoafetiva/união poliafetiva. Assim, nas mencionadas ações, obrigatoriamente o tema "alimentos" deve ser decidido segundo o acordo estipulado pelas partes (forma consensual) ou pelo magistrado não existindo consenso (forma litigiosa). Surge a necessidade do enfrentamento da necessidade de pagamento de pensão alimentícia entre os ex-cônjuges/ex-companheiros e dever de sustento e proteção dos filhos (pensão alimentícia para os filhos). Seguindo esse raciocínio, afirmamos que a temática "alimentos" será abordada de forma incidental nas "ações de dissolução" das entidades familiares.

Independentemente da propositura de qualquer ação buscando a dissolução da entidade familiar, o assunto "alimentos" pode ser abordado através da propositura de ação autônoma (ação de alimentos), bem como o nosso ordenamento jurídico admite a possibilidade da mudança do valor fixado em pensão alimentícia, ocorrendo modificação da capacidade financeira do devedor ou do credor da verba alimentar (ação revisional de alimentos e ação de exoneração de alimentos). Por último, ainda sob o prisma processual, destacamos a possibilidade de cobrança da pensão alimentícia fixada judicialmente através da aplicação do instituto "cumprimento de sentença" (com e sem pedido de prisão).

8.4.5.2. Ação de alimentos

Através da propositura de ação autônoma, o eventual credor de alimentos tem possibilidade de buscar através da intervenção judicial a fixação da verba alimentar. O foro competente para o ajuizamento da ação de alimentos é do domicílio ou residência do alimentando (art. 53, II, CPC).

Para ingressar com essa citada ação, o autor deve comprovar parentesco ou constituição de entidade familiar, ou seja, ficar evidenciado, segundo o Direito Positivo, a qualidade de credor (polo ativo da demanda), bem como a individualização do devedor (polo passivo da demanda). Na aula anterior (aula 24) e, em especial, no tópico c.3, definimos quem deve prestar e quem pode reclamar a obrigação alimentar, lembrando que estatisticamente falando, geralmente o autor é o filho menor, devidamente representado ou assistido pela genitora que ingressa com ação, figurando como réu o genitor/pai.

Uma vez comprovado o vínculo jurídico que justifica a propositura da ação de alimentos, o requerente na petição inicial deverá demonstrar os pressupostos essenciais de toda obrigação alimentar (necessidade + capacidade). Necessidade de observância do princípio da proporcionalidade.

O *quantum* devido será estipulado em percentual sobre os rendimentos líquidos auferidos pelo devedor (geralmente é fixado o percentual de 1/3). Para a estipulação da pensão alimentícia, deve ser levada em consideração apenas a verba permanente, como o salário recebido no desempenho de atividades empregatícias, o 13º salário e outras, excluindo-se as verbas remuneratórias recebidas eventualmente, como as indenizações por conversão de licença-prêmio ou férias em pecúnia, o levantamento de FGTS, eventuais horas extras, reembolso de viagens, etc. Cabe ao magistrado, ao analisar as possibilidades financeiras do devedor de alimentos profissional liberal ou empresário, observar não apenas os rendimentos, mas também sinais exteriores de riqueza como, por exemplo, padrão de vida, local de moradia e eventual casa na praia ou mesmo a realização de constantes viagens de recreação e lazer durante o ano, a aquisição de carros luxuosos, frequentar bares e restaurantes que geram gastos consideráveis, inclusive gastos excessivos com vestuário ou mesmo aquisição de objetos que demonstram consumismo, como troca de celular a todo momento, aquisição de aparelhos tecnológicos e eletrodomésticos que atestam poder aquisitivo e poder de compra do devedor de alimentos.

Sob o prisma processual, a comprovação da capacidade financeira do devedor de alimentos pode ser demonstrada por qualquer meio de prova admitida em Direito, especialmente com a juntada de documentos, necessidade de oficiar o empregador na busca de informações concretas e atuais sobre a remuneração/salário do requerido/empregado, expedição de ofício à Receita Federal na tentativa de análise da evolução patrimonial e rendimentos declarados perante o fisco, juntada de extratos bancários, extratos de cartão de crédito, comprovantes de pagamento financiamentos, bem como análise das despesas fixas mensais do réu, no caso concreto, atestam poder econômico.

Dada a finalidade da presente ação, é possível o pedido de fixação dos alimentos provisórios, através da utilização do instituto de tutela provisória, especificamente a tutela de urgência (art. 300, CPC), como forma de garantir a subsistência do alimentado durante a tramitação da ação de alimentos. Ainda sobre o assunto, a viabilidade jurídica corresponde à existência do vínculo de parentesco ou vínculo matrimonial/entidade familiar (prova pré-constituída) e perigo da demora ou resultado útil do processo, surgindo a tentativa de preservar a integridade/subsistência do credor de alimentos até a prolação da sentença e fixação do dever alimentar. É praxe nas demandas judiciais, preenchidos os requisitos do pedido de liminar, mesmo quando a parte autora não tenha, no início do processo, condições de provar, através de provas documentais a correta capacidade financeira do devedor, ser fixado como valor mínimo dos alimentos provisórios a quantia de 1/3 (um terço) do salário mínimo, até porque esse valor corresponde ao percentual mínimo que deverá ser fixada a obrigação alimentar.

O valor da causa na ação de alimentos corresponde à soma de 12 (doze) prestações mensais pedidas pelo autor (art. 292, III, CPC). Também ressaltamos ser perfeitamente possível a cumulação de pedidos, geralmente nos casos de pedido de reconhecimento de paternidade ou mesmo do requerimento da declaração do reconhecimento de união estável/união homoafetiva/união poliafetiva.

Ainda sobre o assunto, informamos que a possibilidade da propositura da ação de oferta de alimentos (ação de alimentos proposta pelo devedor de alimentos). Trata-se da ação movida pelo responsável pelo pagamento dos alimentos. Tal ação tem o objetivo de deixar amparado o credor de alimentos, proteger filho concebido fora do casamento ou da união estável e tentar evitar a surpresa de ação de alimentos com fixação dos alimentos provisórios, em percentual muito superior aos rendimentos do devedor de alimentos.

8.4.5.3. Ação revisional de alimentos

A ação de alimentos está sujeita ao fenômeno da coisa julgada em seu sentido formal, pois uma vez fixados os alimentos, sobrevier mudança na situação financeira de quem os supre, ou na de quem os recebe, poderá o interessado reclamar ao juiz, conforme as circunstâncias: exoneração, redução ou majoração (cláusula *"rebus sic stantibus"* – art. 1.699, CC).

> "... Desse modo, tanto o alimentando como o alimentante podem demandar pedido revisional dos alimentos fixados. O primeiro pode pedir majoração

> do valor da pensão, ao fundamento de que ocorreu aumento de suas necessidades. Como regra, os gastos mensais de um recém-nascido são menores do que o de um adolescente, que implicam pagamento de escola, material escolar e outras despesas inerentes à fase da adolescência. Além disso, pode motivar o pedido de majoração do valor da pensão o fato de o alimentando ser acometido de doença grave, que implique em gastos extras para o seu tratamento. Mas também pode o alimentando que recebia quantia insuficiente para a sua manutenção, em virtude das possibilidades do alimentante, na época da fixação dos alimentos, pleitear aumento do valor dos alimentos fixados, considerando a melhoria da situação financeira do alimentante. Por outro lado, o alimentante pode demandar ação revisional de alimentos pretendendo a redução do encargo em virtude de alteração substancial em sua situação financeira face da diminuição de seus ganhos mensais. Aqui surge a questão de saber se a constituição de nova família pode justificar o pedido de redução dos alimentos. Tem-se reconhecido, com razão, que a constituição de nova família, bem como o nascimento de filhos, por si só, não são causas determinantes de redução do valor dos alimentos fixados. Há necessidade de se comprovar que tais encargos reduziram efetivamente as possibilidades do alimentante. Parece-me razoável a redução dos alimentos fixados para um filho em razão de nascimento de filhos do alimentante posteriormente, a fim de evitar disparidade de tratamento entre os filhos..." (OLIVEIRA, 2018, p. 619).

A ação revisional deve ser livremente distribuída a uma das varas de família e sucessões da comarca do domicílio do alimentando. Não cabe distribuição por dependência à ação principal que fixou ou homologou os alimentos, tendo em vista que aquela ação já foi extinta, com trânsito em julgado, razão pela qual não se observa justificativa apta a atrair a distribuição por dependência regulada no art. 286, do novo CPC. No mesmo sentido, a Súmula n. 235 do STJ diz: "A conexão não determina a reunião dos processos, se um deles já foi julgado". Dessa forma, restando julgada a ação na qual foram fixados alimentos, fulminada a hipótese de eventual risco de decisões conflitantes, devendo a ação revisional ser julgada pelo juízo a que foi aleatoriamente distribuído.

A competência para a propositura da ação revisional é a do domicílio do alimentando, ou seja, daquele que recebe a verba alimentar, nos termos do art. 53, II, do CPC, art. 147 do ECA e Súmula n. 383 do STJ.

A intervenção do Ministério Público é obrigatória, sob pena de nulidade, por força do art. 178, II, do novo CPC, quando envolver interesse de incapazes. A doutrina entende necessária a intervenção ministerial mesmo em caso de filho maior.

O valor da causa deve corresponder ao proveito econômico pretendido, sendo ditado na ação revisional pelo valor anual da diferença entre o valor da pensão já fixada e o valor pretendido, nos termos do art. 292, III, e § 3º, do CPC.

8.4.5.4. Ação de exoneração de alimentos

A ação de exoneração dos alimentos tem como finalidade a cessação da obrigação alimentar em virtude da mudança na situação financeira do alimentante ou do alimentando (art. 1.699, CC) ou pela extinção da obrigação alimentar, hipóteses que o credor de alimentos se casa, constitui união estável ou concubinato (art. 1.708, CC) ou prática considera como indigna pelo legislador (art. 1.709, CC).

Com relação aos filhos, cessa o dever alimentar dos pais quando o alimentado atinge os 18 (dezoito) anos. Excepcionalmente, a jurisprudência admite extensão da obrigação após a maioridade civil, desde que comprovadas a necessidade do alimentado e a frequência em curso superior. Para essa situação, os tribunais admitem direito a alimentos até aproximadamente os 24 (vinte e quatro) anos. Reza o conteúdo da Súmula n. 358, STJ: "O cancelamento de pensão alimentícia de filho que atingiu a maioridade está sujeito à decisão judicial, mediante contraditório, ainda que nos próprios autos".

Sobre os alimentos decorrentes da dissolução da entidade familiar, tanto a doutrina como a jurisprudência acolhem a tese da aplicação dos alimentos transitórios, ou seja, só são fornecidos alimentos em determinados casos e com duração certa, para o alimentando dispor de tempo para tomar as providências necessárias para levá-lo a conquistar independência financeira. Assim, no caso concreto, no momento da fixação do tempo de vigência da obrigação alimentar, o magistrado deve observar as seguintes particularidades: grau de instrução, tempo de afastamento do mercado de trabalho, idade, existência de eventual incapacidade laborativa como forma de se atestar um equilíbrio entre transformar os alimentos em fonte vitalícia do ócio, mas ao mesmo tempo garantir a subsistência do credor de alimentos (geralmente a mulher).

Com relação ao credor, cessa também o direito a alimentos, se tiver procedimento indigno em relação ao devedor (art. 1.708, parágrafo único). Sobre o que é conduta indigna como fator de extinção do dever alimentar, citamos o enunciado n. 264: "Na interpretação do que seja procedimento indigno do credor, apto a fazer cessar o direito a alimentos, aplicam-se, por analogia, as hipóteses do CC 1.814 I e II" (Jornada III de Direito Civil – STJ – Enunciado n. 264).

8.4.5.5. Cumprimento de sentença (com e sem pedido de prisão)

Ocorrendo a fixação da verba alimentar, o alimentado tem o prazo prescricional de 2 (dois) anos para promover o presente cumprimento de sentença, sob pena de ocorrer a prescrição (art. 205, § 2º, CC). O presente cumprimento de sentença é dividido em duas formas: com pedido de prisão e sem pedido de prisão.

O débito alimentar que autoriza a prisão civil do alimentante é o que compreende até as 3 (três) prestações anteriores ao ajuizamento da execução e as que se vencerem no curso do processo (art. 528, § 7º, CPC). O juiz, a requerimento do exequente, mandará intimar o executado pessoalmente para, em 3 (três) dias, pagar o débito, provar que o fez ou justificar a impossibilidade de efetuá-lo. Caso o executado, no prazo referido no *caput*, não efetue o pagamento, não prove que o efetuou ou não apresente justificativa da impossibilidade de efetuá-lo, o juiz mandará protestar o pronunciamento judicial. Somente a comprovação de fato que gere a impossibilidade absoluta de pagar, justificará o inadimplemento. Se o executado não pagar ou se a justificativa apresentada não for aceita, o juiz decretará a prisão do devedor de alimentos pelo prazo de 1 (um) a 3 (três) meses (art. 528, § 3º, CPC c/c art. 5º, LXVII, CF/88 – Súmula, n. 309, STJ). A prisão será cumprida em regime fechado, devendo o preso ficar separado dos presos comuns, ainda ressaltando que o cumprimento da pena não exime o executado do pagamento das prestações vencidas e vincendas, ou seja, a prisão civil não tem caráter de satisfazer a obrigação, ou mesmo gerar a extinção do débito alimentar.

Não sendo possível o cumprimento da sentença com pedido de prisão, será adotado o procedimento do cumprimento de sentença por quantia certa através da penhora dos bens do executado (art. 523 c/c art. 831, CPC), destacando que o executado será intimado para pagar o débito, no prazo de 15 (quinze) dias, acrescido de custas, se houver. Não ocorrendo o pagamento voluntário, o débito será acrescido de multa de 10 (dez) por cento e, também, de honorários advocatícios de 10 (dez) por cento.

8.4.6. Alimentos compensatórios

Para Rolf Madaleno, "... a pensão compensatória como uma prestação periódica em dinheiro, efetuada por um cônjuge em favor do outro na ocasião da separação ou do divórcio vinculara, onde se produziu um desequilíbrio econômico em comparação com o estilo de vida experimentado durante a convivência matrimonial, compensando deste modo a disparidade social e econômica com a qual se depara o alimentando em função da separação, comprometendo suas obrigações materiais, seu estilo de vida e a sua subsistência pessoal..." (MADALENO, 2021, p. 1.096).

O propósito da pensão compensatória ou da compensação econômica é indenizar, por algum tempo, o desequilíbrio econômico causado pela repentina redução do padrão socioeconômico do cônjuge/companheiro desprovido de bens e meação, significando indenizar a perda do padrão social causada pela dissolução do relacionamento. Tais alimentos visam possibilitar a indenização do companheiro/cônjuge que renuncia às suas expectativas profissionais em prol da família e, com a ruptura da união, decai sensivelmente a sua condição econômica e social.

São requisitos ou condições a serem analisados pelo magistrado, no caso concreto, para a fixação dos alimentos compensatórios: ausência de meação; idade e estado de saúde; qualificação profissional e possibilidade de acesso a um emprego; dedicação à família; colaboração com seu trabalho e as atividades profissionais do outro cônjuge, durante o casamento e a convivência conjugal, etc. Frisamos que fixação dos alimentos compensatórios tem caráter indenizatório e não estão vinculados à necessidade ou possibilidade do ex-cônjuge/ex-companheiro de garantir a sua subsistência. Em razão dessa finalidade, vários autores utilizam a expressão "compensação financeira" como forma de exemplificar ou denominar essa espécie de alimentos.

Parte da doutrina é contrária à aplicação dos alimentos compensatórios, apresentando como principais objeções a natural diminuição do padrão de vida com o fim do relacionamento e própria tendência atual da fixação dos alimentos da forma transitória quando falamos de alimentos decorrentes da dissolução da entidade familiar, ou seja, não se deve estimular o ócio. "... A fixação dos alimentos compensatórios não pode ser desmedida ou exagerada, de modo a gerar o ócio permanente do ex-cônjuge, ou uma espécie de parasitismo amparado pelo Poder Judiciário. Em outras palavras, a sua fixação não pode perpetuar a figura da dondoca, que não trabalha ou desenvolve qualquer atividade, vivendo às custas da profissão do ex-cônjuge. Tal figura, aliás, está bem distante da personificação da mulher contemporânea, pós-moderna, empreendedora e independente..." (TARTUCE, 2020, p. 592).

Por não terem os alimentos compensatórios a finalidade de atender às necessidades de subsistência do credor, mas sim corrigir, atenuar ou reparar grave desequilíbrio econômico-financeiro ou abrupta alteração do padrão de vida de um dos cônjuges ou companheiros, o inadimplemento de tal verba alimentar não pode ser sancionado com a prisão do devedor (STJ – 3ª Turma – RHC 117.996/RS – Relator: Ministro Marco Aurélio Bellize).

Seguindo essa linha de raciocínio, a prescrição dos alimentos compensatórios deve observar o prazo de 3 (três) anos (art. 206, § 3º, IV e V, CC), não aplicando o prazo prescricional de 02 (dois) anos utilizado para os alimentos de subsistência (art. 206, § 2º, CC).

8.4.7. Alimentos gravídicos

8.4.7.1. Conceito

Os alimentos gravídicos compreenderão os valores suficientes para coibir as despesas adicionais do período de gravidez e que sejam dela decorrentes, da concepção ao parto, inclusive os referentes a alimentação especial, assistência médica e psicológica, exames complementares, internações, parto, medicamentos e demais prescrições preventivas e terapêuticas indispensáveis, a juízo do médico, além de outras que o juiz considere pertinentes (art. 2º, Lei n. 11.804/2008).

Os alimentos gravídicos são devidos a partir da concepção, e não após a citação do réu para evitar manobras que impeçam a citação do devedor alimentar e exclusão da responsabilidade alimentar.

> "... A recente Lei n. 11.804, de 5 de novembro de 2008, que trata dos impropriamente denominados "alimentos gravídicos" — desnecessário e inaceitável neologismo, pois alimentos são fixados para uma pessoa e não para um estado biológico da mulher — desconhece que o titular do direito a alimentos é o nascituro, e não a mãe, partindo de premissa errada, o que repercute no teor da lei..." (CHINELLATO, 2019, p. 29).

8.4.7.2. Questões processuais

A legitimidade ativa para a ação é da gestante que promove a ação em nome próprio. O foro competente é o seu domicílio (art. 53, II, CPC).

Convencido da existência de indícios da paternidade, o juiz fixará alimentos gravídicos que perdurarão até o nascimento da criança, sopesando as necessidades da parte autora e as possibilidades da parte ré (art. 6º, Lei n. 11.804/2008). "... Para a fixação dos alimentos gravídicos é suficiente a existência de indícios de paternidade, das chamadas presunções de fato (*hominis*), pelas quais as observações fáticas adquirem certo valor probatório, ou dispensam maior segurança na prova efetiva da relação de filiação. Evidentemente o juiz deve se ater a indícios fortes, capazes de levá-lo à presunção da paternidade, como ocorre com fotografias, escritos públicos e particulares, bilhetes, prova testemunhal, declarações e depoimentos, sendo presumida a paternidade no caso de a gestante ser casada com o réu e em todas as demais hipóteses ventiladas no art. 1.596 do Código Civil, mesmo quando rompida a sociedade conjugal e nas situações de inseminação artificial homóloga ou heteróloga existindo prévia autorização do marido, como também passam a ser presumidas, ao menos do companheiro, todas as paternidades advindas de preexistência de uma união estável que possa ser antecipadamente comprovada, por força da presunção de paternidade atribuída a todas as mulheres, casadas ou não (Lei n. 13.112/2015). É ônus da mulher grávida colacionar os indícios que apontem para a alegada paternidade, diante da impossibilidade de ser exigida prova negativa por parte do indigitado pai..." (MADALENO, 2021, p. 1.014-1.015).

É possível a fixação dos alimentos através de liminar, o que caracteriza exemplo típico de antecipação de tutela como forma de proteção ao nascituro e gestante e respeito ao direito à vida (dignidade da pessoa humana).

A ação de alimentos gravídicos não se extingue ou perde seu objeto com o nascimento da criança, pois os referidos alimentos ficam convertidos em pensão, até eventual ação revisional em que se solicite a exoneração, redução ou majoração do valor dos alimentos, ou mesmo até quando se obtenha o resultado sobre o eventual vínculo que une as partes em ação de investigação ou negatória de paternidade.

8.4.7.3. Ação de indenização

Após o nascimento e, comprovada através de exame de DNA em ação negatória a exclusão da paternidade, é perfeitamente possível o ajuizamento de ação com o objetivo de ser pleiteado o ressarcimento dos valores pagos a título de alimentos gravídicos, bem como a condenação por danos morais, comprovada a responsabilidade civil subjetiva (dolo ou culpa). Exemplos: a) conduta dolosa: a gestante sabia que aquela pessoa não era o pai; b) conduta culposa: não tinha certeza que aquele era o pai da criança, apenas achava que era, mesmo ela tendo se relacionado com outras pessoas no período.

8.4.8. Alimentos e o Estatuto da Pessoa Idosa

Estabelece o art. 12 do Estatuto do Idoso (Lei n. 10.741/2003) a solidariedade nos alimentos do idoso. Os pais idosos podem acionar apenas um dos filhos para o pagamento de pensão alimentícia em decorrência da aplicação da solidariedade.

A obrigação alimentar entre pais e filhos é marcada pela reciprocidade e tem como pressuposto o disposto no art. 229, CF/88 (dever dos filhos maiores de amparem os pais na velhice, carência ou enfermidade) e no art. 2º, Lei n. 10.741/2003 (o idoso goza de todos os direitos inerentes à pessoa humana, sem prejuízo da proteção integral de que trata esta Lei, assegurando-se-lhe, por lei ou por outros meios, todas as oportunidades e facilidades, para preservação de sua saúde física e mental e seu aperfeiçoamento moral, intelectual, espiritual e social, em condições de liberdade e dignidade).

O art. 13 do Estatuto do Idoso autoriza a celebração de transações relativas a alimentos destinados ao idoso junto ao Ministério Público ou perante o defensor público, os quais irão referendar o acordo que adquire efeito de título executivo extrajudicial, independentemente da sua homologação judicial.

Se o idoso ou seus familiares não possuírem condições econômicas de prover o seu sustento, impõe-se ao poder público esse provimento, no âmbito da assistência social.

Sobre a responsabilidade dos avós, mencionamos que somente serão obrigados a prestar alimentos aos netos em caráter exclusivo, sucessivo, complementar e não solidário, quando os pais estiverem impossibilitados de fazê-lo, caso em que as necessidades básicas dos alimentandos serão auferidas, prioritariamente, segundo o nível econômico-financeiro dos seus genitores. A falta de condições dos pais deve ser interpretada pela incapacidade do exercício de atividade remunerada, insuficiência de recursos necessários para suprir as necessidades do filho ou ausência. Nessa esteira, estabelece a Súmula n. 596, STJ: "A obrigação alimentar dos avós tem natureza alimentar e subsidiária, somente se configurando caso de impossibilidade total ou parcial de seu cumprimento pelos pais".

8.4.9. Intributabilidade da pensão alimentícia

Recentemente, o STF (ADI n. 5.422) decidiu por afastar a incidência do imposto de renda sobre os valores recebidos de pensão alimentícia. Quem nos últimos 5 (cinco) anos (2018-2022) apresentou declaração incluindo esse valor como rendimento tributável, pode retificar a declaração e terá direito à restituição.

O pagamento mensal de pensão alimentícia não configura renda nem proventos da pessoa que a recebe. O rendimento de quem paga já é tributado quando de seu recebimento, e cobrar novamente sem qualquer justificativa o imposto sobre quem recebe ofende a Constituição. Não há, por força da pensão alimentícia, nova riqueza dada aos alimentados.

Assim, ausência de riqueza nova ou acréscimo patrimonial, com a incidência de imposto de renda sobre pensão alimentícia, acarreta bitributação. A dedução dos valores pagos a título de pensão alimentícia não afasta esse entendimento, até porque é o alimentante, e não a pessoa alimentada, o beneficiário da dedução.

A tributação não pode impedir o exercício de direitos fundamentais. Os valores recebidos a título de pensão alimentícia decorrente das obrigações alimentares de seu provedor não podem integrar a renda tributável do alimentando, sob pena de violar-se a garantia ao mínimo existencial e ofensa ao princípio da dignidade da pessoa humana (art. 1º, III, CF/88).

8.5. Nome

8.5.1. Conceito

O nome corresponde a um atributo da personalidade humana. Trata-se de um bem jurídico que tutela a intimidade e permite a individualização da pessoa dentro da sociedade.

Corresponde a um valor que se insere na necessidade do respeito a dignidade da pessoa humana (art. 1º, III, CF/88).

8.5.2. Elementos constitutivos

A expressão "nome" é utilizada de forma genérica, abrangendo o prenome (popularmente chamado de nome) e sobrenome (identifica a sua origem familiar, também chamado de apelido de família).

8.5.3. Constituição de entidade familiar

Com a constituição da família, a legislação civil faculta a qualquer dos noivos acrescer ao seu o sobrenome do outro (art. 1.565, § 1º, CC). Nada impede a supressão do sobrenome próprio e adoção exclusiva do nome do outro cônjuge/companheiro, ocorrendo a consagração da aplicação do princípio da igualdade entre homem e mulher.

Ainda sobre a igualdade (entre as entidades familiares), o acréscimo do sobrenome também é possível nas demais entidades familiares (união estável, união homoafetiva e união poliafetiva).

8.5.4. Dissolução da entidade familiar

Com o divórcio ou dissolução da união estável, é facultada às partes a manutenção do nome de casado ou o retorno ao nome de solteiro.

A Emenda n. 66/2010 excluiu do nosso ordenamento jurídico o instituto "separação" e o dever ou consequências da comprovação de culpa do fim do relacionamento. Dessa forma, independentemente da causa ou motivo da dissolução da entidade familiar, a mantença ou mudança do nome depende exclusivamente do desejo do cônjuge/companheiro que o adotou no momento da constituição da família. Eventual modificação do nome deve constar em declaração expressa dos ex-cônjuges/ex-companheiros dentro da ação de divórcio ou ação de dissolução de união estável/união homoafetiva/união poliafetiva.

Sobre o uso do nome, ou melhor, manutenção do "nome de casado", seguimos o posicionamento da professora Maria Berenice Dias: "... O cônjuge pode manter o nome quando do divórcio e, posteriormente, a qualquer tempo, abandoná-lo. Condicionar o uso do nome — que é um dos atributos da identidade — à concordância do "dono" do nome infringe o sagrado princípio constitucional de respeito à dignidade. Não pode um dos elementos identificadores da pessoa ficar condicionado a favor de alguém, à condescendência de outrem, descabendo perquirir sobre a vida particular do ex-cônjuge para, como uma apenação, limitar o uso do nome. O cônjuge não tem mais a possibilidade de subtrair o nome de quem deixou de amá-lo, atitude claramente vingativa. Tratava-se de verdadeira condenação do "culpado" pelo fim do amor. A partir do casamento, o nome de um não é mais do outro, é seu também. O nome adotado com o casamento passa a ser o nome da família e o seu nome próprio, integrando seu direito à personalidade. Com o casamento, o cônjuge não empresta simplesmente o seu nome ao outro que o acresce, de modo a se poder exigir que aquele que teve o nome modificado pelo enlace conjugal o altere novamente por ocasião do divórcio. Se assim fosse, se estaria retrocedendo ao tempo em que a mulher era assujeitada, tida como propriedade masculina, ficando à mercê dos mandos e desmandos do marido..." (DIAS, 2017, p. 133-134).

8.5.5. Anulação do casamento

O casamento nulo gera efeitos "*ex tunc*", ou seja, retroage os seus efeitos à data da sua celebração. Com a decretação da anulação do casamento, ambos os consortes retornam ao nome de solteiro.

No caso do casamento putativo (art. 1.561, CC), reconhecida a boa-fé do cônjuge, é permitida a manutenção do nome de casado, se existir interesse/vontade do nubente nessa situação jurídica, como forma de se resguardar esse atributo da personalidade humana. A proteção à boa-fé nas relações jurídicas busca proteger o consorte que agregou o apelido de família do outro cônjuge.

8.5.6. *Viuvez*

Como é possível o divorciado excluir a qualquer tempo o sobrenome adotado quando do casamento, nada se justifica negar tal direito ao viúvo.

Ocorrendo o evento morte, o pedido de exclusão do sobrenome do falecido não exige qualquer motivação. Geralmente, mesmo após o falecimento, é mais comum a manutenção do nome de casado até como forma de preservar na memória as boas lembranças do relacionamento.

8.5.7. *Nome dos filhos*

A princípio, os genitores terão liberdade na escolha do nome dos filhos (prenome e sobrenome), ficando consagrada a autonomia da vontade em patamar de total equiparação entre os pais.

Pela aplicação do princípio da afetividade, são reconhecidos os efeitos jurídicos da filiação socioafetiva com a caracterização da convivência, gerando a posse do estado de filho e, por sua vez, participação na escolha do nome dos filhos. Citamos, como exemplo, a adoção à brasileira.

Ainda sobre a afetividade, é possível a inclusão do nome do padrasto/madrasta. Assim, o acréscimo do patronímico do padrasto corresponde a um direito de ser identificado de acordo com seu novo núcleo familiar, bem como a supressão do sobrenome do pai registral, mediante prova do abandono e a substituição pelo nome do guardião (formação da família "moderna" não consanguínea, que tem sua base nos laços afetivos).

Com a adoção, o adotado passa a ocupar a condição de filho, sendo vedado qualquer designação discriminatória (art. 227, § 6º, CF/88). Colocado o adotado em família substituta, o registro anterior é cancelado e no novo registro deve constar, além do nome do adotante, o de seus ascendentes. O sobrenome do adotado será o do adotante. O ECA permite, inclusive, a alteração do prenome, se houver desejo do adotante ou do adotado (art. 47, § 5º). Na hipótese do adotado ter mais de 12 anos, é obrigatório que o seu consentimento seja colhido em audiência (art. 47, § 6º). Constará no registro de nascimento os adotantes como pais e seus ascendentes como avós.

8.6. Bem de família

8.6.1. Conceito e fundamento jurídico

O instituto "bem de família" surge como forma de proteção à moradia, direito social considerado um dos direitos de personalidade inerentes à pessoa humana (art. 6º, CF/88). Apresenta como principal característica a impenhorabilidade, como forma de se proteger a família.

Defendendo uma concepção mais ampla, a professora Maria Berenice Dias afirma a necessidade de proteção ao ser humano e a necessidade de ter um local de habitação, um teto para morar e um mínimo vital. "... Daí a instituição do bem de família, que gera a impenhorabilidade de bem determinado e se transforma em verdadeiro patrimônio, num sentido protetivo do núcleo familiar. É possível dizer que se trata de uma qualidade que se agrega a um bem imóvel e seus móveis, imunizando-os em relação aos credores, como forma de proteger a família que nele reside. Mesmo que a Constituição assegure especial proteção à família, sua maior responsabilidade é com o cidadão. O enfoque central do ordenamento jurídico é o ser humano. Apesar de a expressão 'bem de família' dar a entender que o instituto se destina à proteção da entidade familiar, passou a Justiça a reconhecer que é um instrumento de proteção à pessoa do devedor, tendo ele ou não família, ou morando sozinho. Fere o princípio da igualdade deixar à margem da lei — e, por consequência, ao relento — o indivíduo que, por contingência ou opção, vive só e não constitui uma família. O conceito de entidade familiar abriga estruturas de convívio das mais diversas, é conceito amplíssimo. O sentido e alcance da norma foram se modificando, em grande parte por obra da jurisprudência, que percebeu a transformação do próprio conceito de família, que teve seus horizontes alargados. O objetivo é garantir a cada indivíduo um teto para morar, mesmo que em detrimento dos credores. Em outras palavras, ninguém tem o direito de 'jogar quem quer que seja na rua' para satisfazer um crédito. Por isso o imóvel residencial é considerado impenhorável..." (DIAS, 2019, p. 381-382).

8.6.2. Classificação do bem de família

O bem de família pode ser classificado em duas espécies: bem de família voluntário e bem de família involuntário ou legal.

> "... O **bem de família voluntário ou convencional** surge a partir da vontade de seu proprietário, no intuito de proteger sua família de problemas econômicos futuros, através da proteção da propriedade imóvel relativa ao lar conjugal, bem como dos pertences e demais acessórios necessários à sobrevivência da família, enquanto morada de seus membros constitutivos, impedindo desta forma a penhora por dívidas em geral. O **bem de família involuntário ou legal** surge independentemente da vontade de seu proprietário, sendo,

pois, sua constituição involuntária. A ordem jurídica tutela diretamente a propriedade residencial da família atribuindo-lhe a característica de impenhorabilidade, sem qualquer formalidade. Subdivide-se em imóvel e móvel e está regulamentado pela Lei n. 8.009/90. Historicamente surgiu, do ponto de vista prático, para tornar mais eficiente a proteção da família. Porém, a Lei n. 8.009/90 não revogou os dispositivos que tratavam do bem de família voluntário. Convivem, portanto, ambos os dispositivos..." (MALUF, 2020, p. 725-726).

A) Bem de família convencional

Regulamentado pelos arts. 1.711 a 1.722, Código Civil, o bem de família convencional surge da manifestação de vontade expressa em escritura pública ou testamento, pelo qual os cônjuges ou a entidade familiar destinam um imóvel para domicílio familiar, cujo valor não deve ultrapassar um terço do patrimônio líquido existente ao tempo da instituição, mantidas as regras da impenhorabilidade do imóvel residencial estabelecidas em lei especial (art. 1.711, Código Civil). Também é possível terceira pessoa instituir bem de família por meio de testamento ou doação, desde que ocorra aceitação por parte dos beneficiários.

Para a instituição do bem de família, é necessário o registro de seu título no Cartório de Registro de Imóveis e, uma vez instituído, o imóvel deixa de responder pelas dívidas do devedor. O bem fica livre das dívidas futuras, mas não das dívidas pretéritas (art. 1.715, Código Civil).

O imóvel instituído como bem de família pode ser prédio residencial urbano ou rural com suas pertenças e acessórios, destinando-se em ambos os casos a domicílio familiar, e poderá abranger valores mobiliários, cuja renda será aplicada na conservação do imóvel e no sustendo da família.

Segundo estabelece o art. 1.715, Código Civil, o bem de família é isento de execução por dívidas posteriores à sua extinção, salvo as que provierem de tributos relativos ao prédio ou de despesas de condomínio. A administração do bem de família compete a ambos os cônjuges/companheiros, ocorrendo o suprimento judicial, surgindo divergência entre o casal.

Comprovada a impossibilidade da manutenção do bem de família nas condições em que foi instituído, poderá o juiz, a requerimento dos interessados, extingui-lo ou autorizar a sub-rogação dos bens que o constituem em outros, ouvidos o instituidor e o Ministério Público. Cumpre destacar que não desvirtua a destinação de bem de família se os seus rendimentos visam o pagamento do aluguel de outro imóvel onde mora a família, já que a razão de ser do instituto não é proteger o patrimônio, e sim a família. Assegurada a sua destinação legal, pode o bem de família ser, em parte, arrendado; a finalidade do bem de família é servir de residência à família, mas a alegação de se haver desviado o destino legal não invalida a instituição e só os beneficiários poderão reclamar contra aquele desvio; mudança de residência e necessidade de partilha não justificam o cancelamento do bem de família.

O bem de família só pode ser alienado com o consentimento dos interessados e seus representantes legais, ouvido o Ministério Público, se houver interesse de incapaz (art. 178, II, CPC). No caso de falecimento de ambos os cônjuges ou conviventes, havendo incapazes, a impenhorabilidade persiste, cabendo a administração a um dos filhos maiores de idade. Sendo todos menores, a administração deve passar ao tutor. Não importa a natureza da indisponibilidade, se legal ou convencional, na ausência dos pais, os filhos formam uma família e estão a salvo dos devedores e, assim, é possível a manutenção da impenhorabilidade do imóvel ocupado pelos irmãos. Esse entendimento referendado pela jurisprudência do STJ busca ampliar o conceito de família, utilizando o conceito de família parental como entidade familiar constituída somente pela prole.

A dissolução da sociedade conjugal não extingue o bem de família. Dissolvida a sociedade conjugal pela morte de um dos cônjuges/companheiros, o sobrevivente poderá pedir a extinção do bem de família, se for o único imóvel do casal, desde que essa possibilidade liberatória não cause prejuízos aos filhos menores, devendo, no caso concreto, o juiz analisar a necessidade ou não de manutenção do bem de família como forma de proteção aos incapazes.

B) Bem de família legal

Disciplinado pela Lei n. 8.009/90, essa espécie de bem de família surge independente da vontade do instituidor. Citado diploma legal trata-se de lei cogente e de ordem pública, com nítido caráter protecionista, buscando garantir o mínimo necessário à sobrevivência da família, à luz do respeito do direito fundamental à moradia.

Dispõe o art. 1º, Lei n. 8.009/90, definindo o que é bem de família legal: "O imóvel residencial próprio do casal, ou da entidade familiar, é impenhorável e não responderá por qualquer tipo de dívida civil, comercial, fiscal, previdenciária ou de outra natureza, contraída pelos cônjuges ou pelos pais ou filhos que sejam seus proprietários e nele residam, salvo hipóteses previstas nesta lei. Parágrafo único: a impenhorabilidade compreende o imóvel sobre o qual se assentam a construção, as plantações, as benfeitorias de qualquer natureza e todos os equipamentos, inclusive os de uso profissional, ou móveis que guarnecem a casa, desde que quitados".

Excluem-se, da impenhorabilidade, os veículos de transporte, as obras de arte e os adornos suntuosos, bem como vaga de garagem ou box de estacionamento que tenha matrícula diversa da matrícula do bem de família.

Dessa forma, é impenhorável o único imóvel utilizado pelo casal ou entidade familiar como residência permanente, seja esse bem urbano ou rural. Excepcionalmente, também é considerado bem de família o imóvel alugado para que suas rendas sirvam à manutenção da própria família (bem de família indireto). Se a família for proprietária de mais de um imóvel, a impenhorabilidade recairá sobre o de menor valor, salvo se outro houver sido registrado para esse fim no Cartório de Registro de Imóveis. O locatário de imóvel alugado é favorecido pela impenhorabilidade somente dos bens móveis que guarnecem a sua residência.

São exceções à impenhorabilidade do bem de família legal, as hipóteses elencadas no art. 3º, Lei n. 8.009/90: o crédito decorrente de financiamento destinado à construção ou aquisição de imóvel, o crédito de pensão alimentícia, os créditos de impostos, predial ou territorial, de taxas e contribuições devidas em função do próprio imóvel, para execução de hipoteca sobre o imóvel oferecido como garantia real pelo casal em função do imóvel familiar, por ter sido adquirido com o produto de crime ou para a execução de sentença penal condenatória a ressarcimento, indenização ou perdimento de bens e por obrigação decorrente de fiança concedido em contrato de locação.

Sobre a penhorabilidade do imóvel do fiador, citamos os seguintes entendimentos dos tribunais superiores: Súmula n. 549, STJ: "É válida a penhora de bem de família pertencente a fiador de contrato de locação e Tese 295, STF: "É constitucional a penhora de bem de família pertencente a fiador de contrato de locação, em virtude da compatibilidade da exceção prevista no art. 3º, VII, da Lei n. 8.009/90 com o direito de moradia consagrado no art. 6º da Constituição Federal, com redação da EC n. 26/2000". Particularmente, discordamos desse entendimento jurisprudencial, tendo em vista que o direito à moradia é direito fundamental do ser humano e, por sua vez, cláusula pétrea, não existindo a possibilidade do legislador infraconstitucional regular a matéria de forma diferente. Ademais, a Lei n. 8.009/90 estabelece preceitos de ordem pública, sendo exemplo típico de norma cogente e, assim, a manifestação de vontade em sentido contrário não teria condão de alterar conteúdo de lei protecionista, que busca preservar a dignidade da pessoa humana a partir do momento que é garantido um teto ou residência para a pessoa.

Ainda sobre bem de família, ressaltamos recente entendimento do STJ, estabelecendo uma concepção mais ampla de família (Súmula n. 364, STJ: "O conceito de impenhorabilidade de bem de família abrange também o imóvel pertencente a pessoas solteiras, separadas e viúvas") e o disposto no art. 4º, parágrafo segundo, Lei n. 8.009/90: "Quando a residência familiar constituir-se em imóvel rural, a impenhorabilidade restringir-se-á à sede de moradia, com os respectivos bens móveis, e, nos casos do art. 5º, inciso XXVI, da Constituição à área limitada como pequena propriedade rural. Entendendo como pequena propriedade rural, o imóvel rural que direta e pessoalmente explorado pelo agricultor e sua família, lhes absorva toda a força de trabalho, garantindo-lhes a subsistência e o progresso social e econômico (art. 4º, Estatuto da Terra).

8.7. Usufruto e da administração dos bens dos filhos menores

Compete aos pais, no exercício do poder familiar, a administração e usufruto dos bens dos filhos menores (art. 1.689, CC). Em respeito ao princípio da igualdade, ambos os genitores serão coadministradores e cousufrutuários dos bens dos filhos menores sob sua autoridade. Ocorrendo divergência, poderá qualquer deles recorrer ao juiz para a solução necessária.

Aos pais, no exercício da função de administração, devem representar ou assistir os filhos, conforme tenham mais ou menos de 16 (dezesseis) anos. O usufruto não precisa ser levado a registro público porque decorre da imposição legal. Pela mesma razão, não se exige dos pais a caução a que se refere o art. 1.400 do Código Civil, nem prestação de contas.

É necessária a autorização judicial para a prática de atos que ultrapassem a simples administração. "... No exercício do múnus que lhes é imposto, os pais devem zelar pela preservação do patrimônio que administram, não podendo praticar atos dos quais possa resultar uma diminuição patrimonial. Para alienar ou gravar de ônus reais os bens imóveis dos filhos menores, precisam obter autorização judicial, mediante a demonstração de 'necessidade, ou evidente interesse da prole'. Comprovada a necessidade ou evidente interesse da prole e expedido alvará, a venda poderá ser feita a quem melhor pagar, não devendo o preço ser inferior ao da avaliação. Não se exige a oferta em hasta pública. Competente para processar o pedido é o juiz do domicílio do menor, e não o da situação. A necessidade pode decorrer de várias situações. Autoriza-se a venda de bens pertencentes a menores, por exemplo, para garantir a sua subsistência e adquirir alimentos, para o atendimento de despesas médicas e hospitalares, para a aquisição de outro imóvel que oferece lucro seguro em sub-rogação de outro que só acarreta despesas ou para investimento rentável e menos dispendioso. Se a venda se efetivar sem a autorização judicial, padecera de nulidade, porém relativa, porque só poderá ser oposta pelo próprio filho, seus herdeiros ou seu representante legal (art. 1.691, parágrafo único, CC) ..." (GONÇALVES, 2021, p. 492-493).

Surgindo colidência de interesses entre pais e o filho, o juiz nomeará curador especial (art. 1.692, CC). Exemplos: genitor procura anular uma doação feita pelo outro genitor; ou ingressa com ação buscando anular testamento, no qual foi contemplado o filho menor; ou na venda que fizeram os pais a um dos filhos; ou em permuta que os pais realizam com o filho.

Por último, dispõe o art. 1.693, CC que são excluídos do usufruto e da administração dos pais: I – os bens adquiridos pelo filho havido fora do casamento, antes do reconhecimento (evitar que o reconhecimento tenha puro interesse em aproveitar-se do acervo patrimonial do filho); II – os valores auferidos pelo filho maior de dezesseis anos, no exercício de atividade profissional e os bens com tais recursos adquiridos (haverá a emancipação legal desde que fique demonstrada a existência de economia própria fruto da atividade profissional exercida pelo menor); III – os bens deixados ou doados ao filho, sob a condição de não serem usufruídos, ou administrados, pelos pais; IV – os bens que aos filhos couberem na herança, quando os pais forem excluídos (consequência natural da pena da indignidade).

Capítulo 9º

Do Divórcio

9.1. Considerações preliminares

Dentro do nosso ordenamento jurídico, encontramos 4 (quatro) formas de dissolução do casamento: nulidade do casamento (descumprimento dos impedimentos matrimoniais – art. 1.521 c/c art. 1.548, CC), anulação do casamento (hipóteses elencadas no art. 1.550, CC), morte de um dos cônjuges (as consequências do evento morte são detalhada dentro do Direito das Sucessões – arts. 1.784 a 2.027, CC) e divórcio.

Já estudamos as causas de anulação e nulidade do casamento (aulas 9 e 10 respectivamente), às quais remetemos o leitor. As consequências do evento morte é objeto de estudo em ramo autônomo do Direito Civil, denominado Direito das Sucessões, com necessidade de análise específica e detalhada. Assim, para completar essa temática, surge a necessidade da abordagem do instituto "divórcio".

9.2. Divórcio dentro do nosso Direito Positivo

O divórcio foi introduzido dentro do nosso ordenamento jurídico com a entrada em vigor da Lei n. 6.515/77. Referida legislação, denominada Lei do Divórcio, trouxe duas modificações essenciais no nosso Direito Positivo: inseriu o divórcio como forma da dissolução do casamento substituindo o antigo desquite (não colocava fim ao casamento, apenas os deveres decorrentes do casamento e, assim, a pessoa desquitada não podia se casar novamente) e também alterou o regime legal de bens (antes da Lei do Divórcio, o regime legal era da comunhão universal, mas com a entrada em vigor dessa legislação, o regime legal passou a ser o da comunhão parcial, lembrando, que o legislador atual mantém essa modificação).

Enfim, a Lei n. 6.515/77 é uma importante legislação dentro do Direito de Família, consagrando a autonomia da vontade e garantindo respeito ao princípio da liberdade. Em que pese as várias objeções de ordem religiosa, pois o divórcio estabelece a dissolução do casamento e, como consequência, a possibilidade de novo casamento, entendemos como grande avanço até para pôr fim a relacionamentos falidos no prisma afetivo e mantidos simplesmente por determinações legais. Ainda dentro desse contexto, não podemos deixar de mencionar o espaço cada vez maior ocupado pelas mulheres no mercado de trabalho e, como consequência, liberdade profissional e autonomia financeira, o que permite tomadas de decisões com maior garantia à liberdade individual. Principalmente, as mulheres abandonaram a necessidade de manutenção de relacionamento sem qualquer vínculo de afetivo, simplesmente por questões econômicas ou mesmo rótulos pejorativos que atingiam, na época, a pessoa desquitada.

Ainda dentro dessa evolução legislativa, surge a necessidade de inclusão da Emenda n. 66/2010 que eliminou o instituto "separação" (judicial ou extrajudicial) do nosso ordenamento jurídico. Atualmente, também não se discute, dentro da ação de divórcio, o elemento "culpa" (quem deu causa ao fim do relacionamento). Ratificando entendimento doutrinário e jurisprudencial, o STF, em 08 de novembro de 2023, em RE 1167478, em tese de repercussão geral – Tema 1.053, concluiu pela exclusão do instituto "separação" do nosso Direito pátrio. "Após a promulgação da Emenda Constitucional n. 66/2010, a separação judicial não é mais requisito para o divórcio, nem subsiste como figura autônoma no ordenamento jurídico. Sem prejuízo, preserva-se o estado civil das pessoas já separadas por decisão judicial ou escritura pública, por se tratar de um ato jurídico perfeito"). Antes da Emenda n. 66/2010, na prática, era necessária a realização de 2 (dois) procedimentos para a dissolução do casamento, pois, geralmente, as partes ingressavam com ação de separação (colocando fim aos deveres decorrentes do casamento) e somente após 1 (um) ano do trânsito em julgado dessa ação ou deferimento de medida cautelar, enfim era proposta a ação de divórcio (conversão) com a dissolução do casamento, ou somente após 2 (dois) anos de separação fática, era proposta a ação de divórcio direto. Com a eliminação da separação, a ação de divórcio pode ser proposta a qualquer tempo, sem a necessidade de qualquer outro pré-requisito ou mesmo necessidade de conversão de separação em divórcio.

Particularmente, julgamos louvável o conteúdo da Emenda n. 66/2010, pois, na prática, não se justifica a necessidade da realização de 2 (dois) procedimentos para a dissolução do casamento. O argumento, em sentido contrário, que aponta que citada emenda constitucional irá provocar o fim do casamento, ao facilitar o procedimento de dissolução do casamento concentrado exclusivamente na ação de divórcio. Podemos contra-argumentar que o fim do casamento ocorre não em razão de mudança legislativa, mas, sim, pela falência afetiva da relação. Não é adequada a manutenção de procedimentos que geram acúmulo de processos dentro do Poder Judiciário, com a finalidade de se tentar evitar a dissolução de um relacionamento que, no aspecto fático (afetividade), não existe mais. Ademais, havia a possibilidade de reconciliação do casal no intervalo entre a separação judicial/extrajudicial, e o divórcio, na prática, pouco acontecia. Atualmente, nada impede que o casal que consiga ultrapassar os motivos que levaram a dissolução do casamento se case novamente e busque a constituição da família de uma forma amadurecida, e não através do "estrangulamento" de medidas legais. Em suma, a eliminação do instituto "separação jurídica" e a discussão do elemento "culpa" são excelentes modificações legislativas, permitindo avanço do Direito das Famílias e, principalmente, atendendo às necessidades dos envolvidos com preservação da autonomia da vontade e resguardo ao princípio da liberdade.

9.3. Espécies de divórcio

Existem duas espécies de divórcio: extrajudicial (somente consensual, com disciplina no art. 733, CPC) e o judicial (consensual – art. 731, CPC ou litigioso – arts. 693 a 699, CPC).

Para que ocorra o divórcio extrajudicial, é necessária a comprovação dos seguintes requisitos: a) acordo de vontades; b) inexistência de filhos menores ou incapazes; c) a mulher não esteja grávida; d) lavratura de escritura pública devidamente assinada pelas partes e e) presença obrigatória de advogado.

O divórcio judicial, por sua vez, pode ser consensual e terá cunho homologatório onde as partes definem o conteúdo dos requisitos essenciais dessa forma de dissolução do casamento (guarda, visita, nome, alimentos e partilha de bens) e submete a aprovação do Poder Judiciário, com a oitiva do Ministério Público, se tiver a presença de incapazes (art. 178, II, CPC) ou litigioso, existindo conflito de interesses ou impossibilidade de acordo sobre os tópicos essenciais a serem discutidos no divórcio.

9.4. Características da ação de divórcio

9.4.1. Foro competente

O foro competente da ação de divórcio segue a disciplina do art. 53, I, CPC. Referida ação deve ser distribuída no foro do domicílio do guardião do filho incapaz. Não existindo incapaz, no foro do último domicílio do casal ou no domicílio do réu, se nenhuma das partes residir no antigo domicílio do casal. Ainda destacamos que, ocorrendo violência doméstica ou familiar, citada ação deve ser proposta no domicílio da vítima.

No CPC anterior, a ação de divórcio deveria ser proposta no domicílio da mulher, sendo referido dispositivo legal aplicado em flagrante arrepio ao princípio da igualdade entre homens e mulheres. Essa regra tinha como fundamento a necessidade de proteção da mulher e momento histórico (década de 70). Atualmente, não é necessária qualquer regra protetiva (exceção à violência doméstica ou familiar) e assim, sabiamente, o legislador estabeleceu prioridade para fixar o foro competente buscando proteger o melhor incapaz (princípio de proteção integral e absoluta da criança e do adolescente).

9.4.2. Procedimento

As ações de divórcio consensual seguem o rito disciplinado no CPC, nos arts. 731 a 734. Por sua vez, as ações de divórcio litigioso estão regulamentadas nas ações de família, com disciplina legal nos arts. 693 a 699, CPC. Destacamos que, nas ações de família, todos os esforços serão empreendidos para solução consensual da controvérsia, devendo o juiz dispor de auxílio de profissionais de outras áreas de conhecimento para a mediação e conciliação.

9.4.3. Requisitos essenciais

Guarda

Obrigatoriamente, na ação de divórcio, deve ser definida a guarda dos filhos menores. Conforme já narrado na aula 22, o Direito pátrio adota como regra a aplicação da guarda compartilhada, salvo duas exceções: o genitor declarar que não tem interesse no exercício da guarda ou probabilidade de riscos da ocorrência de violência doméstica ou família (art. 1.584, § 2º, Código Civil). Surgindo litígio sobre o exercício da guarda fática (local de fixação do domicílio referência), o juiz, após a realização de exame psicossocial, com a oitiva obrigatória do Ministério Público, irá decidir e estabelecer o lugar de residência fática do menor, respeitando os princípios da proteção e prioridade absoluta à criança e ao adolescente e o melhor interesse.

Excepcionalmente, sendo caso de aplicação da guarda unilateral, o magistrado irá deferir a guarda para o genitor que apresentar melhores condições de cuidar do menor, levando em consideração todos os aspectos necessários ao pleno desenvolvimento do incapaz (econômico, social, moral, educacional, religioso, etc.). Ainda nessa situação, será fixado o direito de visita como forma de manutenção dos laços afetivos entre genitor e menor.

Visita

Na hipótese de guarda unilateral fixada em favor de um dos genitores, o outro terá direito ao exercício do direito de visita, sempre respeitando as peculiaridades do caso concreto e em respeito ao princípio de melhor interesse da criança/adolescente.

Reiteramos que o direito de visita apresenta duplo objetivo: permitir que o genitor mantenha contato físico e afetivo com o filho, como também é um direito do filho menor ser visitado pelo genitor que não detém a guarda. Nos tópicos "guarda" e "visita", citamos alguns exemplos de fixação dos horários de visita e, principalmente, a discussão doutrinária e jurisprudencial sobre a possibilidade de se estabelecer responsabilidade civil por abandono afetivo em face da ausência do exercício do direito de visita.

Nome

Seguindo entendimento que prevalece na doutrina e jurisprudência, o nome é atributo da personalidade do ser humano. Na ação de divórcio, não existindo manifestação expressa em sentido contrário, é mantido o nome de casado. Cumpre destacar que, independentemente da vontade do outro cônjuge, o sobrenome será mantido como forma de se preservar e garantir observância ao princípio da dignidade da pessoa humana. Na prática, observamos exatamente o contrário, pois com a dissolução do casamento, geralmente as partes costumam optar por voltar a assinar o nome de solteiro.

Alimentos

A obrigação alimentar constitui efeito patrimonial decorrente da dissolução do casamento. Atendendo os pressupostos do débito alimentar (necessidade + capacidade) entre pais e filhos, será fixada até a maioridade ou, excepcionalmente, existirá o débito alimentar após a maioridade, se o credor de alimentos demonstrar estar cursando curso superior. Entre os cônjuges geralmente é estabelecida de forma transitória, levando em consideração as particularidades do caso concreto (idade, formação acadêmica, estado de saúde, tempo de afastamento do mercado de trabalho, etc.), não esquecendo que partes da doutrina e da jurisprudência também defendem a aplicação do instituto "alimentos compensatórios" como forma de se estabelecer equilíbrio econômico-financeiro e evitar o enriquecimento ilícito.

Partilha de bens

Sendo consensual o divórcio, a divisão do patrimônio irá seguir o disposto estabelecido pelas partes. Não existindo consenso entre os litigantes, será aplicada a disciplina do instituto "regime de bens". Mais uma vez lembrando que a ausência de pacto antenupcial estabelece a presunção das regras do regime da comunhão parcial de bens (regime legal de bens), ou seja, como regra, os bens adquiridos na constância do casamento pertencem a ambos os cônjuges (bens comunicáveis), sendo incomunicáveis os bens adquiridos anteriormente ao casamento ou oriundo de causa alheia ao casamento (art. 1.659, CC).

9.5. Responsabilidade civil e a dissolução do casamento

Acirrada é a discussão na doutrina e na jurisprudência sobre a possibilidade de propositura de ação de indenização em face da dissolução do casamento. Os defensores da responsabilidade civil afirmam que a prática do ato ilícito surge com o descumprimento da regra do art. 1.566, CC, onde encontramos os direitos e deveres dos cônjuges (efeitos pessoais do casamento). Ademais, o dever de indenizar, comprovado o dano moral, está amparado pelo nosso legislador constitucional no art. 5º, V e X, CF/88. Em sentido oposto, sustentam os opositores da responsabilidade a regra consagrada pela Emenda n. 66/2010 que estabeleceu não ser mais obrigatória a discussão de culpa em ação de divórcio. Logo, não existe o dever de indenizar.

Particularmente, acolhemos a tese dos defensores da responsabilidade civil, até porque a regra geral do art. 186, CC estabelece o dever de indenizar, uma vez presentes todos os requisitos da responsabilidade civil (ação ou omissão; dano; nexo causal e dolo ou culpa — responsabilidade civil extracontratual subjetiva), bem como a necessidade do cumprimento de todos os deveres elencados pelo legislador na constância do casamento (art. 1.566, CC).

São exemplos extraídos da jurisprudência: a) violência doméstica ou familiar; b) infidelidade; c) infidelidade virtual; d) casos de maridos enganados pela gravidez da mulher; e e) má administração do patrimônio do consorte.

Em que pese entendimento em sentido contrário, entendemos que referida ação de indenização deve ser distribuída para uma das varas de família e sucessões do domicílio das partes, até porque a temática central é a dissolução do núcleo familiar/casamento.

Capítulo 10

Ação de Reconhecimento e Dissolução da União Estável/União Homoafetiva/União Poliafetiva

10.1. Considerações preliminares

A ação de reconhecimento e dissolução de união estável/união homoafetiva/união poliafetiva tem cunho declaratório e visa num primeiro momento a comprovação dos requisitos (objetivos e subjetivo) da existência da entidade familiar e, na sequência, a dissolução, geralmente sendo pleiteado algum direito decorrente da forma de constituição da família.

Na essência, essa ação pode ser utilizada tanto para a união estável, união homoafetiva e, para quem reconhece como entidade familiar, para a união poliafetiva. Na prática, a diferença será a demonstração dos requisitos de cada entidade familiar, no caso concreto.

Na união estável, seguindo o que dispõe o art. 1.723, CC, são requisitos objetivos: união duradoura, contínua e pública, de pessoas desimpedidas de contrair o casamento, **união de pessoas de sexos diferentes** e, como requisito subjetivo, a intenção de constituir família (ver conteúdo das aulas 13 e 14).

A união homoafetiva, reconhecida pela jurisprudência do STF, e utilizando como parâmetro o art. 1.723, CC, até por falta de regulamentação expressa na nossa legislação civil, apresenta como requisitos objetivos: união duradoura, contínua e pública, de pessoas desimpedidas de contrair o casamento, **união de pessoas do mesmo sexo** e como requisito subjetivo, a intenção de constituir família (ver conteúdo da aula 16).

Por último, a união poliafetiva (pluriafetiva) segue os mesmos requisitos estampados no conteúdo do art. 1.723, CC, sendo necessária a demonstração dos requisitos objetivos: união duradoura, contínua e pública, de pessoas desimpedidas de contrair o casamento, **união de mais de duas pessoas de sexos diferentes ou do mesmo sexo** e, como requisito subjetivo, a intenção de constituir família (ver conteúdo da aula 17).

10.2. Do reconhecimento

Na primeira parte da inicial, cabe ao requerente comprovar a existência dos requisitos da entidade familiar (requisitos objetivos e requisito subjetivo).

Sobre o aspecto probatório, é admitida a utilização de qualquer meio de prova, sendo na prática anexados comprovantes de endereço/domicílio dos companheiros (a coabitação não é requisito essencial para a caracterização da entidade familiar, mas é um excelente meio de probatório, até para demonstrar a publicidade do relacionamento); o nascimento de filhos (também chamado pela doutrina de requisito "acessório", mas importante no contexto fático na busca da existência da entidade familiar e estabilidade do relacionamento); fotos em eventos festivos; publicações em redes sociais; conversas pelo *WhatsApp*; contratos assinados por ambos os companheiros (exemplos: celebração de contrato de locação, empréstimo, financiamento, arrendamento, etc.); declaração perante o Fisco Federal da existência da entidade familiar e a relação de dependência para fins tributários; declaração de dependência para fins previdenciários, plano de saúde ou dependência em clube de recreação; publicidade do relacionamento, ou seja, o casal se apresenta perante terceiros como se fossem casados; conta conjunta no banco; cartão de crédito adicional com vinculação ao titular; declaração de vizinhos que atesta a existência dos requisitos objetivos e subjetivo da entidade familiar, etc.

Por último, principalmente pós-Covid-19, vários casais fizeram a opção pela celebração de contrato escrito de união estável/união homoafetiva/união poliafetiva, através de lavratura de escritura pública ou mesmo instrumento particular, na busca da definição do termo inicial da entidade familiar e proteção em eventual dissolução do relacionamento em vida ou mesmo em razão do evento morte. Ainda lembramos que o art. 1.725, Código Civil, permite nessa situação a escolha do regime de bens diferente do regime da comunhão parcial (regime legal), salvo as hipóteses do art. 1.641, CC, onde o legislador impõe o regime da separação obrigatória.

10.3. Da dissolução

Com o pedido de dissolução (extinção) da entidade familiar, é pleiteado algum direito decorrente dos requisitos essenciais dessa ação: guarda, visita, nome, alimentos e partilha de bens.

Quanto à análise desses eventuais direitos do(a) companheiro(a), é aplicada a mesma disciplina da ação de divórcio (capítulo anterior) e, assim, seguimos na sua plenitude o princípio da igualdade entre as entidades familiares, não existindo classes ou categorias de famílias.

10.4. Requisitos essenciais

Guarda

Obrigatoriamente, na ação de reconhecimento e dissolução da união estável/união homoafetiva/união poliafetiva, deve ser definida a guarda dos filhos menores. Conforme já narrado anteriormente, o Direito pátrio adota como regra a aplicação da guarda compartilhada, salvo duas exceções: o genitor declarar que não tem interesse no exercício da guarda ou probabilidade de riscos da ocorrência de violência doméstica ou família (art. 1.584, § 2º, Código Civil). Surgindo litígio, sobre o exercício da guarda fática (local de fixação do domicílio referência), o juiz, após a realização de exame psicossocial com a oitiva obrigatória do Ministério Público, irá decidir e estabelecer o lugar de residência fática do menor, seguindo essencialmente o disposto nos princípios da prioridade e proteção integral à criança e ao adolescente e princípio do melhor interesse.

Excepcionalmente, sendo caso de aplicação da guarda unilateral, o magistrado irá deferir a guarda para o genitor que apresentar melhores condições de cuidar do menor, levando em consideração todos os aspectos necessários ao pleno desenvolvimento do incapaz (econômico, social, moral, educacional, religioso, etc.). Ainda nessa situação, será fixado o direito de visita como forma de manutenção dos laços afetivos entre genitor e menor.

Visita

Na hipótese de guarda unilateral fixada em favor de um dos genitores, o outro terá direito ao exercício do direito de visita, sempre respeitando as peculiaridades do caso concreto e em respeito ao princípio de melhor interesse da criança/adolescente.

Reiteramos que o direito de visita apresenta duplo objetivo: permitir que o genitor mantenha contato físico e afetivo com o filho, e também é um direito do filho menor ser visitado pelo genitor que não detém a guarda. Nos itens "guarda" e "visita", citamos alguns exemplos de fixação dos horários de visita e, principalmente, a discussão doutrinária e jurisprudencial sobre a possibilidade de se estabelecer responsabilidade civil por abandono afetivo em face da ausência do exercício do direito de visita.

No caso da dissolução da união poliafetiva, deve existir um maior cuidado do magistrado (sempre com a oitiva obrigatória do Ministério Público) no momento da fixação do dia de visita, até porque, nesse caso, estaremos, em tese, com pelo menos dois companheiros tendo o direito de visitar o menor, e a necessidade de ser respeitado não apenas o direito de visita dos genitores, mas também ser observada a rotina do incapaz e preservada a sua integridade e seu desenvolvimento.

Nome

Seguindo entendimento que prevalece na doutrina e jurisprudência, o nome é atributo da personalidade do ser humano. Na ação de reconhecimento e dissolução de união estável/união homoafetiva/união poliafetiva, não existindo manifestação expressa em sentido contrário, é mantido o nome utilizado durante a existência da entidade familiar. Cumpre destacar que, independentemente da vontade do outro companheiro, o sobrenome será mantido como forma de se preservar e garantir observância ao princípio da dignidade da pessoa humana.

Na prática, observamos exatamente o contrário, pois, com a dissolução da entidade familiar, geralmente as partes costumam optar em voltar a assinar o nome de solteiro ou mesmo não ocorre a alteração do apelido de família, mantendo os companheiros o nome de solteiro durante todo o relacionamento familiar (por opção ou mesmo por desconhecimento da legislação que permite a modificação do nome, ocorrendo a constituição da entidade familiar).

Alimentos

A obrigação alimentar constitui efeito patrimonial decorrente da dissolução da entidade familiar. Atendendo os pressupostos do débito alimentar (necessidade + capacidade) entre pais e filhos, será fixada até a maioridade ou, excepcionalmente, os alimentos serão devidos ao filho maior com a demonstração de estar cursando curso superior, e entre os companheiros, geralmente será estabelecida de forma transitória, levando em consideração as particularidades do caso concreto (idade, formação acadêmica, estado de saúde, tempo de afastamento do mercado de trabalho, etc.). Não se deve esquecer que parte da doutrina e da jurisprudência também defendem a aplicação do instituto "alimentos compensatórios" como forma de se estabelecer equilíbrio econômico-financeiro e evitar o enriquecimento ilícito.

Sobre os alimentos especificamente falando, na dissolução da união poliafetiva, será perfeitamente possível a constituição de litisconsórcio ativo ou passivo, desde que comprovados os pressupostos da obrigação alimentar, devendo ser respeitado a proporcionalidade/razoabilidade no momento da fixação da verba alimentar. Também entendemos ser cabível o chamamento ao processo na hipótese de propositura de ação de alimentos apenas contra um dos devedores de pensão alimentícia, devendo o magistrado, no momento de sentenciar, analisar a capacidade financeira de cada um dos companheiros. A presença de mais de duas pessoas compondo a relação jurídica processual, em tese, poderá dificultar o bom andamento processual. Todavia, o credor de alimentos terá maior probabilidade do recebimento do crédito alimentar, até pela possibilidade de poder acionar mais de uma pessoa.

Partilha de bens

Sendo consensual a dissolução da entidade familiar, a divisão do patrimônio irá seguir o disposto estabelecido pelas partes. Não existindo consenso entre os litigantes, será aplicada a disciplina do instituto "regime de bens". Mais uma vez, lembramos que a ausência de contrato escrito (art. 1.725, Código Civil) estabelece a presunção da aplicação do regime da comunhão parcial de bens (regime legal de bens), ou seja, como regra, os bens adquiridos na constância do casamento pertencem a ambos os cônjuges (bens comunicáveis), sendo incomunicáveis os bens adquiridos anteriormente ao casamento ou oriundo de causa alheia ao casamento (art. 1.659, CC).

Sobre a partilha de bens na dissolução da união poliafetiva, em vez de divisão do patrimônio e estipulação de meação (50%), dividiremos os bens comunicáveis de acordo com a quantidade de integrantes que compõem o relacionamento familiar (exemplo: trisal, partilha do patrimônio comum em três partes e, assim, sucessivamente).

10.5. Aspectos processuais

A ação de reconhecimento e dissolução de união estável/união homoafetiva/união poliafetiva, se for consensual, segue o rito dos arts. 731 a 734, CPC. Sendo litigiosa, a disciplina aplicada encontra-se nos arts. 693 a 699, CPC. Ainda destacamos a possibilidade da dissolução da entidade familiar de forma extrajudicial, desde que comprovados os seguintes requisitos: a) acordo de vontades (a forma extrajudicial só comporta a forma consensual); b) inexistência de filhos menores ou incapazes; c) a mulher não esteja grávida; d) lavratura de escritura pública devidamente assinada pelas partes e e) presença obrigatória do advogado.

Feita a opção (ou impossibilidade) da forma judicial, a citada ação deve ser distribuída no foro do guardião do filho incapaz. Não existindo incapaz, no foro do último domicílio do casal ou no domicílio do réu, se nenhuma das partes residir no antigo domicílio do caso. Ainda mencionamos que, se ocorrer violência doméstica ou familiar, a ação deve ser proposta no domicílio da vítima (art. 53, I, CPC).

É possível o reconhecimento de união estável/união homoafetiva/união poliafetiva após a morte do companheiro. Nessa hipótese, a ação deve ser proposta em face dos herdeiros do falecido, e não contra o espólio. Reconhecida a existência da entidade familiar, o companheiro sobrevivente passa a ocupar o *status* de herdeiro, segundo a linha sucessória definida no art. 1.829, Código Civil.

10.6. Responsabilidade civil e a dissolução da entidade familiar

Assim como o descumprimento dos deveres inerentes ao casamento gera o dever de indenizar (com fundamento na aplicação do disposto nos arts. 186 c/c 1.566 c/c art. 5º, V e X, Constituição Federal de 1988), entendemos ser perfeitamente viável juridicamente a propositura de ação de indenização, não respeitados os deveres inerentes à união estável/união homoafetiva/união poliafetiva, elencados no art. 1.724, CC (dever de lealdade, respeito, mútua assistência, guarda, sustento e educação dos filhos). Da jurisprudência, extraímos os seguintes exemplos: violência doméstica ou familiar, má administração do patrimônio da(o) companheiro(a), traição/infidelidade, ofensa à honra, companheiro enganado pela gravidez da mulher, etc.

Referida ação de indenização deve ser proposta em uma das varas de família e sucessões, até porque o parâmetro é a dissolução do núcleo familiar (na jurisprudência prevalece o entendimento que ação de indenização deve ser distribuída na vara cível por ter cunho meramente patrimonial/busca de compensação financeira), existindo resistência de parte da doutrina e da jurisprudência no dever de indenizar pelo descumprimento dos deveres decorrentes da entidade familiar, com fundamento no conteúdo da Emenda n. 66/2010 que aboliu a discussão de culpa nas ações que versam sobre a dissolução das entidades familiares.

Parte III

Do Direito Parental

Capítulo 11

Do Parentesco e da Filiação

11.1. Conceito e espécies

O parentesco é vínculo jurídico que estabelece a relação entre descendentes e ascendentes umas para com as outras ou a relação que vincula, umas às outras, pessoas que descendem de um mesmo tronco ancestral (parentesco consanguíneo). Ainda podemos falar de parentesco que surge com a constituição de uma entidade familiar (parentesco por afinidade) e, por último, o parentesco que decorre da lei (parentesco civil: adoção e afetivo).

Podemos classificar esse instituto em 3 (três) espécies: a) parentesco consanguíneo; b) parentesco por afinidade e c) parentesco civil (adoção ou afetivo) de acordo com a causa que estabeleceu a sua origem, respectivamente, sangue, entidade familiar e lei.

Atualmente, dentro do Direito das Famílias, cada vez mais ganha espaço a discussão sobre a concepção do parentesco através do afeto, independentemente dos laços biológicos, existindo algumas situações onde o parentesco socioafetivo vai eliminar ou excluir o parentesco biológico e, em outras situações, existirão, simultaneamente ou concomitantemente, os laços afetivos e os laços consanguíneos (multiparentalidade). Nessa temática, a necessidade da aplicação do princípio do afetividade ganha cada vez mais espaço na compreensão e definição do que é parentesco dentro do Direito das Famílias.

11.2. Importância do tema

A identificação dos vínculos de parentesco acarreta vários reflexos e incidência dentro do Direito das Famílias, assunto que gera várias discussões e situações práticas no cotidiano do profissional que atua nessa área do Direito Civil.

No estudo dos impedimentos matrimoniais (aula 09 – casamento nulo), o legislador estabelece as vedações ao casamento entre parentes consanguíneos em linha reta (restrição ilimitada independentemente do grau de parentesco), e linha colateral impede o casamento entre irmãos e permite, excepcionalmente, o casamente entre tio e sobrinha, desde que ocorra autorização judicial e comprovação de 2 (dois) laudos médicos atestando incompatibilidade genética entre o casal. Também é proibido o casamento entre parentes afins em linha reta e, no caso do parentesco civil (adoção), encontramos 4 (quatro) proibições ao casamento: adotante e adotado; adotado e filho do adotante; adotante e cônjuge do adotado e adotado e cônjuge do adotante

Em sede de alimentos, também é fundamental identificar os graus de parentesco em face da reciprocidade da obrigação alimentar. Os primeiros convocados a prestar alimentos são os parentes mais próximos (art. 1.696: "o direito à prestação de alimentos é recíproco entre pais e filhos, e extensivo a todos os ascendentes, recaindo a obrigação nos mais próximos em grau, uns em falta de outros, e art. 1.697: "na falta dos ascendentes cabe a obrigação aos descendentes, guardada a ordem de sucessão e, faltando estes, aos irmãos, assim germanos como unilaterais, todos do Código Civil).

No Direito Sucessório, a espécie de parentesco determina o modo de participar da herança, segundo a ordem de sucessão hereditária (art. 1.829, Código Civil: "a sucessão legítima defere-se na ordem seguinte: I – aos descendentes, em concorrência com o cônjuge sobrevivente, salvo se casado este com o falecido no regime da comunhão universal, ou no da separação obrigatória de bens – art. 1.640, parágrafo único; ou se, no regime da comunhão parcial, o autor da herança não houver deixado bens particulares; II – aos ascendentes, em concorrência com o cônjuge; III – ao cônjuge sobrevivente; IV – aos colaterais" c/c art. 1.839, Código Civil: "se não houver cônjuge sobrevivente, nas condições estabelecidas no art. 1.830, serão chamados a suceder os colaterais até o quarto grau"). Dessa forma, podemos concluir que o estudo do parentesco serve como pré-requisito para compreensão e aplicação adequada das regras sucessórias. Ainda no direito sucessório, o legislador, ao definir quem são os herdeiros necessários (descendente, ascendente e cônjuge ou companheiro), utiliza como fundamento o instituto "parentesco", lembrando que pertence aos herdeiros necessários de pleno direito, a metade dos bens da herança, constituindo a legitima (o que, por lei, pertence a esses herdeiros) dessa categoria de herdeiros (art. 1.846, Código Civil).

> "... Com efeito, a presença de vínculos de parentesco próximo entre as partes e o juiz, ou o serventuário de justiça, acarreta o impedimento destes (CPC/2015, art. 144, III e IV), impede a citação nas hipóteses de ordem processual. Ademais, no âmbito do direito eleitoral, pode provocar a inelegibilidade do candidato, como sucede nos casos do art. 14, § 7º, da Constituição Federal. Por outro lado, no Direito Penal, a existência de parentesco entre a vítima e o autor do crime pode acarretar agravação da pena (CP, art. 61, II), sua isenção e até mesmo exclusão do Ministério Público para oferecimento da denúncia, como ocorre nos casos dos arts. 181 e 182 do Código Penal..." (GONÇALVES, 2022, p. 299).

11.3. Parentesco consanguíneo ou biológico

11.3.1. Conceito, espécies e contagem de graus

O parentesco consanguíneo (decorre do sangue) pode ser subdivido em linha reta (pessoas que estão umas para com as outras na relação de ascendentes e descendentes) e na linha colateral (pessoas provenientes de um só tronco, sem descenderem umas das outras).

A distância entre dois parentes mede-se por graus. Grau é a distância em gerações de um parente para outro. A contagem dos graus de parentesco em linha reta é determinada pelo número de gerações. Exemplos: pais e filhos são parentes consanguíneos em linha reta de primeiro grau; avós e netos são parentes consanguíneos em linha reta de segundo grau, etc.

PAIS ... (uma geração) ... FILHOS.

a) Logo, pais e filhos são parentes consanguíneos na linha reta de 1º urau.

b) AVÓS... (uma geração) ... PAIS ... (uma geração) ... NETOS.

c) Logo, avós e netos são parentes consanguíneos na linha reta de 2º grau.

d) BISAVÓS... (uma geração) AVÓS... (uma geração) PAIS (uma geração) ... BISNETO.

Logo, bisavós e netos são parentes consanguíneos na linha reta de 3º grau.

Na linha colateral, o parentesco é contado pelo número de gerações, subindo de um dos parentes até o ascendente comum e descendo até encontrar o outro parente. Exemplos: irmãos (parentes consanguíneos de segundo grau — ascendente em comum são os pais); tios e sobrinhos (parentes consanguíneos de terceiro grau — ascendente em comum são os avós) e primos (parentes consanguíneos de quarto grau). Para efeitos de sucessão, o legislador estabelece que o parentesco consanguíneo em linha reta é ilimitado e na linha colateral está limitado ao quarto grau (primos) (art. 1.829, CC).

Exemplo 1:

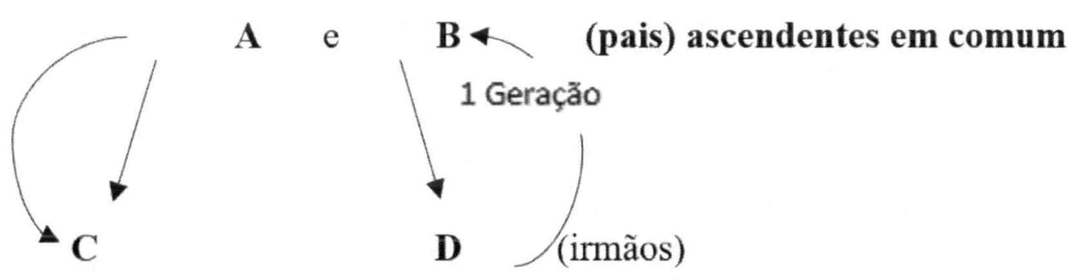

Logo, irmãos são parentes consanguíneos na linha colateral de 2º grau.

Exemplo 2:

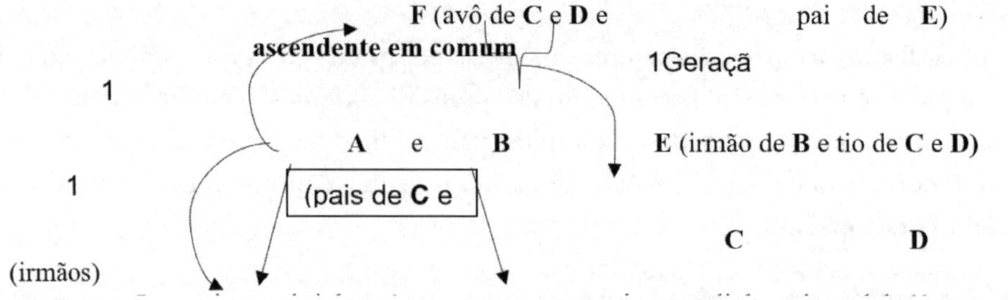

Logo, tios e sobrinhos são parentes consanguíneos na linha colateral de 3º grau.

Exemplo 3:

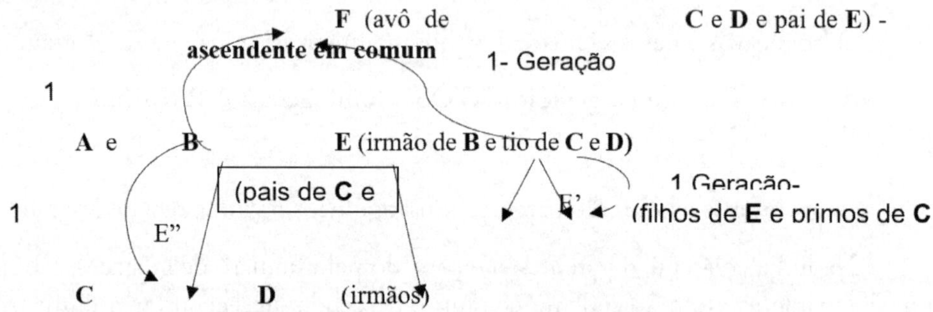

Logo, primos são parentes consanguíneos na linha colateral de 4º grau.

Ainda sobre o parentesco consanguíneo na linha colateral, cumpre algumas considerações cruciais no estudo do referido tema:

a) Não existe parentesco consanguíneo na linha colateral de 1º grau;

b) Na linha colateral, os parentes mais próximos são os irmãos (colaterais de 2º grau);

c) Não existe o parentesco intitulado "primo de 1º grau" (primos são parentes consanguíneos colaterais de 4º grau);

d) O chamado "primo do seu primo" (popularmente denominado de "primo de segundo grau") não é considerado parente sob o prisma jurídico (art. 1.592, CC: "são parentes em linha colateral ou transversal até o quarto grau, as pessoas provenientes de um só tronco, sem descenderem uma da outra"), até porque a contagem de graus do parentesco em linha colateral está limitada ao 4º grau. Tanto é assim que o Direito Sucessório restringe a sucessão (nos casos de inexistência de descendentes, ascendentes, cônjuge ou companheiro) até o parentesco consanguíneo colateral de 4º grau (art. 1.829, Código Civil).

e) Para efeitos de sucessão, o legislador estabelece que o parentesco consanguíneo em linha reta é ilimitado e na linha colateral está limitado ao quarto grau (primos). Base legal: art. 1.829, CC.

11.3.2. Filiação

A filiação deve ser entendida como um atributo da personalidade do ser humano. Corresponde à relação jurídica que liga filho a seus pais. Em sentido inverso, ou seja, dos lados dos genitores em relação ao filho, o vínculo se denomina "paternidade" ou "maternidade". Toda pessoa humana tem direito de obter informações com relação a sua origem biológica e familiar. Em face dessas considerações, podemos afirmar que se trata de um direito personalíssimo, imprescritível e que caracteriza um importante elemento de diferença e distinção do indivíduo dentro da sociedade.

Seguindo a diretriz do art. 227, § 6º, CF/88 ("Os filhos, havidos ou não da relação do casamento, ou por adoção, terão os mesmos direitos e qualificações, proibidas quaisquer designações discriminatórias relativas à filiação"), dispositivo legal repetido no art. 1.596, Código Civil, é consagrada igualdade entre os filhos, independentemente da sua origem ou procedência. Os filhos não deverão ser mais classificados em legítimos (procedentes do casamento) e ilegítimos (procedentes fora do casamento). Hoje, todos são apenas filhos com iguais direitos e qualificações, não existindo necessidade de distinção ou qualificação pela origem da filiação, ainda incluindo os filhos adotivos e os filhos decorrentes da relação socioafetiva nessa equiparação.

Encontramos presunções de paternidade (relativa) para os filhos concebidos na constância do casamento/entidade familiar, desde que nascidos pelo menos 180 (cento e oitenta) dias depois de estabelecida a convivência conjugal; os filhos nascidos nos 300 (trezentos) dias subsequentes à dissolução da sociedade conjugal, por morte, separação judicial, nulidade e anulação do casamento; os filhos havidos por fecundação artificial homóloga, mesmo que falecido o marido; os havidos, a qualquer tempo, quando se tratar de embriões excedentários, decorrentes de concepção artificial homóloga; os filhos havidos por inseminação artificial heteróloga, desde que tenha prévia autorização do marido.

Essas presunções de paternidade (filho concebido na constância do relacionamento, desde que nascido pelo menos 180 (cento de oitenta) dias depois de estabelecida a convivência conjugal ou 300 (trezentos) dias subsequentes à dissolução da sociedade conjugal, hoje perderam a sua importância em face da possibilidade de produção de prova pericial com a realização do exame de DNA. A esse respeito, citamos Zeno Veloso: "... o teste de DNA tornou obsoletos todos os métodos científicos até então empregados para estabelecer a filiação. A comparação genética através do DNA é tão esclarecedora e conclusiva quanto às impressões digitais que se obtém na datiloscopia, daí afirmar-se que o DNA é uma impressão digital genética..." (VELOSO, 2007, p. 109).

Sobre a procriação assistida (geração de vida, independentemente do ato sexual, por método artificial, técnico ou científico), existe a concepção homóloga (manipulação dos gametas masculinos e femininos do próprio casal) e inseminação heteróloga (concepção é levada a efeito com material genético de doador anônimo e o vínculo de filiação é estabelecido com a parturiente).

Na reprodução assistida homóloga, é permitida a concepção *post mortem*, desde que haja autorização prévia específica do(a) falecido(a) para uso do material biológico. Sem autorização expressa, os embriões devem ser eliminados, pois não se pode presumir que alguém queira ser pai depois de morto. A viúva não pode exigir que a clínica lhe entregue o material genético que se encontra armazenado para que seja nela inseminado, por não se tratar de objeto de herança.

A fecundação artificial heteróloga ocorre quando o marido ou companheiro manifesta concordância que sua mulher se submeta ao procedimento reprodutivo com a utilização de sêmen doado por uma terceira pessoa. É necessária a manutenção do sigilo sobre a identidade dos doadores e receptores. Nessa situação, é necessário consentimento prévio do cônjuge ou companheiro, ainda destacando que a lei não exige comprovação de que o homem seja estéril, ou por qualquer razão física ou psíquica, não possa procriar. A lei também não exige autorização escrita, podendo ser verbal e comprovada em juízo, mas a prudência recomenda a coleta de declaração expressa e por escrito do cônjuge/companheiro. "... A manifestação do cônjuge ou companheiro corresponde a uma adoção antenatal, pois revela sem possibilidade de retratação, o desejo de ser pai. Ao contrário das demais hipóteses, a fecundação heteróloga gera presunção *juris et de jure*, pois a filiação não pode se impugnada. Trata-se de presunção absoluta de paternidade socioafetiva. A paternidade constitui-se desde a concepção, no início da gravidez, configurando hipótese de paternidade responsável. Quem consente não pode impugnar a filiação. Se fosse admitida impugnação, haveria uma paternidade incerta, devido ao segredo profissional do médico e ao anonimato do doador do sêmen. Assim, de nada serve a prova da inexistência do vínculo biológico, e sequer precisa ser realizado o exame de DNA. Depois da implantação do óvulo, o consentimento não admite retratação, pois se encontra em andamento a gestação. No entanto, a autorização não tem duração infinita, cabendo figurar a hipótese de divórcio ou fim da união estável. Separado o casal, é necessário reconhecer a possibilidade de revogação do consentimento, contanto que ocorra antes da implantação do embrião no ventre da mulher. A presunção da paternidade, que subsiste mesmo após o falecimento do marido (CC, 1.597, III), é dos temas que tem gerado infindáveis dissídios na doutrina. Há quem exija que a mulher, para submeter-se ao procedimento de fecundação, se mantenha no estado de viúva. Tal exigência é absurda, além de não trazer a certeza de que ela não mantém relações sexuais com alguém. Também é preconceituosa e desnecessária, em face da segurança que desfruta o exame de DNA..." (DIAS, 2022, p. 425).

Na gestação por substituição, também conhecida por barriga de aluguel, apesar do nome, é vedada constitucionalmente a comercialização de qualquer órgão, tecido ou substância (art. 199, § 4º, CF/88). É proibido gestar o filho alheio, mediante pagamento. Corresponde a negócio jurídico nulo por ilicitude do objeto (art. 104, II, CC). A cessão temporária do útero pode ocorrer sem fins lucrativos e de forma gratuita. Na doutrina, o professor Rodrigo da Cunha Pereira admite a celebração de contrato de geração de filho: "... Pode acontecer de duas pessoas que desejarem ser pais, mas não querem ter um par. Querem que o filho seja registrado em nome de um pai e uma mãe e que conviva com ambos. Só que estas pessoas não querem manter uma relação de convívio com o outro. Daí a possibilidade de, pela via contratual, formar-se uma família parental sem que exista uma relação amorosa ou de conjugalidade entre os pais. Estas parcerias parentais não estão regulamentadas por leis, entretanto já existem..." (CUNHA PEREIRA, 2020, p. 184).

A filiação prova-se pela certidão do termo de nascimento registrada no registro civil (art. 1.603, Código Civil). A prova de impotência do cônjuge/companheiro para gerar, à época da concepção, ilide a presunção de paternidade. Não basta a confissão materna para excluir a paternidade, devendo prevalecer a verdade real e ser excluída a verdade ficta, com a produção da prova técnica através do exame de DNA. A filiação paterna ou materna pode resultar de casamento nulo, anulável ou inexistente. Nesse caso, prevalece a presunção de paternidade e de maternidade, permanecendo inquestionável o registro civil.

11.3.3. Reconhecimento dos filhos

O reconhecimento de paternidade/maternidade pode ocorrer de 3 (três) formas: voluntária, administrativa e judicial.

O reconhecimento voluntário ou perfilhação é a forma mais comum de reconhecimento de filiação dos filhos. É caracterizado pelo acordo de vontade dos pais que, de forma livre e espontânea, reconhecem a paternidade/maternidade do filho. Os pais se dirigem ao Cartório de Registro Civil e lavram certidão de nascimento do recém-nascido, reconhecendo a sua origem familiar. Ressaltamos que o filho havido fora do casamento pode ser reconhecido pelos pais, conjunta ou separadamente. Além do registro do nascimento, poderá o genitor, se preferir, efetuar o reconhecimento por escritura pública ou escrito particular, por testamento (não se exigindo a elaboração de testamento com a finalidade específica do reconhecimento) e por manifestação direta e expressa perante o juiz, ainda que o reconhecimento não haja sido o objeto único e principal do ato que o contém.

Dispõe o art. 1.614, Código Civil que o filho maior não pode ser reconhecido sem o seu consentimento, e o menor pode impugnar o reconhecimento, nos quatro anos que se seguirem à maioridade, ou a emancipação. Se menor de idade, poderá o filho impugnar o reconhecimento no quatriênio que se seguir à aquisição da capacidade civil, por meio da ação de contestação ou impugnação de reconhecimento. Nada impede que ingresse antes com a ação, enquanto menor, se devidamente representado ou assistido. Na referida ação, poderá alegar a incapacidade do reconhecente, inveracidade ou falsidade da afirmação da paternidade ou da maternidade.

Quanto ao reconhecimento de filho por pessoa relativamente incapaz, este independerá de assistência de seus pais, tutor ou curador, o que já era amplamente reconhecido pela doutrina. Atualmente temos o conteúdo do provimento n. 16 do CNJ, art. 6º, § 4º, regulamentando esse assunto e admitindo essa possibilidade.

O reconhecimento voluntário trata-se de um ato jurídico em sentido estrito, em razão da existência de declaração de vontade de acordo com lei. Automaticamente, a lei especifica as consequências jurídicas da prática desse ato (direito ao nome, alimentos, poder familiar, guarda e proteção dos filhos menores, direitos sucessórios). e produz efeitos *"erga omnes"* e *"ex tunc"*. O reconhecimento voluntário de paternidade não depende de prova da origem genética. Corresponde a ato espontâneo, solene, público e incondicional. Segundo o que estabelece o art. 1.613, CC, não pode estar sujeito a termo ou qualquer condição.

O reconhecimento administrativo, também chamado de averiguação oficiosa de paternidade, ocorre nos casos de registro de nascimento de menor apenas com a maternidade. O oficial do registro civil remeterá ao juiz certidão integral do registro e o nome e prenome, profissão, identidade e residência do suposto pai, a fim de ser averiguada oficiosamente a procedência da alegação. O juiz, sempre que possível, ouvirá a mãe sobre a paternidade alegada e mandará, em qualquer caso, notificar o suposto pai, independentemente de seu estado civil, para que se manifeste sobre a paternidade que lhe é atribuída. O juiz, quando entender necessário, determinará que a diligência seja realizada em segredo de justiça. No caso do suposto pai confirmar expressamente a paternidade, será lavrado termo de reconhecimento e remetida certidão ao oficial do registro para a devida averbação. Se o suposto pai não atender no prazo de trinta dias a notificação judicial, ou negar a alegada paternidade, o juiz remeterá os autos ao representante do Ministério Público para que este intente, havendo elementos suficientes, a ação de investigação de paternidade. Nada impede que o filho, devidamente representado ou assistido, ingresse com a competente ação e a contratação de advogado particular ou através da Defensoria Pública.

Sobre a ação de investigação de paternidade (reconhecimento judicial, destacamos que se trata de uma ação personalíssima e imprescritível). A jurisprudência do STJ tem entendido que o direito à verdade biológica é um direito fundamental, amparado na proteção da pessoa humana (REsp 833.712/RS). A esse respeito, merece menção o disposto no art. 1.616, CC: "A sentença que julgar procedente a ação de investigação produzirá os mesmos efeitos do reconhecimento, mas poderá ordenar que o filho se crie e eduque fora da companhia dos pais ou daquele que lhe contestou essa qualidade". A sentença que reconhece a paternidade produz efeitos *ex tunc*, ou seja, retroage à data do nascimento. Sobre os efeitos patrimoniais do reconhecimento de paternidade, citamos doutrina abalizada sobre o assunto: "Embora a ação seja imprescritível, os efeitos patrimoniais do estado da pessoa prescrevem". Por essa razão, preceitua a Súmula n. 149 do Supremo Tribunal Federal: "É imprescritível a ação de investigação de paternidade, mas não o é a de petição de herança". Esta prescreve em dez anos (CC, art. 205), a contar da abertura da sucessão com a morte do autor da herança.

A ação investigatória, por ser ação pessoal, deve ser proposta no domicílio do réu (art. 46, CPC), mas se tiver cumulada com a de alimentos, deve ser proposta no domicílio ou residência do alimentando (art. 53, II, CPC), porque prevalece a norma de proteção do vulnerável, qual seja, do credor de alimentos. Se a ação de investigação de paternidade for cumulada com petição de herança, no caso de não estar encerrado o inventário, será aplicado o mesmo foro onde correu este, segundo o disposto no art. 48, CPC. Por último, se a ação de investigação estiver cumulada com petição de herança e alimentos, o STJ entende pela competência do domicílio do alimentando, mantendo a regra de proteção à pessoa que necessita de auxílio para garantir a sua subsistência.

A ação de investigatória deve ser ajuizada pelo filho. Se menor, será representado pela genitora ou tutor. Se o filho morrer antes de iniciá-la, seus herdeiros e sucessores ficarão inibidos para o ajuizamento da ação, salvo se ele morrer menor e incapaz. Se já tiver sido iniciado o processo, eles têm legitimidade para continuar a relação jurídica processual. Ainda sobre o assunto, o STJ admite a relação avoenga "qualquer descendente possui legitimidade, por direito próprio, para o reconhecimento do vínculo de parentesco em face dos avós ou qualquer ascendente de grau superior, ainda que o seu pai não tenha iniciado a ação de prova de filiação em vida" (Enunciado n. 521, V Jornada de Direito Civil do Conselho da Justiça Federal).

Em regra, a ação será proposta contra o suposto pai ou suposta mãe. Falecido este ou esta, a ação será proposta contra os herdeiros da pessoa investigada, e não contra o espólio, justamente pelo seu caráter pessoal, destacando que o espólio não tem personalidade jurídica, o que afasta a possibilidade de propositura da demanda contra este.

Ainda sobre o reconhecimento judicial de paternidade, mencionamos a importância da realização da prova pericial. O exame de DNA, cientificamente, apresenta uma margem de erro próxima a zero. A sua realização de forma adequada, observado os rigores científicos, acaba por definir o resultado final da ação de investigação de paternidade. Pensando nisso, o nosso legislador estabeleceu as seguintes regras:

> Art. 231, CC – Aquele que se nega a submeter-se a exame médico necessário não poderá aproveitar-se de sua recusa.
>
> Art. 232, CC – A recusa à perícia médica ordenada pelo juiz poderá suprir a prova que se pretendia obter com o exame.

Assim, corre contra o investigado a presunção de paternidade em face da recusa na realização do exame de DNA. Sobre o tema, citamos o conteúdo da Súmula n. 301, STJ: "Em ação investigatória, a recusa do suposto pai a submeter-se ao exame de DNA induz presunção *juris tantum* de paternidade".

Por último, sobre a relativização da coisa julgada, os tribunais superiores vêm admitindo a propositura de nova ação para a prova de paternidade, se a ação anterior foi julgada improcedente em momento em que não existia o exame de DNA. A insuficiência de prova não deve prevalecer para inibir a busca da identidade genética do investigando. Surge um conflito de normas constitucionais. De um lado, a segurança jurídica, neste caso exemplificada pela intangibilidade da coisa julgada (art. 5º, XXXVI, CF/88). Do outro, a necessidade do respeito ao princípio da dignidade da pessoa humana (art. 1º, III, CF/88). Prevalece o segundo entendimento "... não se pode mais tolerar a prevalência, em relações de vínculo paterno-filial, do fictício critério da verdade legal, calcado em presunção absoluta, tampouco a negativa de respostas acerca da origem biológica do ser humano, uma vez constatada a evolução nos meios de prova voltados para esse fim" (RE 363.889-DF, rel. Ministro Dias Toffoli).

No mesmo sentido, as lições da professora Fernanda Tartuce: "... Com o avanço dos estudos tecnológicos e o alcance de uma certeza quase absoluta sobre os vínculos biológicos por meio do exame de DNA, passou a haver uma situação grave no sistema: a existência de ações com trânsito em julgado em confronto com a realidade revelada pela análise clínica. O que há de prevalecer: a verdade processual, já consagrada pelo advento da coisa julgada (também garantida constitucionalmente) ou a realidade biológica verificada anos depois (que afirma o verdade estado do indivíduo)? Merece destaque a existência de eventual conflito entre uma decisão judicial acobertada pelos efeitos da coisa julgada e a existência de um exame de DNA em sentido contrário ao que consta na decisão sobre o vínculo de filiação. Dispõe o art. 502 do CPC/2015 que se denomina coisa julgada material a autoridade que torna imutável a decisão de mérito não mais sujeita a recurso. Como exposto na análise de casos de família em que houve apreciação de temas pelo STF por sua repercussão geral, houve reconhecimento no RE n. 363.889 sobre a possibilidade de relativização da coisa julgada em certa hipótese. O STJ se alinhou a tal atendimento expressando ser "possível a relativização da coisa julgada nos casos em que a ação de reconhecimento de paternidade foi julgada improcedente por insuficiência de provas, em virtude da não realização do exame de DNA, tendo em vista os interesses e direitos envolvidos, visto que, nas ações de estado, como as de filiação, deve-se dar prevalência ao princípio da verdade real" (TARTUCE, 2018, p. 426).

11.4. Do Parentesco por afinidade

O parentesco por afinidade decorre da celebração do casamento ou constituição da união estável ou qualquer outra entidade familiar (união homoafetiva ou união poliafetiva). Por essa espécie de parentesco, cada cônjuge ou companheiro passa a ser parente por afinidade dos parentes do outro cônjuge/companheiro. Também pode ser classificado em linha reta e linha colateral. Entretanto, o art. 1.595, § 1º, CC limita o parentesco por afinidade aos ascendentes, aos descendentes e aos irmãos do cônjuge ou companheiro. Podemos afirmar, com fundamento nesse dispositivo legal, que o parentesco por afinidade na linha reta é ilimitado, enquanto na linha colateral está restrita ao segundo grau (cunhados). Na linha reta, a afinidade não se extingue com a dissolução do casamento ou união estável, continuando a existir o impedimento matrimonial disciplinado no art. 1.521, II, CC. Portanto, em sábia opção do legislador, é vedado o casamento do genro (nora) com a sogra (sogro), mesmo após a dissolução da entidade familiar. Entretanto, não existe impedimento para a constituição de família entre os colaterais de segundo grau (cunhados).

11.5. Do Parentesco civil

11.5.1. Considerações iniciais

O parentesco civil é a espécie de parentesco que decorre da lei. É subdividido em adoção e parentesco afetivo. Em cumprimento às determinações legais, encontramos essa subdivisão dentro do nosso ordenamento jurídico. Cumpre o estudo de forma reservada de cada uma dessas espécies de parentesco civil.

11.5.2. Adoção

11.5.2.1. Conceito e característica fundamental

> "A adoção é, pois, o ato jurídico pelo qual uma pessoa recebe outra como filho, independentemente de existir entre elas qualquer relação de parentesco consanguíneo ou afim" (PEREIRA, 2022, p. 392).

Sobre essa espécie de parentesco que decorre da lei, todos os autores o consideram uma ficção jurídica. Destacamos, sob o prisma do Direito Positivo, a regra do art. 227, § 6º da nossa Constituição Federal de 1988, que estabeleceu importante regra sobre a aplicação do princípio da igualdade entre os filhos, independentemente da procedência. Vejamos o conteúdo desse artigo:

> Art. 227, § 6º, CF/88 – Os filhos havidos ou não da relação de casamento, ou por adoção, terão os mesmos direitos e qualificações, proibidas quaisquer designações discriminatórias relativas à filiação.

Esse dispositivo constitucional pode ser interpretado como divisor de águas no tratamento do filho adotivo dentro da nossa sociedade. Não era racional, muito menos humanitária, a forma como o legislador de 1916 classificava os filhos: legítimos (decorrentes do casamento), ilegítimos (provenientes de relação extraconjugal ou concubinato) e os demais filhos (filhos adotivos). Portanto, estava consagrada na legislação infraconstitucional flagrante ofensa ao princípio da igualdade.

Destacamos que a principal característica da adoção sob o prisma jurídico é a ruptura do vínculo jurídico com os pais biológicos e o surgimento de um novo vínculo jurídico com os pais adotivos. Assim, direito ao nome, guarda ou visitas, alimentos e direitos sucessórios passaram a existir exclusivamente entre adotante e adotado. Para o legislador, com relação a esses direitos enumerados acima, é como se não existissem os pais biológicos. Daí a necessidade da observância de vários requisitos para a efetivação da adoção como parentesco civil e a intervenção obrigatória do representante do Ministério Público no processo de adoção. A adoção atribui a condição de filho ao adotado com os mesmos direitos e deveres, inclusive sucessórios, desligando-o de qualquer vínculo com pais e parentes, salvo os impedimentos matrimoniais. Se um dos cônjuges ou companheiros adota o filho do outro, mantém-se os vínculos de filiação entre o adotado e o cônjuge ou companheiro do adotante e os respectivos parentes. É recíproco o direito sucessório entre o adotado, seus descendentes, o adotante, seus ascendentes, descendentes e colaterais até o 4º grau, observada a ordem de vocação hereditária.

A adoção é uma medida excepcional e irrevogável, a qual se deve recorrer apenas quando esgotados os recursos de manutenção da criança ou adolescente na família natural ou extensa.

11.5.2.2. Requisitos e impedimentos

São requisitos para a formalização da adoção como parentesco civil: a) pode adotar apenas a pessoa maior de 18 (dezoito) anos, sendo que, se a adoção for feita por um casal, basta que apenas um deles tenha completado 18 (dezoito) anos de idade; b) o adotante há de ser pelo menos 16 (dezesseis) anos mais velho que o adotado. O nosso ordenamento admite a adoção da criança, do adolescente e do adulto. Em todas as situações, deve ser respeitada a diferença mínima de idade entre adotante e adotado, pois com a adoção, o adotante passa a ocupar o lugar do pai biológico do adotado. Exemplos: adotado recém-nascido, adotante deve possuir no mínimo 18 (dezoito) anos — observância dos requisitos a) e b); adotado com 6 (seis) anos de idade, nessa situação, o adotante deve ter, no mínimo, 22 (vinte e dois) anos — aplicação dos requisitos a) e b); c) consentimento dos pais do adotado. Em algumas hipóteses, o legislador pátrio dispensa referido consentimento: pais desconhecidos; destituição do poder familiar, sem nomeação de tutor; órfão não reclamado por qualquer parente por mais de um ano. Ainda destacamos que o consentimento dos pais é revogável até a publicação da sentença constitutiva da adoção; d) concordância do adotado, se o mesmo já estiver completado mais de 12 (doze) anos; e) processo judicial. O legislador de 2002 unificou o procedimento da adoção ao exigir as vias judiciais tanto para a adoção do menor de 18 anos como para o caso de adoção do maior capaz, antes formalizada através da escritura pública. O processo de adoção corre na vara da infância e juventude, nos casos de menores, e na vara da família e sucessões, em casos de maiores, sempre com a intervenção obrigatória do Ministério Público, pois se trata de questão envolvendo o estado de pessoas e a ordem jurídica; f) exame psicossocial, onde se procura, com a intervenção de profissionais especializados, estabelecer um perfil psicológico, social, profissional, moral e religioso dos pais adotivos e analisar a adaptação do adotado durante a convivência com o casal; g) intervenção obrigatória do Ministério Público, atuando como fiscal da lei e na proteção dos interesses da sociedade e dos menores envolvidos; h) estágio de convivência entre adotante e adotado a ser fixado pelo magistrado, levando-se em consideração as peculiaridades do caso e a idade do adotado; i) demonstração de efetivo benefício para o adotado; j) sentença judicial com trânsito em julgado, recolhendo a existência de um novo vínculo jurídico e o desligamento com a família biológica.

Não poderá o tutor ou curador adotar o pupilo ou o curatelado, enquanto não der contas de sua administração e não saldar o débito. Os divorciados e os separados judicialmente poderão adotar conjuntamente, contanto que acordem sobre a guarda e o regime de visitas, e desde que o estágio de convivência tenha sido iniciado na constância da sociedade conjugal. Não poderá adotar o ascendente ou o irmão do adotando.

O nosso Direito Positivo admite a adoção póstuma ou *post mortem* correspondendo àquela concedida após inequívoca manifestação de vontade do adotante, mas concluída após o seu falecimento. (art. 42, § 6º, ECA).

O adotado tem direito de conhecer sua origem biológica (direito à ascendência genética), bem como obter acesso irrestrito ao processo no qual a medida foi aplicada e seus eventuais incidentes, após completar 18 (dezoito) anos (art. 48, ECA).

11.5.2.3. Adoção internacional

A adoção por estrangeiros é admitida no nosso ordenamento jurídico. Trata-se de um assunto polêmico e apresenta várias vantagens e desvantagens. Como vantagens, podemos destacar que o casal de estrangeiros, de uma forma geral, é menos preconceituoso do que os casais brasileiros, pois está demonstrada estatisticamente que os brasileiros procuram crianças com algumas características bem definidas (recém-nascido, cor branca, cabelo liso e, de preferência, olhos claros). Esse fator acaba provocando uma diminuição gradativa da probabilidade da criança ser adotado por casais brasileiros, a partir do momento que se distancia das características citadas acima. Os estrangeiros, em especial os europeus, não estão tão preocupados em estabelecer o mesmo padrão traçado pelos casais brasileiros. Outra vantagem importante da possibilidade de aplicação do instituto "adoção internacional" são os problemas sociais que existem no nosso país, ressaltando como principais: as desigualdades sociais; o abandono de recém-nascido em instituições do Estado ou mesmo em local público; exploração do trabalho infantil; exploração da prostituição infantil; abusos sexuais praticados pelos pais contra menores; tráfico de drogas, estabelecendo um governo paralelo em algumas localidades do nosso país, e a utilização de menores, geralmente com o consentimento dos pais, para o comércio das drogas, em face da inimputabilidade penal, etc. Com a adoção, estaríamos permitindo uma nova chance para essas crianças e adolescentes de buscarem o desenvolvimento moral, religioso, ético, intelectual e profissional. As desvantagens da permissão da adoção internacional giram em torno da concepção e aplicação da soberania. Uma vez encerrado o processo de adoção e concedida a autorização para saída da criança ou adolescente adotado por casal estrangeiro, cessa a possibilidade do Estado brasileiro fiscalizar a conduta dos pais adotivos pela aplicação do princípio da igualdade jurídica entre os Estados. Não podemos esquecer que, infelizmente, o nosso país é rota para o tráfico internacional de crianças e adolescente e, atualmente, também vem se desenvolvendo o tráfico de órgãos (crianças ou adolescentes adotados para a extração de órgãos para o transplante e comércio de órgãos).

Todos os requisitos citados acima como obrigatórios para a adoção por nacionais são exigidos para a adoção internacional. Além disso, o legislador exige a observância dos arts. 51 e 52 do Estatuto da Criança e do Adolescente, que transcrevemos abaixo, em razão da importância do tema:

> Art. 51, § 1º – O candidato deverá comprovar, mediante documento expedido pela autoridade competente do respectivo domicílio, estar habilitado à adoção, consoante as leis do seu país, bem como apresentar estudo psicossocial elaborado por agência especializada e credenciada no país de origem.
>
> § 2º A autoridade judiciária, de ofício ou a requerimento do Ministério Público, poderá determinar a apresentação de texto pertinente à legislação estrangeira, acompanhado de prova da respectiva vigência.
>
> § 3º Os documentos em língua estrangeira serão juntados aos autos, devidamente autenticados pela autoridade consular, observados os tratados e convenções internacionais, e acompanhados da respectiva tradução, por tradutor juramentado.
>
> § 4º Antes de consumada a adoção não será permitida a saída do adotado do território nacional.
>
> Art. 52. A adoção internacional poderá ser condicionada a estudo prévio e análise de uma comissão estadual judiciária de adoção, que fornecerá o respectivo laudo de habilitação para instruir o processo competente.
>
> Parágrafo único. Competirá à comissão manter registro centralizado de interessados estrangeiros em adoção.

11.5.2.4. Adoção homoafetiva

Antes do Supremo Tribunal Federal reconhecer a união homoafetiva como entidade familiar (05.05.2011), o Superior Tribunal de Justiça já admitia a adoção por casais homoafetivos (27.04.2010). Referida decisão apresenta como fundamento o respeito aos princípios da igualdade, liberdade e afetividade e, principalmente, resguardo à dignidade da pessoa humana (art. 1º, III, CF/88). A possibilidade de adoção por um casal não deve ter referência ou requisito à orientação sexual, e sim à observância dos requisitos exigidos pelo ECA para a efetivação dessa espécie de parentesco.

Sob o prisma do adotado, além dos fundamentos enumerados acima, não podemos esquecer a necessidade do cumprimento dos princípios da proteção integral e absoluta à criança e ao adolescente e o melhor Interesse. A adoção como exemplo ou espécie de família substituta é uma forma de se buscar proteção à integridade física, moral, psicológica, religiosa e econômica do menor que, de alguma forma, está excluído da possibilidade de pleno desenvolvimento dentro da família biológica.

Depois do reconhecimento do STF admitindo a união homoafetiva como entidade familiar, não resta dúvida da viabilidade jurídica da adoção por casais homoafetivos, até porque um casal heterossexual que constituiu sua família através do casamento ou união estável, cumprindo os requisitos legais, pode adotar. Não existiria fundamento jurídico para não se admitir a adoção por casais homoafetivos, sob pena de flagrante arrepio a igualdade entre as entidades familiares ou estabelecimento de hierarquia entre as formas de constituição da família.

Entre as vantagens e desvantagens do reconhecimento da adoção homoafetiva, destacamos a possibilidade de inclusão social de um menor geralmente maltratado pela vida e pelos pais biológicos, que readquire algo essencial na sua formação como indivíduo: carinho, compreensão e integração em uma nova família, independentemente da orientação sexual dos seus pais adotivos.

Não negamos que a sociedade brasileira, de uma forma geral, não aceita essa espécie de adoção, principalmente por não ver com bons olhos a união homoafetiva como entidade familiar. Alegam os críticos dessa espécie de adoção que a criança ou adolescente não terá discernimento suficiente para distinguir a diferença biológica entre os sexos, terá valores éticos e morais deturpados e passará por humilhação e constrangimentos em razão da opção sexual dos pais. Essas colocações não devem prosperar pelo fato de carinho, afeto e transferência de valores não estarem ligados à opção sexual, e sim à personalidade e caráter das pessoas, assim como a preocupação com a definição e a distinção dos sexos não está vinculada à opção sexual dos pais. Caso contrário, não existiria o homossexualismo dentro da nossa sociedade, em razão do fato da vinculação de casal heterossexual sempre gerar filhos heterossexuais, sendo absurda e ilógica nos dias atuais. Por último, não podemos esquecer que a mesma sociedade civil preconceituosa que estabelece e define em vários momentos a homossexualidade como uma doença ou desvio negativo de personalidade, não procura fazer a sua parte no sentido de buscar minimizar os problemas sociais que atingem o nosso país, isso sem falar no total descaso das nossas autoridades políticas com os menores que não têm preservado nem garantido o mínimo para a sua subsistência e dignidade. Portanto, não admitir a adoção homoafetiva por receio de constrangimentos e humilhações que o filho adotivo possa passar, é fechar os olhos para os problemas que atingem o nosso país. É discutir a consequência, sem resolver a causa nem respeitar os princípios constitucionais que correspondem à essência do estudo do Direito das Famílias.

11.5.3. Parentesco afetivo

11.5.3.1. Considerações iniciais e importância do tema

O princípio da afetividade junto com o princípio da igualdade correspondem aos mandamentos nucleares do atual estudo do Direito das Famílias. Assim, o estudo do parentesco afetivo permite a análise da atual concepção do que é família em sentido estrito, ou seja, a união de pessoas por laços afetivos independentemente de vínculo consanguíneo ou biológico.

Podemos afirmar que todas as entidades familiares devem ter como fundamento o afeto unindo ou interligando as pessoas e, dessa forma, a concepção de família ganha contornos cada vez mais amplos, deixando em algumas circunstâncias os laços biológicos num segundo plano.

Analisando as principais formas de constituição da família, percebemos a preocupação do legislador em buscar preservar vínculos que unam pessoas pelo carinho, compreensão, ternura, proximidade sob prisma moral, educacional, profissional e religioso.

Falando rapidamente de cada uma delas, observamos no casamento que a divisão dos efeitos pessoais e efeitos patrimoniais dessa forma de constituição família denota exatamente a necessidade de resguardo a afetividade. Aos cônjuges são estabelecidos, dentre outros deveres, respeito e consideração mútuos, responsabilidade civil e dever de guarda, sustento e educação dos filhos, mútua assistência e fidelidade recíproca. O legislador estabelece diretrizes para a manutenção do relacionamento e preservação da afetividade, traçando ou estabelecendo deveres dos cônjuges na constância do casamento. Na prática, o descumprimento de qualquer um desses preceitos ou deveres acarreta a dissolução do casamento através da propositura da ação de divórcio, significando ausência ou falta de afetividade entre os nubentes e falência dessa forma de constituição da família.

Nas outras entidades familiares (união estável, união homoafetiva e união poliafetiva), constatamos o mesmo raciocínio, pois a constituição dessas formas de constituição da família necessariamente passa pelo desenvolvimento do afeto que deve existir entre os companheiros. No disposto no art. 1.724, CC, o legislador estabelece os deveres dos companheiros, ou melhor, os efeitos pessoais dessas entidades familiares, seguindo as mesmas diretrizes do casamento, dever de lealdade, respeito e assistência e de guarda, sustento e educação dos filhos. Ao estabelecer esses deveres, o legislador, dentre outras coisas, busca preservar a integridade da família e, de uma forma direta e indireta, resguardo à afetividade. Também declaramos que a inobservância dos citados efeitos pessoais dessas entidades familiares elimina o que une o casal e culmina com a propositura de ação de reconhecimento cumulada com a dissolução e o fim do relacionamento.

Com isso, podemos afirmar que o princípio da afetividade é fundamental no estudo do Direito das Famílias, não apenas em face do enfrentamento do que é parentesco afetivo, mas também por ser algo essencial na constituição e manutenção de qualquer entidade familiar, até porque qualquer relacionamento que não tenha o afeto como premissa fundamental torna-se apenas um vínculo jurídico que repercute, na prática, para os envolvidos em interesses patrimoniais. Dessa forma, poderia ser trabalhado dentro do direito das obrigações (sociedade de fato, por exemplo) e no direito das coisas (condomínio ou composse).

Sobre a dificuldade da definição do que é afeto, concordamos com parte da doutrina que aborda esse tema como conceito indeterminado, devendo ser analisado, no caso concreto, através das condutas externas das pessoas envolvidas, até porque é dificultoso mensurar ou estabelecer contornos do que é sentimento (em sentido amplo, carinho, compreensão, ternura, amor, etc.).

11.5.3.2. Conceito de parentesco afetivo

> "... A filiação que resulta na posse do estado de filho constitui uma das modalidades de parentesco civil de "outra origem", previstas na lei (CC 1.593): origem afetiva. A filiação socioafetiva corresponde à verdade construída pela convivência e assegura o direito à filiação. A consagração da afetividade como direito fundamental subtrai a resistência em admitir a igualdade entre filiação biológica e a socioafetiva. A constância da relação entre pais e filhos caracteriza uma paternidade que existe não pelo simples fato biológico ou por força de presunção legal, mas em decorrência de uma convivência afetiva. Constituído o vínculo de parentalidade, mesmo quando desligado da verdade biológica, prestigia-se a situação que preserva o elo da afetividade. Pai afetivo é aquele que ocupa, na vida do filho, o lugar do pai, desempenha a função de pai. É uma espécie de adoção de fato. É aquele que ao dar abrigo, carinho, educação, amor ao filho, expõe o foro mínimo da filiação, apresentando-se em todos os momentos, inclusive naqueles em que se toma a lição de casa e ou verifica o boletim escolar. Enfim, é o pai das emoções, dos sentimentos e é o filho do olhar embevecido que reflete aqueles sentimentos que sobre ele se projetam.
>
> Em matéria de filiação, a verdade real é o fato de o filho gozar da posse de estado. Esta é a prova do vínculo parental. Não é outro o fundamento que veda a desconstituição do registro de nascimento feito de forma espontânea por aquele que, mesmo sabendo não ser o pai consanguíneo, tem o filho como seu. A filiação socioafetiva funda-se na cláusula geral de tutela da personalidade humana, que salvaguarda a filiação como elemento

> fundamental na formação da identidade e definição da personalidade. O princípio da boa-fé objetiva e a proibição de comportamento contraditório referendam o prestígio de que desfruta a filiação socioafetiva, que dispõe de um viés ético..." (DIAS, 2022, p. 429).

A filiação socioafetiva caracteriza-se pelo reconhecimento da posse do estado de filho e a crença da condição de filho fundada em laços de afeto. Apresenta três aspectos fundamentais: a) tratamento: como o filho é tratado pelos pais, educado e apresentado como filho pelo pai e mãe; b) nome: uso do nome da família e como se apresenta perante terceiros e c) reputação ou fama: como é conhecido por terceiros e pela sociedade, de uma forma geral.

> "... O reconhecimento da paternidade ou maternidade socioafetiva produz todos os efeitos pessoais e patrimoniais que lhes são inerentes. O vínculo de filiação socioafetiva, que se legitima no interesse do filho, gera o parentesco socioafetivo para todos os fins do direito, nos limites da lei civil. Se o filho é menor de idade, com fundamento no princípio do melhor interesse da criança e do adolescente; se maior, por força do princípio da dignidade da pessoa humana, que não admite um parentesco restrito ou de 'segunda classe'. O princípio da solidariedade se aplica a ambos os casos..." (DIAS, 2022, p. 430).

Ainda sobre o assunto, citamos o Enunciado n. 06, IBDFAM: "Do reconhecimento jurídico da filiação socioafetiva decorrem todos os direitos inerentes à filiação parental".

Enunciado n. 103, Conselho de Justiça Federal: "O Código Civil reconhece, no art. 1.593, outras espécies de parentesco civil além daquele decorrente da adoção, acolhendo, assim, a noção de que há também parentesco civil no vínculo parental proveniente quer das técnicas de reprodução assistida heteróloga relativamente ao pai (ou mãe) que não contribuiu com seu material fecundante, quer da paternidade socioafetiva, fundada na posse do estado de filho".

Enunciado n. 256, Conselho de Justiça Federal: "A posse do estado de filho (parentalidade socioafetiva) constitui modalidade de parentesco civil".

> "... a paternidade socioafetiva, declarada ou não em registro público, não impede o reconhecimento do vínculo de filiação concomitante baseado na origem biológica, com todas as suas consequências patrimoniais e extrapatrimoniais. O reconhecimento de vínculos concomitante de parentalidade é uma casuística, e não uma regra, pois, como bem salientado pelo STF naquele julgado, deve-se observar o princípio da paternidade responsável e primar pela busca do melhor interesse da criança, principalmente em um processo em que se discute, de um lado, o direito ao estabelecimento da verdade

biológica e, de outro, o direito à manutenção dos vínculos que se estabeleceram, cotidianamente, a partir de uma relação de afeto, representada pela posse do estado de filho..." (RES n. 898.060/SC – Relator Ministro Luiz Fux, publicado no *DJE* de 24.08.2017).

11.5.3.3. Análise de casos concretos

Adoção à brasileira:

Registrar filho alheio como próprio configura o ilícito penal tipificado no art. 242, CP ("dar parto alheio como próprio; registrar como seu filho de outrem; ocultar recém-nascido ou substituí-lo, suprimindo ou alterando direito inerente ao estado civil: Pena – reclusão, de 2 [dois] a 6 [seis] anos").

Em que pese a prática de ilícito civil e criminal, a chamada "adoção à brasileira" produz efeitos jurídicos, uma vez desenvolvido laços afetivos e a caracterização da posse do estado "filho". Eventual dissolução do relacionamento não exclui o vínculo de filiação socioafetiva. Assim, após o registro, se ocorrer o divórcio ou dissolução da união estável/ união homoafetiva/união poliafetiva, não desaparece o vínculo da parentalidade. Não há como desconstituir o registro.

Sob o prisma cível, a prática da adoção à brasileira irá gerar o vínculo de filiação socioafetiva, em algumas oportunidades com exclusão da filiação biológica ou mesmo com o reconhecimento de forma concomitante das duas espécies de filiação (afetiva e biológica), gerando a multiparentalidade. Diante da ampliação do conceito de filiação, parentalidade socioafetiva deve ser colocada em patamar de igualdade com a parentalidade biológica. Deve ser aplicada a regra do art. 227, § 6º, CF/88 e o reconhecimento da igualdade entre os filhos, independentemente da origem ou procedência. Assim estabelecida a filiação socioafetiva (exclusiva ou concomitante com a filiação biológica), automaticamente surgem os direitos e deveres decorrentes do parentesco e da relação entre pais e filhos (direito ao nome, alimentos, guarda e visita, responsabilidade civil pelos atos ilícitos praticados pelos filhos menores, direitos sucessórios, etc.).

No prisma criminal, o juiz deverá verificar as particularidades do caso concreto e eventual nobreza do gesto de inserir, no seio familiar, recém-nascido, tendo consciência de não ser filho biológico. Prevalece na jurisprudência a possibilidade de aplicação do perdão judicial após a análise do dolo do agente, até porque não podemos estabelecer regra única colocando no mesmo patamar a pessoa que buscou aplicação do princípio do melhor interesse da criança com ato nobre, estabelecendo convivência familiar, com a pessoa que utilizou a falsidade para tráfico de menores ou de órgãos.

Multiparentalidade:

No estudo da filiação, não podemos esquecer da necessidade da aplicação do princípio da igualdade, primeiro para estabelecer a vedação de qualquer tipo de discriminação ou inserir, no seio familiar, recém-nascido, tendo consciência de não ser filho biológico. segundo momento, a necessidade de se respeitar e resguardar a igualdade entre a filiação biológica e a filiação socioafetiva.

Em alguns casos concretos, a filiação socioafetiva irá excluir a filiação biológica em respeito aos princípios constitucionais do Direito das Famílias, em especial princípio do melhor interesse e princípio da prioridade e proteção integral à criança e ao adolescente. Mais recentemente, os Tribunais Superiores (STF e STJ) reconheceram a possibilidade de aplicação, na situação concreta, da existência de forma simultânea, ou melhor, de concomitante dos vínculos biológico e socioafetivo. Tese 622 do STF: "A parentalidade socioafetiva, declarada ou não em registro público, não impede o reconhecimento do vínculo de filiação concomitante baseado na origem biológica, com os efeitos jurídicos próprios".

Em outras palavras, o reconhecimento da existência de dois pais (ou duas mães) mantendo vínculo jurídico com os filhos, mesmo sendo de forma excepcional. A multiparentalidade gera vários questionamentos e a necessidade de enfrentamento de situações que poderão surgir após o seu reconhecimento.

Vejamos as principais:

a) nome: o filho passa a ter o direito do sobrenome de ambos os pais (biológico e afetivo), não esquecendo que o nome é um atributo da personalidade da pessoa humana;

b) autorização para a emancipação e prática dos atos da vida civil: os filhos menores serão representados ou assistidos por ambos os pais, bem como caberá aos pais, em plena igualdade, decidir pela emancipação. Não existindo consenso, as questões versando sobre o filho menor serão decididas pelo juiz (suprimento judicial), sempre levando em consideração a melhor proteção do incapaz;

c) alimentos: presentes os pressupostos da obrigação alimentar, o filho menor, devidamente representado ou assistido pela genitora, poderá ingressar com ação de alimentos contra os pais, podendo existir, no caso concreto, um exemplo de litisconsórcio passivo facultativo, bem como a possibilidade do chamamento ao processo, no caso de propositura de ação apenas contra um dos genitores. Aplicando a reciprocidade, caberá a esse filho amparar os pais na velhice, podendo qualquer dos genitores ingressar com ação de alimentos contra o filho, independentemente do vínculo jurídico de filiação ser biológico ou socioafetivo;

d) responsabilidade civil pela prática de atos ilícitos: os genitores terão o dever de indenizar, uma vez demonstrados os requisitos da responsabilidade civil. Ainda lembramos que a responsabilidade civil dos pais caracteriza um exemplo típico de presunção absoluta de culpa (culpa "*in vigilando*"), gerando a responsabilidade objetiva;

e) guarda e visita: a guarda compartilhada deve ser aplicada como regra, salvo o genitor declarar expressamente não ter interesse na sua implantação ou restarem comprovados indícios de probabilidade de violência doméstica ou familiar.

f) direitos sucessórios: o filho participará da sucessão dos pais, segundo o disposto na linha sucessório do Código Civil (art. 1.829, I, CC), assim como os pais (biológico e afetivo), em caso do falecimento do filho, sem deixar descendentes, participarão da sucessão em igualdade de condições (art. 1.829, II, CC).

Por último, ainda dentro da temática "multiparentalidade", cumpre destacar a possibilidade da maternidade socioafetiva. Citamos como exemplos os casos de união poliafetiva (trisal), onde os integrantes dessa entidade familiar decidem pela concepção de filhos que podem ser gerados de forma natural através da prática de ato sexual ou mesmo pela reprodução assistida. Sendo gerado de forma natural, esse filho terá a carga genética dos pais biológicos, podendo a mulher e terceira integrante do relacionamento pleitear o reconhecimento da filiação socioafetiva, independentemente de toda a polêmica em torno do reconhecimento da união poliafetiva como entidade familiar. O reconhecimento da dupla maternidade (biológica e socioafetiva) consiste na aplicação dos princípios constitucionais do Direito das Famílias e, principalmente, o respeito do princípio da igualdade entre a filiação biológica e a filiação socioafetiva. Dessa forma, serão aplicadas todas as consequências jurídicas do reconhecimento da multiparentalidade.

Filho de criação:

Corresponde àquele filho que é criado, educado e tratado com o mesmo carinho que os demais filhos dos genitores. Essa relação pode gerar filiação socioafetiva, uma vez comprovados os requisitos da posse do estado de filho (tratamento, nome e reputação ou fama). Exemplo típico dessa situação é a figura do enteado que desenvolve laços afetivos com o padrasto ou madrasta, fundamentado na aplicação da afetividade ou mesmo de pessoas que, no aspecto fato, são criadas e educadas por pais afetivos que assumem o papel de protetor e guardião desse filho durante a menoridade civil.

> "... O outro lado da moeda da paternidade socioafetiva é a figura da posse do estado de filho, em que, exteriorizando-se a convivência familiar e a afetividade, admite-se o reconhecimento da filiação. Trata-se do fenômeno, visto na perspectiva do filho. É o famoso 'filho de criação', cuja adoção não foi formalizada, mas o comportamento, na família, integra-o como se filho biológico fosse. Isso porque, no Direito de Família, a consolidação de uma situação de afeto justifica a presunção de sua existência, para efeito de prova em juízo, como se dá, também, no âmbito da filiação. A posse do estado de filho constitui-se quando alguém assume o papel de filho em face daquele ou daqueles que assumem os papéis ou lugares de pais ou mãe ou de pais,

> tendo ou não entre si vínculos biológicos. A posse de estado é a exteriorização da convivência familiar e da afetividade, segundo as características adiante expostas, devendo ser contínua..." (GAGLIANO, 2018, p. 646).

Reconhecida a filiação socioafetiva, esse filho passa a ter os mesmos direitos e deveres que os filhos biológicos, sendo vedado qualquer tipo de discriminação ou tratamento preconceituoso (art. 227, § 6º, Constituição Federal de 1988).

Assim, esse filho passa a ter direito ao nome dos pais, a alimentos (reciprocidade) e a direitos sucessórios, bem como o pai socioafetivo passa a ter dever de guarda, educação e sustento desse filho, sendo civilmente responsável pelos atos ilícitos praticados por esse filho enquanto for menor de idade.

Na prática, geralmente a discussão sobre os eventuais direitos do filho de criação surge com o evento "morte" e, assim, o conflito de direitos sucessórios dos herdeiros do falecido x os direitos do filho de criação, sendo que, uma vez demonstrada, a filiação socioafetiva passa a ocupar o *status* jurídico de filho, sendo vedada qualquer tipo de discriminação ou tratamento desigual. O chamado "filho de criação", na verdade, deve ser chamado de filho, ocupando o primeiro lugar na linha sucessória em igualdade com os demais descendentes do falecido (art. 1.829, I, CC).

Reprodução assistida heteróloga:

A reprodução assistida heteróloga é aquela realizada com material genético de doador, podendo ser de apenas um deles (homem ou mulher) ou de ambos, ocorrendo a transferência de embrião doado.

O art. 1.597, V, Código Civil estabelece presunção de paternidade dos filhos havidos por inseminação artificial heteróloga, desde que tenha prévia autorização do marido. Essa manifestação de vontade ou consentimento, embora a lei não exija formalidade (pode, inclusive, ser verbal), recomenda a elaboração de documento escrito descrevendo a intenção e liberdade das pessoas envolvidas na participação e realização dessa forma de concepção artificial da vida.

Estamos diante de paternidade socioafetiva em razão da ausência de vínculo biológico. Trata-se de presunção absoluta de paternidade socioafetiva, sendo vedada a impugnação da paternidade até para, em tese, se evitar a paternidade incerta, pois a nossa legislação exige o anonimato do doador do sêmen. "... O marido, ao aceitar a inseminação heteróloga de sua esposa, ou o parceiro em sua companheira, não tem o direito de negar a paternidade, e quem não autorizou o nascimento do filho medicamente assistido deverá promover imediatamente uma ação negatória de paternidade genética, antes de ser consolidada uma paternidade afetiva, como deflui do inciso V do art. 1.597 do Código Civil, diante da admissão indireta da filiação socioafetiva, quando o marido reconhece como seu filho de um doador anônimo..." (MADALENO. 2021, p. 596).

Sobre o tema, citamos o Enunciado n. 111 do CJF: "A adoção e a reprodução assistida heteróloga atribuem a condição de filho ao adotado e à criança resultante de técnica conceptiva heteróloga; porém, enquanto na adoção haverá o desligamento dos vínculos entre o adotado e seus parentes consanguíneos, na reprodução assistida heteróloga sequer será estabelecido o vínculo de parentesco entre criança e o doador do material fecundante".

11.5.3.4. Ação declaratória de paternidade socioafetiva

Com fundamento na convivência familiar, é admissível a propositura da ação declaratória com o intuito do reconhecimento da filiação socioafetiva. Deve-se buscar a paternidade responsável na definição de quem é o pai de verdade. Comprovados os requisitos da posse do estado de filho (tratamento, nome e reputação), configura-se a paternidade socioafetiva.

O reconhecimento da paternidade ou maternidade socioafetiva deve seguir de forma analógica as regras orientadoras da filiação biológica. O filho tem o direito subjetivo de pleitear em juízo o reconhecimento desse vínculo e, como consequência, os direitos e deveres decorrentes da filiação socioafetiva (direito ao nome, alimentos, direitos sucessórios, dever de guarda, educação e sustento do filho, responsabilidade civil pelos atos praticados pelos filhos menores, etc.), assim como o pai ou a mãe também terão legitimidade para a busca do reconhecimento da filiação socioafetiva, sendo perfeitamente admissível o reconhecimento *post mortem* e a participação na sucessão do falecido.

Citamos as lições do saudoso Zeno Veloso: "... se o genitor, além de um comportamento notório e contínuo, confessa, reiteradamente, que é o pai daquela criança, propaga esse fato no meio em que vive, qual a razão moral e jurídica para impedir que esse filho, não tendo sido registrado como tal, reivindique, judicialmente, a determinação de seu estado?" (VELOSO, 2007, p. 28).

11.5.4. Parto anônimo

É o direito da mãe permanecer desconhecida sem qualquer imputação civil ou penal na entrega da criança para adoção, podendo realizar todos os cuidados médicos antes, durante ou após o parto. Visa coibir o abandono de recém-nascidos ou mesmo a prática do aborto.

Divergência: criticando esse instituto, parte da doutrina entende como ofensa ao conteúdo do art. 227, CF/88, pois é dever do Estado dar condições para que a mãe gere e crie seu filho em condições saudáveis. Os adeptos sustentam a necessidade de se assegurar a dignidade da pessoa humana (art. 1º, III, CF/88), o direito à vida (art. 5º, CF/88) e a proteção especial à criança.

O parto em anonimato não é a solução para o abandono do recém-nascido pois esse fator está diretamente ligado à implementação de políticas públicas, mas certamente poderia acabar com a forma trágica pela qual ocorre esse abandono.

Parte IV

Institutos de Proteção

Capítulo 12

Direito Assistencial

12.1. Divisão temática

O direito protetivo ou direito assistencial corresponde à quarta parte do conteúdo programático do Direito das Famílias. Apresenta a finalidade, como o próprio nome estabelece, de buscar proteger determinadas pessoas que, pelas suas características pessoais, exigem uma atenção diferenciada do legislador. Busca-se, com isso, a preservação do direito à vida e a conservação da integridade física, moral e psicológica de menores incapazes ou maiores incapazes. Em especial, são aplicados os princípios da solidariedade familiar, convivência familiar e proteção especial à criança, ao adolescente e ao idoso.

Seguindo a doutrina, podemos dividir o direito protetivo/direito assistencial em 5 (cinco) institutos: guarda/visita, alimentos, poder familiar, tutela e curatela. Ainda sobre assunto, iremos discorrer e emitir considerações sobre o Estatuto do Idoso e o Estatuto da Pessoa com Deficiência.

As normas protetivas existem em resguardo à necessidade do cumprimento da função social da família e esse aspecto busca preservar a isonomia que deve sempre existir nas relações familiares.

12.2. Guarda/visita

Assunto já desenvolvido no corpo do nosso curso, apresenta fulcro de proteção aos filhos menores. Trabalhamos, dentro da temática, institutos afins às entidades familiares, pois ocorrendo a dissolução do casamento (ação de divórcio) ou de qualquer outra entidade familiar (união estável/união homoafetiva/união poliafetiva), surge a necessidade do enfrentamento dos tópicos essenciais dessas ações: nome, guarda, visita, alimentos e partilha de bens. Assim, para efeitos didáticos e para facilitar o estudo desse instituto nas citadas ações, surge a necessidade do estudo da guarda/visita dentro da Parte II (das entidades familiares).

Esse raciocínio não retira o caráter protetivo e assistencial da guarda/visita, pois é dever dos genitores zelarem pelo sustento, guarda e proteção dos filhos menores. Os filhos menores de 16 (dezesseis) anos serão representados e os maiores de 16 (dezesseis) anos serão assistidos na prática dos atos da vida civil, cabendo ainda aos pais a autorização para emancipação dos filhos quando atingirem a idade mínima de 16 (dezesseis) anos.

De forma objetiva, podemos relatar que, dentro do nosso ordenamento jurídico, é aplicada como regra a guarda compartilhada, onde o menor tem uma residência (geralmente a casa da genitora), sendo que a responsabilidade pela proteção do menor é dividida entre os genitores. Em suma, um dos genitores tem a guarda fática e jurídica, e o outro a guarda jurídica, existindo participação de ambos os pais no dever de zelar pela proteção integral e absoluta do filho menor.

A guarda compartilhada será determinada pelo juiz, independentemente do consenso entre os genitores, estando ambos aptos a exercer o poder familiar, salvo se um dos pais declarar que não deseja a guarda do menor ou quando houver elementos que evidenciem a probabilidade de risco ou violência doméstica ou familiar.

A aplicação do instituto "guarda compartilhada" deve observar respeito aos princípios do melhor interesse e princípio da prioridade e proteção integral e absoluta da criança e do adolescente.

Quanto ao direito de visita, apresenta-se dupla faceta: direito do genitor que não tem a guarda de visitar o filho e o direito do filho de ser visitado pelo genitor.

12.3. Alimentos

A obrigação alimentar corresponde a instituto comum a todas as entidades familiares e integra o direito assistencial. Referido assunto foi abordado nas aulas 24, 25 e 26 do nosso curso.

Principalmente por ser assunto essencial a ser enfrentado na ação de divórcio e ação de dissolução de união estável/união homoafetiva/união poliafetiva, julgamos mais pertinente o estudo desse instituto dentro da Parte II (das entidades familiares).

Sobre caráter assistencial da obrigação alimentar, cumpre resgatar a necessidade de preservar a subsistência do alimentando, ou melhor, o direito à vida, o respeito à dignidade da pessoa humana (art. 1º, III, Constituição Federal de 1988).

Ainda relembramos os pressupostos de toda obrigação alimentar (necessidade x capacidade) e resguardo ao princípio da proporcionalidade, destacando que o dever alimentar surge com o parentesco consanguíneo e/ou parentesco afetivo ou pela dissolução da entidade familiar (ação de divórcio ou dissolução de união estável/união homoafetiva/união poliafetiva).

Na relação entre pais e filhos (reciprocidade), é dever dos pais: educação, guarda e sustento dos filhos menores, ocorrendo extensão do direito alimentar se o filho maior estiver buscando concluir formação acadêmica em curso superior de 3º grau (curso de graduação), tendo como idade limite entre 24/25 anos, sendo dever dos filhos ampararem os pais na velhice (art. 229, Constituição Federal de 1988).

Entre os ex-cônjuges ou ex-companheiros, a tendência atual da jurisprudência e doutrina é reconhecer a obrigação alimentar por prazo temporário/transitório, levando em consideração, no caso concreto, a idade, qualificação profissional, existência ou não de incapacidade para o trabalho, meio social, tempo de afastamento do mercado de trabalho, etc. A obrigação alimentar, nessa situação, não é garantia do ócio, mas, ao mesmo tempo, deve garantir a subsistência e o direito à vida do ex-consorte ou ex-companheiro. Assim, a análise das particularidades do caso concreto permite ao magistrado a fixação de forma adequada do período de pagamento de pensão alimentícia. Essa discussão passa pela aplicação do princípio da igualdade entre homem e mulher e mudança de concepção no âmbito profissional, pois, cada vez mais, as mulheres passam a ocupar um espaço no mercado de trabalho que até então era exclusivo do homem. Ainda sobre esse assunto, cumpre relatar a possibilidade do homem ingressar com ação de alimentos, até porque, presentes os pressupostos da obrigação alimentar, como consequência existirá o dever de pagamento de pensão alimentícia.

Por último, frisamos que tanto a doutrina como a jurisprudência vêm admitindo a aplicação do instituto "alimentos compensatórios" como forma de estabelecer indenização ao ex-cônjuge ou ex-companheiro e a vedação do enriquecimento ilícito.

12.4. Poder familiar

12.4.1. Conceito e características

Nas abalizadas lições de Silvio Rodrigues, encontramos o conceito desse instituto: "é o conjunto de direitos e deveres atribuídos aos pais, em relação à pessoa dos filhos não emancipados, tendo em vista a proteção destes" (RODRIGUES, 2022, p. 398). Trata-se de um poder-dever indisponível e que não pode ser transferido por iniciativa dos seus titulares para terceiros. É indivisível (não o seu exercício) e imprescritível, pois ainda que por qualquer circunstância não possa ser exercido pelos titulares, não se extingue pelo desuso (somente as hipóteses legais acarretam a sua extinção).

O poder familiar é irrenunciável, intransferível, inalienável e imprescritível. Surge da paternidade natural como da filiação legal e da socioafetiva. Todos os filhos de zero a dezoito anos estão sujeitos ao poder familiar, que é exercido pelos pais.

Falecendo ou desconhecidos ambos os genitores, sendo menor o filho, será aplicada a tutela. Por sua vez, sendo o filho maior e incapaz, surge a necessidade de aplicação da curatela.

Cumpre informar que, na vigência do Código Civil de 1916, era utilizada a expressão "pátrio poder", com ênfase e predomínio da vontade paterna. Todavia, a Constituição

Federal de 1988 consagrou a igualdade substancial entre os pais na educação e na direção da sociedade conjugal (CF, art. 226, § 5º). É dever dos pais, em igualdade de condições, assistir, criar e educar os filhos menores (CF 229). O poder familiar é o conjunto de direitos e deveres que o Estado comete aos pais, como *munus* público, de velar pela pessoa e bens de seus filhos menores. Os pais têm de zelar pela formação moral, material e intelectual dos filhos, criando-os em ambiente sadio.

Assim, a expressão "poder familiar" deve ser interpretada como um dever dos pais em zelar pela proteção dos filhos, tanto que na doutrina, alguns autores preferem a expressão "autoridade parental" ou mesmo o termo "responsabilidade parental" como forma de preservação do princípio da proteção integral e absoluta à criança e ao adolescente. Apresenta mais características de deveres e obrigações dos pais para com os filhos do que de direitos em relação a eles. Bem define o instituto, Waldyr Grisard, "... tentar definir poder familiar nada mais é do que tentar enfeixar o que compreende o conjunto de faculdades encomendadas aos pais, como instituição protetora da menoridade, com o fim de lograr o pleno desenvolvimento e a formação integral dos filhos, seja física, mental, moral, espiritual ou socialmente..." (GRISARD FILHO, 2014, p. 24).

O poder familiar é sempre compartilhado entre os genitores. No caso de divergência, será aplicado o instituto "suprimento judicial" e o juiz, ao decidir, levará em consideração a necessidade e respeito ao melhor interesse do menor, independentemente da vontade dos genitores.

O poder familiar deve ser aplicado a todas as entidades familiares (casamento, união estável, família monoparental, união homoafetiva, união poliafetiva, etc.) sendo um instituto assistencial pelo qual deve se buscar proteção aos filhos e se estabelecer responsabilidades para os genitores, assim como os filhos havidos de relação extramatrimonial estarão sob a proteção dos pais, até porque a Constituição Federal de 1988 veda qualquer tipo de discriminação entre os filhos (art. 227, § 6º). O divórcio não interfere no poder familiar que continua sendo exercido pelos genitores (art. 1.632, Código Civil).

12.4.2. Código Civil e Estatuto da Criança e do Adolescente

Nos arts. 1.630 a 1.638 do Código Civil, encontramos a disciplina legal do poder familiar dividida em três seções: a) disposições gerais; b) do exercício do poder familiar; c) da suspensão e extinção do poder familiar.

Referido assunto também está regulamentado no ECA, nos arts. 21 ao 24, ao abordar as disposições gerais à convivência familiar e comunitária. Além disso, o ECA trata do procedimento de perda e da suspensão do poder familiar nos arts. 155 a 163. As normas sobre o procedimento de perda e da suspensão do poder familiar estabelecidas no ECA não conflitam com as normas do CC, que, por motivos óbvios, não trata de matéria de direito processual. O ECA, por força da Lei n. 12.010/2009, passou também a usar a expressão "poder familiar" no lugar de "pátrio poder", adequando-se ao Código Civil.

Em suma, convivem em perfeita harmonia as normas do Estatuto da Criança e do Adolescente e do Código Civil, a respeito do poder familiar, exigindo do leitor uma interpretação sistemática e teleológica no momento da aplicação do Direito Positivo.

12.4.3. Titularidade do poder familiar

A titularidade do poder familiar será exercida em igualdade de condições, pelo pai e pela mãe, durante a existência da entidade familiar, assegurado a qualquer um deles o direito de, em caso de discordância, recorrer à autoridade judiciária competente para a solução da divergência.

O divórcio ou dissolução da união estável/união homoafetiva/união poliafetiva não altera as relações entre pais e filhos, detendo ambos o poder familiar sobre os filhos. Com a dissolução da entidade familiar, duas hipóteses podem ocorrer: estabelecimento da guarda unilateral ou guarda compartilhada. Em ambas as situações, continuam os pais no exercício do poder familiar. Na guarda unilateral, a intensidade do exercício do poder familiar fica mais concentrada com o guardião, reservando-se ao genitor visitante participar nas questões de maior relevância na vida do filho. Na guarda compartilhada, ambos os pais exercem o poder familiar na sua plenitude, decidindo em conjunto as questões do dia a dia do filho. O poder familiar decorre da filiação, e não das relações jurídicas existentes entre os pais.

Na família monoparental originária, o poder familiar é exercido com exclusividade pelo ascendente/genitor. Já na família monoparental superveniente, ambos os genitores exercerão em conjunto o poder familiar.

Dispõe o art. 1.633, Código Civil que o filho não reconhecido pelo pai fica sob o poder familiar exclusivo da mãe. Se a mãe não for conhecida ou capaz de exercê-lo, dar-se-á um tutor ao menor. Complementando o assunto, estabelece o art. 1.636, Código Civil que o pai ou mãe que contrai novas núpcias ou estabelece união estável não perde, quanto aos filhos do relacionamento anterior, os direitos ao poder familiar, exercendo-os sem qualquer interferência do novo cônjuge ou companheiro. Todavia, se em razão da nova união (casamento ou qualquer outra entidade familiar), vier a se constituir filiação socioafetiva, teremos uma hipótese de multiparentalidade, sendo detentores do poder familiar os pais biológicos e o socioafetivo.

Por último, na adoção conjunta (requerida por pessoas casadas ou que vivam união estável/união homoafetiva/união poliafetiva), é atribuido o poder familiar para ambos os adotantes, até porque a adoção atribui a condição de filho ao adotado, assim como, no caso de reprodução assistida heteróloga, o poder familiar será de ambos os pais, visto que há vontade procriacional e presunção de filiação matrimonial (art. 1.597, V, CC), surgindo exemplo típico de paternidade socioafetiva.

12.4.4. Do exercício do poder familiar

O poder familiar corresponde ao exercício da autoridade dos pais ou de qualquer um deles sobre a pessoa e bens dos filhos menores e não emancipados. Quanto à proteção do patrimônio dos filhos menores, já desenvolvemos esse assunto na aula 28 sobre a temática de "institutos comuns das entidades familiares", especificamente discorrendo sobre o "usufruto e Administração dos bens dos filhos menores".

Falando exclusivamente sobre o cuidado existencial (quanto à pessoa dos filhos), podemos destacar o cuidado do legislador em estabelecer direitos e deveres decorrentes do poder familiar e, principalmente, a necessidade de proteção aos filhos menores e não emancipados.

> "... O art. 1.634 do CC não previu todos os poderes-deveres dos pais no exercício do poder familiar. Basta pensar que não constam no elenco do referido artigo alguns dos direitos que decorrem do poder familiar previstos na CR/1988. Efetivamente, a carta constitucional de 1988 estabelece no art. 227 que é dever da família assegurar à criança, ao adolescente e ao jovem, com absoluta prioridade, o direito à vida, à saúde, à alimentação, à educação, ao lazer, à profissionalização, à cultura, à dignidade, ao respeito, à liberdade e à convivência familiar e comunitária, além de colocá-los a salvo de toda forma de negligência, discriminação, exploração, violência, crueldade e opressão. O referido artigo dá o norte de como deve ser exercido o poder familiar. Ele serve de baliza para a interpretação do art. 1.634 do CC, como se verá na presente análise. Complementa essa norma o art. 229 da CR/1988 determinado que 'os pais têm o dever de assistir, criar e educar os filhos menores'. Também da maior relevância na normatividade do poder familiar quanto à pessoa dos filhos são as normas do ECA. De fato, prevê o art. 22 do Estatuto que 'aos pais incumbe o dever de sustento, guarda e educação dos filhos menores, cabendo-lhes ainda, no interesse destes, a obrigação de cumprir e fazer cumprir as determinações judiciais'. O ECA também dá destaque no art. 55 para a educação dos filhos menores ao estabelecer que os pais têm a obrigação de matricular os filhos ou pupilos na rede regular de ensino. Ora, como reflexo desse dever surge o direito dos filhos à educação, visando o pleno desenvolvimento de sua pessoa, preparo para o exercício da cidadania e qualificação para o trabalho, assegurando-se lhes: a) igualdade de condições para o acesso e permanência na escola; b) direito de ser respeitado por seus educadores; c) direito de contestar critérios avaliativos, podendo recorrer às instâncias escolares superiores; d) direito de organização e participação em entidades estudantis; e) acesso a escola pública e gratuita próxima de sua residência. Por isso, é direito-dever dos pais ou responsáveis ter ciência do

> processo pedagógico, bem como participar da definição das propostas educacionais. Além disso, temos normas do Código Penal que tipificam como crime o abandono material e moral. O estudo dos deveres do art. 1.634 do CC será realizado confrontando-os com as normas referidas..." (OLIVEIRA, 2018, p. 445).

Vejamos o conteúdo do art. 1.634, CC: "Compete a ambos os pais, qualquer que seja a sua situação conjugal, o pleno exercício do poder familiar, que consiste em, quanto aos filhos: I – dirigir-lhes a criação e a educação; II – exercer a guarda unilateral ou compartilhada nos termos do art. 1.584; III – conceder-lhes ou negar-lhes consentimento para casarem; IV – conceder-lhes ou negar-lhes consentimento para viajarem ao exterior; V – conceder-lhes ou negar-lhes consentimento para mudarem sua residência permanente para outro município; VI – nomear-lhes tutor por testamento ou documento público, se o outro dos pais não lhe sobreviver, ou se sobrevivo não puder exercer o poder familiar; VII – representa-los judicial e extrajudicialmente até os 16 (dezesseis) anos, nos atos da vida civil e assisti-los, após essa idade, nos atos em que forem partes, suprindo--lhes o consentimento, VIII – reclamá-los de quem ilegalmente os detenha; IX – exigir que lhes prestem obediência, respeito e os serviços de sua idade e condição.

Ainda sobre o dever de educação, é dever dos pais o cumprimento dessa obrigação em sentido amplo, abrangendo à educação formal e informal, e não somente a educação escolar, mas também a moral, profissional, política e cívica, buscando o pleno desenvolvimento do menor, preparo para o exercício da cidadania e qualificação para o trabalho (art. 53, ECA).

A idade núbil é atingida aos 16 (dezesseis) anos, tanto para os homens como para as mulheres (art. 1.517, CC). Entretanto, entre os 16 (dezesseis) e os 18 (dezoito) anos, o filho é considerado relativamente incapaz e, assim, para se casar depende da autorização dos pais. Em caso de negativa ou divergência entre a vontade paterna e a vontade materna, é possível o suprimento judicial, reconhecendo o magistrado a maturidade suficiente do menor para arcar com as consequências jurídicas do casamento/união estável/união homoafetiva/união poliafetiva.

Sobre autorização para viajar, o assunto é regulamentado pelo art. 83, ECA: "Nenhuma criança ou adolescente menor de 16 (dezesseis) anos poderá viajar para fora da comarca onde reside desacompanhado dos pais ou dos responsáveis sem expressa autorização judicial. Parágrafo primeiro. A autorização não será exigida quando: a) tratar-se de comarca contígua à da residência da criança ou do adolescente, menor de 16 (dezesseis) anos, se na mesma unidade da Federação ou incluída na mesma região metropolitana; b) a criança ou o adolescente menor de 16 (dezesseis) estiver acompanhado: 1) de ascendente ou colateral maior, até o terceiro grau, comprovado documentalmente parentesco; 2) de pessoa maior, expressamente autorizado pelo pai ou responsável.

Parágrafo segundo. A autoridade judiciária poderá, a pedido dos pais ou responsável, conceder autorização válida por dois anos". Por sua vez, para viagem para o exterior, a autorização é dispensável, se a criança ou adolescente estiver acompanhado de ambos os pais ou responsável ou viajar na companhia de um dos pais, autorizado expressamente pelo outro por meio de documento com firma reconhecida (art. 84, ECA). A viagem para o exterior depende de autorização de ambos os pais, independentemente de estarem divorciados, mesmo nos casos de guarda unilateral, visto que tais fatos não implicam em perda do poder familiar.

Esclarecedoras são as lições da professora Maria Berenice Dias sobre a Lei da Palmada ou Lei Menino Bernardo: "... A lei, conhecida como da palmada ou menino Bernardo (Lei n. 13.010/14) visa coibir por parte de quem tem o dever legal de proteger, cuidar e educar, e se prevalece da desproporcionalidade da força física, do medo, do respeito e até do afeto que, de um modo geral, crianças e adolescentes nutrem pelas pessoas que os tem em sua companhia e guarda. A Lei desdobrou alguns artigos do ECA e acrescentou um parágrafo à Lei de Diretrizes e Bases, assegurando a crianças e adolescentes o direito de serem criados e educados sem o uso de castigo físico ou tratamento cruel ou degradante. Define como castigo físico o uso da força física que resulta em sofrimento ou lesão física, mesmo que disponha de natureza disciplinar ou corretiva. É considerado tratamento cruel ou degradante a conduta que humilha, a ameaça grave ou a postura que ridicularize. Estão sujeitos à sanção quaisquer pessoas encarregadas de cuidar, tratar, educar e proteger crianças e adolescentes: pais ou responsáveis, integrantes da família ampliada e agentes públicos executores de medidas socioeducativas. Aos infratores está prevista a imposição de cinco medidas, que vão desde o encaminhamento dos responsáveis a programa de proteção à família, a imposição de tratamento psicológico ou psiquiátrico, até a mera advertência. Também pode ser determinado o encaminhamento da criança a tratamento especializado... De qualquer modo, o seu grande mérito foi ter acabado com a absurda permissão de os pais castigarem os filhos, ainda que moderadamente. Isto porque só o castigo imoderado ensejava a perda do poder familiar (CC, 1.638, I). Ou seja, o castigo moderado era permitido. Agora não mais. Quem impinge castigo físico ou tratamento cruel ou degradante fica sujeito a cumprir medidas de caráter psicossociais. A ação do genitor em confronto com a lei configura falta aos deveres inerentes ao poder familiar, podendo o juiz adotar as medidas previstas no Código Civil (1.637)" (DIAS, 2017, p. 500-501).

12.4.5. Responsabilidade civil dos pais pelos atos praticados pelos filhos

A responsabilidade civil dos pais pelos atos praticados pelos filhos menores é exemplo típico de responsabilidade civil extracontratual na modalidade "responsabilidade civil por ato ou fato de terceiro".

Estabelece o art. 932, I, CC: "São também responsáveis pela reparação civil: I – os pais, pelos filhos menores que estiverem sob sua autoridade e em sua companhia". Com o referido dispositivo legal, buscou o legislador impor o dever de guarda e educação aos pais e, principalmente, evitar omissões na formação moral e educacional dos incapazes. Também com o estabelecimento da responsabilidade civil, existe uma tentativa em se proteger a vítima que, assim, terá maior probabilidade de recebimento de indenização a partir do momento que existe a possibilidade de propositura de ação de perdas e danos contra os pais.

A responsabilidade civil dos genitores decorre do poder familiar que é exercido por ambos. Conforme estabelece o art. 1.632, CC ("A separação judicial, o divórcio e a dissolução da união estável não alteram as relações entre pais e filhos, senão quanto ao direito, que os primeiros cabem, de terem em sua companhia os segundos"), o divórcio ou dissolução da entidade familiar não exclui a responsabilidade civil dos pais. Mesmo ocorrendo distanciamento físico ou abandono afetivo, a legislação civil impõe a responsabilidade conjunta.

A guarda compartilhada adotada hoje como regra dentro do nosso ordenamento jurídico estabelece a responsabilidade civil de ambos os pais e, mesmo na implantação da guarda unilateral, existirá a responsabilidade dos genitores até porque, mesmo que o filho não esteja em companhia do pai, não se exclui a autoridade parental. Ainda ressaltamos que novo casamento ou constituição de outra entidade familiar não elimina o poder familiar e, como consequência, a responsabilidade civil dos pais (art. 1.636, CC: "O pai ou mãe que contrai novas núpcias, ou estabelece união estável, não perde, quanto aos filhos do relacionamento anterior, os direitos ao poder familiar, exercendo-os sem qualquer interferência do novo cônjuge ou companheiro").

A responsabilidade civil dos pais é objetiva (art. 933, CC) e, assim, independente da demonstração no caso concreto de dolo (intenção de praticar o ato ou assumir o risco do evento dano) ou culpa (ausência do dever de cuidado objetivo e desvio de conduta, levando em consideração a conduta do homem médio), existirá o dever de indenizar, ou seja, ainda que não haja culpa em sentido amplo, os pais responderão pelos atos ilícitos praticados pelos filhos menores.

O legislador cria uma presunção de culpa que decorre da lei, na busca e observância dos princípios da paternidade responsável e do melhor interesse da criança e do adolescente. Estamos diante da presunção de *"culpa in omitendo"* (omissão e negligência) e *"culpa in vigilando"* (dever de vigilância, e a necessidade de proteção da vítima). Assim, o patrimônio de ambos os genitores, e não só o do guardião, deve responder pelos danos causados pelos filhos menores.

A responsabilidade civil do padrasto/madrasta somente existirá se ficar reconhecida a filiação socioafetiva e não houver o exercício do poder familiar por parte dos genitores.

O parentesco afetivo pode gerar responsabilidade civil, e o intuito do legislador é impor o dever de proteção aos incapazes e, dentro do possível, proteger a vítima com possibilidade do recebimento de indenização.

12.4.6. Suspensão do poder familiar

Dispõe o art. 1.637, Código Civil: "Se o pai, ou a mãe, abusar da sua autoridade, faltando aos deveres a eles inerentes ou arruinando os bens dos filhos, cabe ao juiz, requerendo algum parente, ou o Ministério Público, adotar a medida que lhe pareça reclamada pela segurança do menor e seus haveres, até suspendendo o poder familiar, quando convenha. Parágrafo único. Suspende-se igualmente o exercício do poder familiar ao pai ou à mãe condenados por sentença irrecorrível, em virtude de crime cuja pena exceda a dois anos de prisão".

Podemos citar como exemplos de casos que autorizam a suspensão do poder familiar: não resguardo às diretrizes do art. 227, CF/88, tais como os que dizem respeito a sustento, guarda e educação dos filhos, os que visam a assegurar aos filhos o direito à vida, saúde, lazer, profissionalização, dignidade e respeito; não reclamar o filho de quem ilegalmente o detenha; exigir do menor serviços excessivos ou impróprios; induzir o filho ao mal, concorrendo para a sua perversão e para o alcoolismo; deixar o filho em estado habitual de vadiagem; má administração do patrimônio do menor, etc.

A suspensão do poder familiar tem o intuito protetivo ao menor, sendo imposta em situações menos graves, no geral, infração genérica dos deveres paternos. Ela é temporária, perdurando somente até quando se mostre necessária. Cessada a causa que a motivou, ocorrerá a volta na plenitude do poder familiar dos pais. O tempo de suspensão do poder familiar será fixado pelo magistrado no caso contrário, bem como poderá ocorrer a revogação da suspensão sempre em resguardo aos princípios da proteção integral e absoluta da criança e do adolescente e melhor interesse.

> "... A suspensão pode ser total, envolvendo todos os poderes inerentes ao poder familiar, ou parcial, cingindo-se, por exemplo, à administração dos bens ou à proibição de o genitor ou genitores ter o filho em sua companhia. A suspensão total priva o pai, ou a mãe, de todos os direitos que constituem o poder familiar, inclusive o usufruto, que é um de seus elementos e direito acessório. Assim *'como in totó pars continetur'*, suspenso o poder familiar com ele se suspende o direito de usufruto. A suspensão também é facultativa e pode referir-se unicamente a determinado filho... Frise-se que o Estatuto da Criança e do Adolescente (art. 23) dispõe que a falta ou carência de recursos materiais não constitui, por si só, motivo suficiente para a suspensão ou a perda do poder familiar, devendo o menor, se não concorrer outro motivo que autorize a decretação da medida, ser incluído em programas oficiais de

> auxílio. Suspendendo-se o poder familiar em relação a um dos pais, concentra-se o exercício no outro. Se este outro, não puder exercê-lo, ou tiver falecido, nomeia-se tutor ao menor" (GONÇALVES, 2021, p. 430-431).

A ação de suspensão do poder familiar segue a disciplina dos arts. 155 a 163, do ECA, e deve ser proposta em uma das varas de família e sucessões, se o menor estiver na companhia de algum ffamiliar. Havendo situação de risco e não estando seguro o menor, mesmo sob a guarda de pessoa da família (art. 98 c/c art. 148, parágrafo único, ECA), deve ser proposta nas varas da infância e juventude.

A suspensão do poder familiar poderá ser decretada liminarmente ou incidentalmente, ficando o menor confiado à pessoa idônea (art. 157, ECA). A sentença que decretar a suspensão será registrada à margem do registro de nascimento do menor (art. 163, parágrafo único, ECA). A sentença que destituir um ou ambos os pais do poder familiar fica sujeita a ser recebida só no efeito devolutivo e deve ser cumprida de imediato (art. 199-B, ECA), cabendo interposição de recurso de apelação no prazo de 10 (dez) dias, que deve ser processado no tribunal com prioridade absoluta. O recurso deve ser processado com prioridade absoluta e o julgamento não está sujeito a revisão nem há necessidade de ser pautado (art. 199 – C, ECA).

12.4.7. Extinção e perda do poder familiar

> "... A extinção do poder familiar pode ser dar por causa não imputável a qualquer dos pais (art. 1.635, CC/2002): a) pela morte dos pais ou do filho; b) pela emancipação, nos termos do art. 5º, parágrafo único; c) pela maioridade; d) pela adoção. Verificada qualquer dessas hipóteses, o poder familiar sobre o filho deixa de existir. No entanto, pode ocorrer que, em virtude de comportamentos (culposos ou dolosos) graves, o juiz por decisão fundamentada, no bojo de procedimento em que se garanta o contraditório, determine a destituição do poder familiar (na forma do art. 1.638 do Código Civil de 2002). Perderá por ato judicial o poder familiar o pai ou mãe que: a) castigar imoderadamente o filho; b) deixar o filho em abandono; c) praticar atos contrários à moral e aos bons costumes; d) incidir, reiteradamente, em faltas autorizadoras da suspensão do poder familiar; e) entregar de forma irregular o filho a terceiros para fins de adoção. Trata-se, em tais casos, de uma verdadeira sanção civil, grave e de consequência profundas..." (GAGLIANO, 2018, p. 598).

Sobre o "castigo moderado" ou "palmadinha corretiva", entendemos que a Lei n. 13.010/20214 revogou a permissão de referida conduta, o que exige a necessidade de mudança de concepção educacional dos pais. Parte da doutrina ainda sustenta a possibilidade de castigo físico, não devendo o Estado interferir diretamente na forma de educação ministrada pelos pais e que, em várias situações, o magistrado deve analisar as particularidades do caso concreto como forma de se proteger o melhor interesse da criança e do adolescente.

O abandono priva a criança e o adolescente do direito à convivência familiar e comunitária (art. 227, Constituição Federal de 1988), devendo a expressão ser utilizada em sentido amplo e abrangendo a falta de assistência material, moral e intelectual. Lembramos que referidas condutas também caracterizam ilícito penal com tipificação dos crimes de abandono material (CP, art. 244), abandono intelectual (art. 245, CP), abandono moral (art. 247, CP), abandono de incapaz (art. 133, CP) e abandono de recém-nascido (art. 134, CP). A perda do poder familiar é efeito anexo da condenação criminal (art. 92, II, CP).

São citados pela doutrina e jurisprudência como atos contrários à moral e aos bons costumes: o alcoolismo, o uso de drogas, a prática de sexo sem recato, a convivência da criança em ambiente de prostituição, o assédio sexual culminando com a prática do incesto e a violência doméstica ou familiar. Quaisquer desses exemplos autorizam o juiz, no caso concreto, decretar a perda do poder familiar.

A reiteração das causas que autorizam a suspensão do poder familiar (abuso da autoridade, falta com os deveres de proteção à pessoa dos filhos e dos seus bens, necessidade de adoção da medida para segurança do menor e dos haveres, e condenação por decisão transitada em julgado, em virtude de crime cuja pena exceda a dois anos de prisão – art. 1.637, CC) autorizam ainda a perda do poder familiar através de pronunciamento judicial.

Também autoriza a perda do poder familiar entregar de forma irregular o filho a terceiros para fins de adoção. Ainda destacamos que o rol de causas que leva à extinção ou perda do poder familiar é exemplificativo, podendo o magistrado determinar a destituição do poder familiar em qualquer situação que fique demonstrada a preservação do melhor interesse da criança e do adolescente. Citamos como exemplo a prática de crime doloso contra o filho (art. 23, § 2º, ECA).

A ação de destituição do poder familiar pode ser proposta por um dos genitores frente ao outro. Também tem legitimidade o Ministério Público, que pode dirigir ação contra ambos ou contra somente um dos pais, e segue a mesma disciplina legal da ação de suspensão do poder familiar (arts. 155 a 163, ECA).

12.5. Tutela

12.5.1. Conceito e características

A tutela é um instituto de proteção da pessoa menor, relativamente ou absolutamente incapaz, cujos pais faleceram ou estão impedidos de exercer o poder familiar, seja por incapacidade, seja por terem sido destituídos ou terem perdido o poder familiar.

Sobre o assunto, reza o art. 1.728, Código Civil: "Os filhos menores são postos em tutela: I – com o falecimento dos pais, ou sendo estes julgados ausentes; II – em caso de os pais decaírem do poder familiar".

A tutela nos termos do Estatuto da Criança e do Adolescente é tratada como inserção do menor incapaz em família substituta (art. 36, ECA).

Esse instituto destina-se a suprir a falta do poder familiar e tem nítido caráter assistencial. Trata-se de um *munus* público, uma delegação do Estado que, não podendo exercer essa função, transfere a obrigação de zelar pela criação, pela educação e pelos bens do menor para uma terceira pessoa.

Não podemos esquecer que a aplicação desse instituto deve observar a doutrina da proteção integral e absoluta à criança e ao adolescente. Assim, a tutela não corresponde apenas à proteção do patrimônio do menor, mas também na necessidade da preservação da sua integridade física, psicológica, moral, educacional e religiosa.

> "... Como características da tutela, podemos elencar: é um instituto supletivo; há obrigatoriedade do *munus*, salvo nas situações de escusa previstas em lei (arts. 1.736 e 1.737 do CC); é função personalíssima do tutor, que não pode ser transferível por ato *inter vivos* ou *causa mortis*, salvo determinação judicial, prevista no art. 1.743 do CC, e autorizada pelo juiz; é de obrigatoriedade temporária, que perdura enquanto durar a incapacidade; generalidade (o tutor tem sua atividade restrita a certos aspectos, a certos atos de administração da vida do tutelado, fora dos quais seu poder não se estende) e obrigatoriedade quanto à prestação de contas; ..." (MALUF, 2020, p. 745).

A tutela é um instituto supletivo do poder familiar, só cabível quando cessa a autoridade parental. Se os pais recuperarem o poder familiar, ou se este surgir com a adoção, com o reconhecimento do filho havido fora do casamento ou mesmo pela filiação socioafetiva, cessará esse ônus. Se o menor ainda se encontrar sob o poder familiar, só se admitirá a nomeação de tutor depois que os pais forem destituídos de tal encargo.

Dentro do Código Civil, a tutela está regulamentada nos arts. 1.728 a 1.766 e no Estatuto da Criança e do Adolescente, nos arts. 36 a 38, todos subordinados às diretrizes constitucionais do art. 227: "É dever da família, da sociedade e do Estado assegurar à criança, ao adolescente e ao jovem, com absoluta prioridade, o direito à vida, à saúde, à alimentação, à educação, ao lazer, à profissionalização, à cultura, à dignidade, ao respeito, à liberdade, e à convivência familiar e comunitária, além de colocá-los a salvo de toda forma de negligência, discriminação, exploração, violência, crueldade e opressão".

12.5.2. Das espécies de tutela

Segundo a doutrina, existem 3 (três) espécies de tutela: voluntária, legítima e testamentária.

A tutela voluntária surge por declaração de vontade dos pais e deve ser instituída através de documento autêntico firmado por um ou ambos os pais, em conjunto ou separadamente, e assim pode ser levada a efeito por escritura pública, escrito particular ou até mesmo por carta. Se a nomeação for feita através do testamento, cada um dos pais deve indicar o tutor em instrumentos distintos, pois o nosso ordenamento jurídico veda o testamento conjuntivo (art. 1.863, CC). Também é considerada válida a nomeação de tutor no caso de nulidade ou anulação do testamento, desde que não exista dúvida quanto à declaração de vontade do testador. Não existe nenhum obstáculo legal para a nomeação de tutor através do codicilo (forma simplificada de testamento).

Não havendo nomeação do tutor por ato de vontade dos pais, o legislador estabelece a tutela legítima aos parentes consanguíneos do menor (art. 1.731, CC: "Em falta de tutor nomeado pelos pais, incumbe a tutela aos parentes consanguíneos do menor, por esta ordem: I – aos ascendentes, preferindo o de grau mais próximo ao mais remoto; II – aos colaterais até o terceiro grau, preferindo os mais próximos aos mais remotos, e, no mesmo grau, os mais velhos aos mais moços; em qualquer dos casos, o juiz escolherá entre eles o mais apto a exercer a tutela em benefício do menor"). Em que pese a legislação civil estabelecer uma ordem para a nomeação do tutor, seguindo o grau de parentesco, referida ordem não é absoluta, pois, com base no princípio do melhor interesse, o juiz, no caso concreto, pode alterá-la e até não nomear nenhum dos parentes consanguíneos, se comprovadamente inidôneos ou incapacitados, escolhendo pessoa idônea estranha à família.

A tutela dativa ocorre na falta ou impossibilidade de aplicação da tutela voluntária e legítima. O juiz nomeará tutor idôneo e residente no domicílio do menor. Trata-se de tutela subsidiária. Poderá o juiz nomear tutor dativo idôneo se perceber completa ausência de afinidade e afetividade entre o parente e o menor tutelando. A opção pelo tutor dativo só se deve dar depois de esgotadas todas as possibilidades de manter o menor dentro dos seus vínculos familiares.

12.5.3. Da incapacidade para o exercício da tutela

No art. 1.735 do Código Civil, encontramos um rol de pessoas impedidas ou consideradas inidôneas para o exercício da tutela. São impedimentos que decorrem da lei e buscam proteger a pessoa e patrimônio do tutelado. Vejamos o conteúdo do referido artigo:

> I – aqueles que não tiverem a livre administração de seus bens. Aqui o legislador utiliza o preceito popular, ou seja, quem não pode gerir seus próprios bens, por evidente que não poderá administrar os bens do pupilo. O exercício da tutela exige maturidade e responsabilidade intelectual e principalmente experiência na gestão do patrimônio.

Citamos como exemplos de pessoas incapazes do exercício da tutela, o falido, o insolvente não reabilitados, o incapaz de expressar a sua vontade, os interditados por incapacidade mental etc.

II – Aqueles que, no momento de lhes se deferida a tutela, se acharem constituídos em obrigação para com o menor, ou tiverem que fazer valer direitos contra este, e aqueles cujos pais, filhos ou cônjuges tiverem demanda contra o menor. Referido preceito legal existe em razão de colisão de interesses entre tutor e tutelado estendendo às pessoas vinculadas ao tutelado por parentesco, afinidade ou afetividade.

III – Os inimigos do menor, ou de seus pais, ou que tiverem sido por estes expressamente excluídos da tutela. Cumpre aqui deixar registrado que não existe qualquer obstáculo legal para o padrasto ou madrasta exercer a tutela até porque eventual inimizade com o pai biológico não serve para declarar a inidoneidade para o exercício da tutela até porque é possível a demonstração de laços afetivos inclusive dependendo da análise do caso concreto a possibilidade da caracterização da paternidade socioafetiva.

IV – Os condenados por crime de furto, roubo, estelionato, falsidade, contra a família ou os costumes tenham ou não cumprido a pena. Visa o legislador proteger o menor de pessoas inidôneas por atentar contra o patrimônio alheio, bem como, por aqueles atestam personalidade incompatível com a responsabilidade pela criação e educação de crianças ou adolescentes.

V – As pessoas de mau procedimento, ou falhas em probidade, e as culpadas de abuso em tutorias anteriores. São as pessoas que atestam e demonstram falha de probidade moral e social. São exemplos extraídos da doutrina e jurisprudência: pessoas acusadas de corrupção de menores, ébrios habituais, os dependentes químicos, os que exercem profissões ilícitas, independentemente de condenação criminal.

VI – Aqueles que exercem função pública incompatível com a boa administração da tutela. A incapacidade para o exercício da tutela nessa hipótese depende da análise do caso concreto incidindo apenas se ficar evidenciada a dificuldade e a incompatibilidade de uma tutela efetivamente voltada ao interesse e à proteção do menor e na administração de seus bens.

12.5.4. Da escusa da tutela

A escusa consiste em manifestação de vontade de pessoa que, a princípio, estaria habilitada para o exercício da tutela. Todavia, com fulcro no conteúdo do art. 1.736, CC c/c art. 760, CPC, invocam a prerrogativa informando uma das causas indicadas na legislação civil para se eximirem do exercício desse *munus* público que é a tutela. Segue o rol abaixo:

I – As mulheres casadas. Trata-se de hipótese flagrantemente inconstitucional, pois com a Constituição Federal de 1988 encontramos aplicação plena do Princípio da Igualdade entre os filhos, entre homem e mulher e entre as entidades familiares. Seguindo a legislação constitucional teríamos que admitir que os homens casados (art. 5º, I e art. 226, § 5º, CF/88) pelo tratamento isonômico também poderiam alegar ou requer a escusa a nomeação da tutela. Não seria diferente das pessoas que vivem em união estável, união homoafetiva ou união poliafetiva. Em outras palavras a aplicação dessa escusa sem prudência e resguardo a aplicação dos Princípios norteadores a Proteção Integral e Absoluta da criança e do adolescente e do Princípio do Melhor Interesse praticamente permitiria a possibilidade da utilização de escusa para o exercício de tutela de quase todas as pessoas próximas ao menor no prisma do parentesco biológico e principalmente pela afetividade.

II – Maiores de 60 (sessenta) anos. Segundo o Estatuto do Idoso (Lei n. 10.741/2003) é considerado idosa a pessoa com idade igual ou superior a 60 (sessenta) anos, assim, a legislação civil não exige dessas pessoas um esforço adicional de se dedicarem à criação, educação e administração da vida e da pessoa de um menor, quando na realidade cabe ao idoso maior resguardo, proteção e preservação da sua saúde física e mental. Como a escusa é facultativa e depende de manifestação de vontade cumpre ao magistrado analisar as particularidades do caso concreto, não esquecendo que os idosos também gozem de proteção especial e respeito aos seus direitos fundamentais.

III – Aqueles que tiverem sob sua autoridade mais de 3 (três) filhos. Não existe a necessidade de demonstrar se trate de seus próprios filhos e tampouco precisam provar que a prole está sob a guarda fática ou jurídica, sendo suficiente estejam estes três filhos sob a sua autoridade direta e que sejam financeiramente seus dependentes, desinteressando a idade desses filhos, sejam eles menores ou maiores de idade, porque a justificativa não exige a restrição da menoridade. Quanto aos netos, seguimos o entendimento de Rolf Madaleno: "... No entanto, deverão ser filhos, não podendo haver escusa pela guarda ou dependência de netos, muito embora possa ser evidente o mesmo conjunto de dificuldades previsto para a hipótese do inciso III do art. 1.736 do Código Civil, ou seja, filhos e netos sob a sua dependência e inclusive eventual guarda e o mesmo pode ser dito quando o lugar de filhos ou netos é ocupado por enteados. Em verdade, sempre deverá o juiz levar em conta qualquer causa capaz de agravar o exercício do encargo, não havendo como onerar quem tenha netos sob a sua autoridade e dependência, por mais estreitos possam ser os vínculos com o tutelado, pois criará um problema e não uma solução ao impor uma administração tutelar visivelmente onerosa para o tutor..." (MADALENO, 2021, p. 1.295 e 1.296).

IV – Os impossibilitados por enfermidade. Deve o magistrado analisar qual doença e a eventual incapacidade para o exercício da tutela. O doente exige cuidados especiais, destacando que a legislação não exige enfermidade irreversível.

V – Aqueles que habitarem longe do lugar onde se haja de exercer a tutela. A necessidade de mudança do domicílio por parte do tutelado pode gerar problemas quanto a adaptação ao novo habitat, bem como, distanciamento dos demais familiares consanguíneos e ruptura dos laços afetivos. Assim, a mudança de domicílio do tutelado deve ser analisada no caso concreto pelo magistrado até porque residindo em local diverso o tutor terá maiores dificuldades para administrar o patrimônio do pupilo, bem como zelar pela sua pessoa.

VI – Aqueles que já exercerem tutela ou curatela. O objetivo é evitar sobrecarregar quem já é tutor ou curador e assim é possível a divisão dos encargos sociais dentro da nossa sociedade.

VII – Militares em serviço. Presente escusa existe em razão do militar na ativa estar sujeito a constantes mudanças de domicílio para o exercício da sua atividade. A incerteza de domicílio certo ou constantes mudança podem acarretar prejuízos na administração dos bens do tutelado e eventual distanciamento do menor dos seus vínculos de parentesco e amizade.

VIII – Aos que não forem parentes do menor. Estabelece o art. 1.737, CC: "Quem não for parente do menor não poderá ser obrigado a aceitar a tutela, se houver no lugar parente idôneo, consanguíneo ou afim, em condições de exercê-la." Na linha reta não tem limites a contagem de graus para a aplicação dessa hipótese e na linha colateral até o quarto grau (parentes sucessíveis). Na linha do parentesco por afinidade abrange apenas os ascendentes e irmãos do cônjuge ou convivente.

> "... A incapacidade para o exercício do *munus* público da tutela retira de determinadas pessoas a aptidão e legitimidade para a função tutelar, enquanto a escusa cuida tão somente da faculdade de algumas pessoas que seriam obrigadas a servirem como tutores, as quais poderão, no entanto, ficar desobrigadas desse mister, invocando alguma das causas indicadas no art. 1.736 do Código Civil. Esse é um elenco meramente exemplificativo de causas justificativas para a escusa do encargo do tutor, existindo outras a serem livremente apreciadas pelo magistrado, não havendo nenhum exagero na afirmação de o exercício da tutoria depender, fundamentalmente, da empatia, afetividade, afinidade e disposição para a assunção do cargo de tutor, pois não seria crível pudesse a autoridade judicial ordenar uma tutoria contra a vontade e indisposição da pessoa indicada a exercer a tutela, independentemente de essa pessoa estar enquadrada entre aquelas obrigadas ao encargo e dela não se dispensa (MADALENO, 2021, p. 1.293).

Dispõe o art. 760, CPC o prazo para nomeado a tutela/curatela apresentar a sua escusa com fundamento na legislação civil (arts. 1.736 e 1.737, CC): "O tutor ou o curador poderá eximir-se do encargo apresentando escusa ao juiz no prazo de 5 (cinco) dias contados: I – antes de aceitar o encargo, da intimação para prestar compromisso; II – depois de entrar em exercício, do dia em que sobrevier o motivo da escusa. § 1º Não sendo requerida a escusa no prazo estabelecido neste artigo, considerar-se-á renunciado o direito de alegá-la. § 2º O juiz decidirá de plano o pedido de escusa, e, não admitindo, exercerá o nomeado a tutela ou a curatela enquanto não for dispensado por sentença transitada em julgado".

12.5.5. Exercício da tutela

A tutela é instituto de proteção do menor onde o tutor substitui os pais exercendo os direitos e deveres relacionados à pessoa e aos bens do tutelado. No exercício da tutela, alguns atos podem ser praticados sem prévio controle judicial (art. 1.740 c/c art. 1.747, Código Civil). Citamos como exemplos: representar e assistir o tutelado; receber rendas, pensões e créditos; atender às despesas com subsistência e educação, bem como de administração, conservação e melhoramento de seus bens; alienar bens destinados à venda e promover o arrendamento dos bens imóveis. Referidos atos, embora não reclamem a prévia autorização do juiz, não deixam de ser submetidos ao seu pontual e posterior controle, quando da prestação anual de contas feita pelo tutor e atos dependentes do controle judicial (art. 1.741 c/c art. 1.748, Código Civil). São hipóteses dispostas na legislação civil: o pagamento de dívidas do menor; aceitar heranças, legados e doações; transigir; vender móveis e imóveis e representar o tutelado em juízo. Os atos praticados sem prévia autorização ou sem posterior ratificação do juiz são ineficazes. É vedado ao tutor adquirir por si, ou por interposta pessoa, bens pertencentes ao menor, dispor de bens do menor a título gratuito e tornar-se credor ou cessionário contra o menor. Ainda que obtenha autorização judicial, tais atos são nulos e o tutor responde civilmente e penalmente pelos prejuízos causados ao tutelado.

Sobre a pessoa do tutelado, estabelece o art. 1.740, Código Civil ser função do tutor o dever de dirigir a educação, defendê-lo e prestar alimentos, conforme os seus haveres e condições. Quanto aos alimentos, devem ser utilizados os recursos advindos de eventuais bens do patrimônio do pupilo. Não existindo rendas e nem bens, a verba alimentar deve ser buscada entre os parentes do tutelado, com fulcro no art. 1.694 do Código Civil. Por último, não tendo o menor parentes obrigados a prestar alimentos, esses devem ser concedidos diretamente pelo tutor. Cabe ainda ao tutor o dever de reclamar ao juiz que providencie, como houver por bem, o mister da correção. "... O tutor não pode, para corrigir o menor aplicar-lhes castigos físicos, ainda que moderadamente, devendo reclamar providências do juiz. Como responsável pela educação do menor, incumbe ao tutor orientá-lo e corrigi-lo, aplicando-lhe punições, se necessário. Estas, todavia, devem circunscrever-se às sanções de caráter moral, como impedir a ida ao clube ou a algum estabelecimento de diversão, ou exigir que permaneça estudando em domingo ou feriado etc., por exemplo. Em casos mais graves, quando o menor apresenta conduta desregrada, mostra-se rebelde, assume postura antissocial, malgrado todo o esforço moral ou psicológico do tutor para corrigi-lo, cabe a este recorrer ao juiz reclamando providências. Jamais deverá, no entanto, infligir castigos físicos no tutelado..." (GONÇALVES, 2021, p. 669). Por último, cabe ao tutor adimplir os demais deveres que normalmente cabem aos pais, ouvida a opinião do menor, se este já contar com doze anos de idade (art. 1.740, III, Código Civil c/c art. 28, § 1º, ECA).

Com relação aos bens do tutelado, incumbe ao tutor, sob a inspeção do juiz, administrar os bens do tutelado em proveito deste, cumprindo seus deveres com zelo e boa-fé. Os bens do menor serão entregues ao tutor mediante termo especificado desses bens e seus valores, ainda que os pais tenham dispensado o inventário dos bens do tutelado. Sendo o patrimônio do pupilo de valor considerável, pode o juiz determinar que o tutor preste uma caução, podendo ser dispensado se for pessoa de reconhecida idoneidade (art. 1.745, parágrafo único, Código Civil). Essa lliberdade do magistrado trata-se de decisão discricionária, não esquecendo que o Código Civil estabelece a responsabilidade civil do juiz de forma direta e pessoal, quando não tiver nomeado o tutor ou não houver feito oportunamente e de forma subsidiária, quando não houver exigido garantia legal do tutor, nem o removido, tanto que se tornou suspeito (art. 1.744, Código Civil). Surgindo uma dessas hipóteses, é possível propositura de ação de perdas e danos contra o magistrado, com fundamento na responsabilidade subjetiva ou ingressar com ação diretamente contra o Estado, com respaldo na responsabilidade objetiva estampada no art. 37, § 6º, Constituição Federal de 1988 ("As pessoas jurídicas de direito público e as de direito privado prestadoras de serviços públicos responderão pelos danos que seus agentes, nessa qualidade, causarem a terceiros, assegurado o direito de regresso contra o responsável nos casos de dolo ou culpa").

Os bens imóveis pertencentes aos menores sob tutela podem ser vendidos quando houver manifesta vantagem, mediante prévia avaliação judicial e aprovação do juiz. Não há exigência que a venda seja feita em hasta pública.

A legislação civil admite a nomeação do protutor que corresponde à pessoa encarregada de fiscalizar e acompanhar os atos praticados pelo tutor. O protutor tem as mesmas funções do tutor, inclusive no tocante à prestação de contas e responsabilidade civil. Sua nomeação é dativa e atende aos mesmos pressupostos de admissão, obrigatoriedade do encargo, causas de escusa e incapacidade. Segundo o que estabelece o § 1º do art. 1.752, Código Civil, ao protutor será arbitrada uma gratificação módica pela fiscalização efetuada.

O tutor responde de forma subjetiva pelos prejuízos que causar ao pupilo (ação ou omissão; dano; nexo causal e dolo ou culpa), mas tem direito a ser pago pelo que realmente despender no exercício da tutela e a receber remuneração proporcional à importância dos bens administrados. Ressaltamos que são solidariamente responsáveis as pessoas às quais competia fiscalizar a atividade do tutor, como o protutor, representante do Ministério Público e o magistrado, bem como as que concorreram para o dano.

Aplicando por analogia o disposto no art. 1.775, A, Código Civil, que admite a nomeação de curatela compartilhada para a pessoa com deficiência, parte da doutrina vem admitindo a aplicação da tutela conjunta utilizando as diretrizes do art. 1.743, Código Civil, onde mediante aprovação judicial, o tutor poderá delegar a outras pessoas físicas ou jurídicas o exercício parcial da tutela. A respeito, as sábias lições de Rolf Madaleno: "... Realmente, nada recomenda em contrário o exercício da tutela plural, separando os encargos de tutor da pessoa do pupilo e de tutor dos bens do tutelado, cometendo o encargo a pessoas diferentes, com funções, habilidades, qualidades, talentos e pressupostos díspares, porque nem todo bom chefe de família será necessariamente um bom administrador, podendo ser confiada a tutela dos bens do incapaz a uma pessoa física ou jurídica, mas profissionalizando a administração do patrimônio do tutelado e outra pessoa encarregada da formação e educação do tutelado, criando uma nítida separação entre o que os espanhóis convencionaram chamar de tutela real, que é destinada à administração dos bens do tutelado e a tutela pessoal que é destinada a administrar a formação pessoal do tutelado..." (MADALENO, 2021, p. 1.302-1.303).

12.5.6. *Prestação de contas*

O tutor, como toda pessoa que administra o patrimônio alheio, é obrigado a prestar contas, mesmo que os genitores do menor tenham dispensadas no momento do ato de nomeação. As contas serão prestadas em duas fases: a primeira, preparatória na qual o tutor submete ao juiz o balanço da administração de sua tutoria, e sendo aprovado o balanço, ele vai anexado ao inventário; e a segunda, prestação de contas propriamente dita, efetuada de dois em dois anos, ou a qualquer tempo, quando finda a tutela pela maioridade ou pela emancipação do tutelado. Destacamos que a prestação de contas pode ser determinada sempre que o magistrado entender conveniente ou quando o tutor deixar o exercício da tutela.

Não cumprindo o dever de prestar contas ou tendo contas desaprovadas, poderá culminar em destituição do tutor e propositura de ação de exigir contas, no primeiro caso, e ação de indenização, na última situação. Ainda lembramos que o art. 1.641, I, Código Civil estabelece o regime da separação obrigatória para as pessoas que descumprirem as causas suspensivas do casamento ("... Não podem casar: IV – o tutor ou o curador e os seus descendentes, ascendentes, irmãos, cunhados ou sobrinhos, com a pessoa tutelada ou curatelada, e não estiverem saldadas as respectivas contas...").

Finda a tutela pela emancipação ou maioridade, a quitação do menor não produzirá efeito antes de aprovadas as contas pelo juiz, subsistindo inteira, até então, a responsabilidade do tutor. Busca o legislador evitar "contaminação" na autonomia da vontade ou mesmo "pressão" para aprovação da gestão/administração do tutor.

Nos casos de morte, ausência ou interdição do tutor, as contas serão prestadas por seus herdeiros ou representante. Serão levadas a crédito do tutor todas as despesas justificadas e reconhecidamente proveitosas ao menor. As despesas que não tiverem a devida justificação, e não forem documentalmente comprovadas, glosadas pelo juiz para efeito de suportá-las o tutor. As despesas oriundas da prestação de contas judiciais, honorários advocatícios e até da tomada dos serviços de um contabilista correm por conta do tutelado, se ele dispuser de recursos e condições para o atendimento desses custos inerentes à prestação de contas.

A sentença de prestação de contas não exclui a ação que o menor tem contra o tutor para obter a indenização das perdas e danos causados, tampouco a ação subsidiária contra o juiz que tenha nomeado o tutor ou aprovado as contas, ou a ação direta, quando não haja nomeado, ou no caso de não ter sido oportuna a nomeação.

12.5.7. *Cessação da tutela*

Cessa a condição de tutelado com a maioridade ou emancipação do menor, uma vez que termina a sua condição de incapaz.

Igualmente ocorre a extinção da tutela ao cair o menor sob o poder familiar, no caso de reconhecimento de paternidade, maternidade consanguínea ou socioafetiva ou adoção.

Ocorre a extinção das funções de tutor qundo o prazo em que o tutor era obrigado a servir. O prazo para atuação do tutor é de 2 (dois) anos. Pode o tutor continuar o exercício da tutela além desse prazo, desde que queira e o juiz entenda como conveniente ao menor, tendo como parâmetro os princípios do melhor interesse e da proteção integral do menor. Caso o tutor não requeira a exoneração do encargo dentro de 10 (dez) dias seguintes à expiração do termo, entender-se-á reconduzido, salvo se o juiz o dispensar.

A tutela é extinta sobrevindo escusa legítima, segundo o que estabelece a legislação civil (arts. 1.736 e 1.737, Código Civil). Segundo estabelece a legislação adjetiva, o tutor poderá eximir-se da tutela apresentando escusa dentro do prazo de 5 (cinco) dias contados do dia em que sobrevier o motivo da escusa.

12.5.8. Destituição da tutela

Será destituído o tutor, quando negligente, prevaricador ou incurso em incapacidade (art. 1.766, CC). Aqui, a destituição deve ser entendida como sinônimo de remoção.

> "... Desatendendo o tutor, injustificadamente, o dever de sustento, guarda e educação do pupilo, pode ser destituído (ECA 38). O procedimento para a remoção de tutor é previsto na lei processual civil (CPC 761 e 762), com aplicação supletiva do procedimento de perda e suspensão do poder familiar (ECA 164). O Ministério Público, ou quem tenha legítimo interesse, pode pleitear a remoção ou a dispensa do tutor (CPC 761 e ECA 101, § 9º). Em caso de extrema gravidade, possível é a suspensão liminar do encargo (CPC 762). Fica o tutor responsável pelos prejuízos que, por dolo ou culpa, causar ao tutelado.
>
> O tutor que descumprir, dolosa ou culposamente, os deveres inerentes à tutela, causando prejuízos ao tutelado, além de responder pelos danos, comete infração administrativa, sujeitando-se à pena de multa (ECA 249).
>
> Para a remoção do tutor, não é necessário prova da sua ineficiência. Basta mera suspeita para o juiz afastá-lo, sob pena dele responder por eventuais desmandos do tutor (CC 1.744 II).
>
> Sujeita-se o tutor à destituição do exercício da tutela na hipótese de cometer crime doloso contra o pupilo, punido com pena de reclusão. Trata-se de efeito anexo da condenação (CP 92 II).
>
> Todos os delitos cometidos contra pessoas com deficiência pelo seu tutor ensejam a majoração de um terço da pena (Estatuto da Pessoa com Deficiência 89 a 91)" (DIAS, 2021, p. 706).

12.6. Curatela

12.6.1. Conceito e características

"... A curatela é instituto protetivo dos maiores de idade, mas incapazes de zelar por seus próprios interesses, reger a sua vida e administrar o seu patrimônio. Sujeitam-se também a curatela os nascituros, os ausentes, os enfermos e os deficientes físicos. O Estatuto da Pessoa com Deficiência — EPD, que veio para regulamentar Convenção, assegura às pessoas com deficiência mental ou intelectual o direito ao exercício da capacidade legal em igualdade de condições com as demais pessoas. O Estatuto deu nova redação a alguns dispositivos do Código Civil (3º, 4º, 228, 1.518, 1.548, 1.550, § 2º, 1.557, 1.767, 1.768, 1.769, 1.771, 1.772, 1.775-A e 1.777). O Código de Processo Civil revogou os arts. 1.768-1.773 do Código Civil, regras de natureza eminentemente processual. Como o CPC é posterior ao EPD, vigoram as disposições do estatuto processual, que equivocadamente, usa as expressões interdição e interditado. No entanto, o CPC precisa ser interpretado de acordo com a Convenção sobre os Direitos da Pessoa com Deficiência, por ter força de emenda constitucional.

A nova roupagem conferida à curatela insere-se noção de cidadania, de inclusão e evolução do pensamento psiquiátrico. Quando se interdita alguém, retira sua capacidade civil e consequentemente, expropria-se sua cidadania. O interditado é retirado do lugar de sujeito de desejo e de sujeito social. A própria expressão curatelado e interditado já veiculam significados e significantes de exclusão. Eles foram excluídos do rol dos absolutamente incapazes, pela nova redação do art. 3º do Código Civil (EPD 84). Quem, por causa transitória não puder exprimir sua vontade é considerado relativamente incapaz.

A curatela constitui medida protetiva extraordinária, proporcional às necessidades e às circunstâncias de cada caso, e durará o menor tempo possível (EPD 84, § 3º). Diz somente com os aspectos de natureza negocial e patrimonial, não atingindo os direitos pessoais. Não impede o casamento, ou o exercício do poder familiar. A pessoa com deficiência pode trabalhar, votar, ser testemunha, obter documentos oficiais que sejam de seu interesse. Como alerta Paulo Lôbo, não há que se falar mais de interdição, que sempre teve por finalidade vedar o exercício de todos os atos da vida civil, impondo-se a mediação de seu curador. Cuidar-se-á, apenas, de curatela específica, para determinados atos. Em síntese, a Lei n. 13.146/15 absolve seres humanos do 'pecado original' da incapacidade absoluta como portadores de grave deficiência ou enfermidade mental" (DIAS, 2021, p. 708-709).

12.6.2. Código Civil x Código de Processo Civil x Estatuto da Pessoa com Deficiência

O instituto "curatela" é abordado dentro da legislação civil dos arts. 1.767 a 1.783, Código Civil, destacando que o CPC atual (Lei n. 13.105/15) revogou os arts. 1.768 a 1.773, do Código Civil, e o Estatuto da Pessoa com Deficiência revogou os incisos II e IV do art. 1.767, CC e conteúdo do art. 1.780, CC, bem como foi inserido no Código Civil o disposto no art. 1.783-A, com a inclusão da temática "tomada de decisão apoiada".

A análise do Direito Positivo exige o máximo de cuidado do estudioso do Direito, pois, em síntese apertada, coexistem e se completam sobre curatela de forma direta e específica 3 (três) legislações: Código Civil, que estabelece regras gerais sobre a curatela, o Código de Processo Civil, que disciplina as questões eminentemente processuais (arts. 747 a 763, CPC) e o Estatuto da Pessoa com Deficiência (Lei n. 13.146/15), que fixa novas diretrizes e cria a necessidade de implantação de forma de inclusão social, inclusive como nova definição do rol das pessoas absolutamente incapazes.

Não podemos esquecer que a curatela é trabalhada dentro do Direito Assistencial essencialmente pelo seu caráter protetivo e hoje, quando falamos em ação de curatela, devemos pensar em regulamentação de natureza patrimonial e preservação dos direitos pessoais do curatelado.

12.6.3. Sujeitos da curatela

São sujeitos da curatela: o curador (pessoa necessariamente idônea e capaz) e o curatelado (o destinatário da proteção jurídica).

Para o exercício do *munus* público de curador, é necessário gozar de plena capacidade para os atos da vida civil, ser pessoa idônea e manter relações de parentesco ou amizade com o sujeito que teve sua incapacidade, total ou relativa, reconhecida.

Dispõe o Código Civil sobre o assunto no art. 1.775: "O cônjuge ou companheiro, não separado judicialmente ou de fato, é, de direito, curador do outro, quando interdito. § 1º Na falta do cônjuge ou companheiro, é curador legítimo o pai ou a mãe; na falta destes, o descendente que se demonstrar mais apto. § 2º Entre os descendentes, os mais próximos precedem aos mais remotos. § 3º Na falta das pessoas mencionadas neste artigo, compete ao juiz a escolha do curador". Referido rol não é vinculativo, de maneira que o magistrado fará a escolha sempre em prol do melhor interesse do curatelado.

O nosso ordenamento jurídico admite a autocuratela onde o próprio curatelado, enquanto plenamente capaz, de forma antecipada escolhe o curador. O art. 1.775-A estabelece a disciplina da curatela compartilhada em favor da pessoa com deficiência ("Na nomeação de curador para a pessoa com deficiência, o juiz poderá estabelecer curatela compartilhada a mais de uma pessoa"), auxiliando o cumprimento das responsabilidades inerentes ao exercício da curatela.

O art. 1.767, CC estabelece as pessoas que estão sujeitas a curatela. São elas: aquelas que, por causa transitória ou permanente, não puderem exprimir sua vontade; os ébrios habituais, os viciados em tóxicos e os pródigos. Em complemento, o art. 1.779, CC regulamenta a curatela do nascituro ("Dar-se-á curador ao nascituro, se o pai falecer estando grávida a mulher, e não tendo o poder familiar. Parágrafo único. Se a mulher estiver interdita, seu curador será o do nascituro") Por último, é aplicada a curatela aos ausentes nos termos dos arts. 22 a 25 do Código Civil.

O Estatuto da Pessoa com Deficiência (Lei n. 13.146/15) estabelece que o deficiente deve ser considerado como pessoa plenamente capaz, especificamente falado. O art. 6º do citado diploma traça essas diretrizes: ("A deficiência não afeta a plena capacidade civil da pessoa, inclusive para: I – casar-se e constituir união estável; II – exercer direitos sexuais e reprodutivos; III – exercer o direito de decidir sobre o número de filhos e ter acesso a informações adequadas sobre a reprodução e planejamento familiar, IV – conservar sua fertilidade, sendo vedada a esterilização compulsória; V – exercer o direito à família e à convivência familiar e comunitária e VI – exercer o direito à guarda, à tutela, à curatela e à adoção, como adotante ou adotando, em igualdade de oportunidades com as demais pessoas". Em complemento, o art. 84, EPD estatui que a pessoa com deficiência tem assegurado o direito ao exercício de sua capacidade legal em igualdade de condições com as demais pessoas. Quando necessário, a pessoa com deficiência será submetida à curatela, conforme a lei. Ainda reza o estatuto que a curatela de pessoa com deficiência constitui uma medida protetiva extraordinária, proporcional às necessidades e às circunstâncias de cada caso, e durará o menor tempo possível.

O pródigo pode se casar independentemente da anuência do curador, todavia, a escolha do regime de bens do casamento ou união estável/união homoafetiva/união pluriafetiva necessita de autorização do curador, até porque versa sobre questão patrimonial (art. 1.782, CC: "A interdição do pródigo só o privará de, sem curador, emprestar, transigir, dar quitação, alienar, hipotecar, demandar ou ser demandado e praticar, em geral, os atos que não sejam de mera administração").

> "... Tradicionalmente, a curatela era reservada a sujeitos incapazes, absoluta ou relativamente, com exceção dos menores, para os quais o instituto aplicável seria a tutela. Sucede que, a partir do Estatuto da Pessoa com Deficiência, a curatela em face dos sujeitos alcançados por este microssistema, passaria a ter uma nova estrutura e configuração. Nos termos do seu art. 85, observa-se que a curatela do deficiente é medida extraordinária e voltada somente à prática de atos de natureza patrimonial e negocial. O Prof. Paulo Lobo, em excelente artigo, sustenta que, a partir da entrada em vigor do Estatuto, não há que se falar mais de 'interdição', que, em nosso direito, sempre teve por finalidade vedar o exercício, pela pessoa com deficiência mental ou intelectual, de todos os atos da vida civil, impondo-se a mediação de seu curador.

> Cuidar-se-á, apenas, da curatela específica, para determinados atos. O que o grande jurista afirma deve ser adequadamente compreendido. Na medida em que o Estatuto é expresso em afirmar que a Curatela é extraordinária e restrita a atos de conteúdo patrimonial ou econômico, desaparece a figura da interdição completa e do curador todo-poderoso e com poderes ilimitados..." (GAGLIANO, 2021, p. 735-736).

A idade avançada só pode ser considerada como causa que justifica a aplicação da curatela quando for a causa direta do transtorno integral e persistente das funções psíquicas. Não podemos esquecer que, cada vez mais, cresce a expectativa de vida do brasileiro e, com isso, a necessidade de proteção integral e absoluta aos idosos. Referida proteção passa pelo respeito aos direitos fundamentais dos idosos e resguarda a ideia de que, mesmo com a velhice, não deixam de ser sujeitos de direito. Ainda sobre esse tema, é necessário mencionar que o nosso Direito Positivo não admite a teoria dos intervalos lúcidos.

O art. 1.550, § 2º do Código Civil dispõe que a pessoa com deficiência mental ou intelectual em idade núbil poderá contrair matrimônio, expressando diretamente a sua vontade ou por meio de seu responsável ou curador. O casamento será anulável somente se o cônjuge não tiver condições de consentir ou manifestar, de modo inequívoco, o seu consentimento (art. 1.550, IV, CC).

12.6.4. Espécies de curatela

São 3 (três) as espécies de curatela: legítima, dativa e testamentária.

A curatela legítima vem prevista em lei. O art. 1.775 do Código Civil estabelece a ordem das pessoas que estão incumbidas de exercer a tutela. Essa ordem de preferência não é rígida, podendo o juiz, no caso concreto, indicar outra pessoa como curadora, sempre preservando os interesses do curatelado.

A curatela dativa vem estabelecida no parágrafo terceiro do art. 1.775, CC, ao prever que, na falta das pessoas elencadas nos parágrafos anteriores (cônjuge, companheiro, pai ou mãe e descendentes), o juiz irá nomear como curadora pessoa capaz e idônea para o exercício da curatela.

Por último, a curatela testamentária esta ocorre na hipótese em que os pais nomeiam curadores para os filhos que não possuem pleno desenvolvimento para gerir os atos da vida ao atingirem a maioridade civil. Ressaltamos que não é admitido o testamento conjunto (art. 1.863, CC) e cada um dos pais deve indicar um curador em testamento próprio, podendo ser ou não a mesma pessoa. Assumirá o encargo o indicado pelo último genitor a morrer.

12.6.5. Prestação de contas

> "... O curador tem o dever de prestar contas, eis que está na posse e administração dos bens do curatelado (CC 1.755 e 1.774). O ECA atribui ao Ministério Público legitimidade para promover, de ofício, ou a requerimento dos interessados a prestação de contas (ECA 201 IV), ou ação de exigir contas, conforme o Código de Processo Civil (550 a 553). Entre os interessados em exigi-las encontra-se quem presta alimentos ao interdito. Como os pais, face ao poder familiar, são usufrutuários dos bens do filho (CC 1.689) nomeados curadores dele, estão dispensados da prestação de contas. Quando o encargo é exercido pelo cônjuge é dispensada a obrigação de prestar contas somente se o regime de bens do casamento for o da comunhão universal (CC 1.783). No entanto, no regime da comunhão parcial, em que são comuns os bens adquiridos depois do casamento, nada justifica a imposição. Do mesmo modo na união estável, possível a dispensa da prestação de contas. Afinal, está o curador na posse e administração de bens que são comuns com o incapaz, tendo a responsabilidade como usufrutuário, procurador ou depositário (CC 1.652). No entanto, não é esta a orientação da jurisprudência. De qualquer modo, mesmo quando existe a obrigação de prestar contas, é possível a dispensa de sua apresentação se inexiste patrimônio ou a renda do curatelada é de pequena monta. As contas devem ser apresentadas em procedimento próprio e não nos autos da curatela..." (DIAS, 2021, p. 721-722).

Em conformidade com o art. 1.781 do Código Civil, aplicam-se à curatela as disposições legais concernentes à tutela e, dessa forma, o curador é obrigado a apresentar balancetes no final de cada ano e prestar contas da sua gestão/administração de dois em dois anos, ou sempre quando o juiz achar conveniente. Lembramos que o curador responde pelos prejuízos que, por culpa ou dolo, causar ao curatelado, tendo direito a ser pago pelo que realmente despender no exercício da curatela. O magistrado responde direta e pessoalmente, quando não tiver nomeado o curador ou não houver feito, oportunamente e de forma subsidiária, quando não exigida garantia legal do curador, nem o removido, tanto que se tornou suspeito (aplicação por analogia ao conteúdo do art. 1.744, Código Civil).

Ainda sobre o art. 1.781, CC, podemos afirmar que o curador passará a ter os mesmos direitos, garantias, obrigações e proibições do tutor. Como consequência, o curador poderá utilizar-se das mesmas escusas da tutela (art. 1.736, CC), e a administração dos bens do incapaz estará sob fiscalização direta do Ministério Público e do magistrado, podendo o juiz condicionar o exercício do encargo à prestação de caução (art. 1.745, parágrafo único).

12.6.6. Ação de curatela e questões processuais

A doutrina civilista, primeiramente, ressalta a necessidade da utilização da expressa ação de curatela, e não ação de interdição, tendo em vista o Estatuto da Pessoa com Deficiência excluir do rol dos absolutamente incapazes as pessoas com qualquer tipo de deficiência física ou mental. A interdição tem o cunho de exclusão dessas pessoas da prática dos atos da vida e, atualmente, a curatela busca o respeito à inclusão social e à proteção dessas pessoas na prática de atos negociais e administração de bens, conforme descrito na aula 41 do nosso curso de Direito das Famílias. Especificamente nos arts. 6º e 84, do EPD, a pessoa com deficiência é considerada legalmente capaz, ainda que, para atuar no cenário social, precise se valer de instituto assistencial como a curatela.

No Código de Processo Civil, ainda com a denominação "interdição", e lembrando que a legislação adjetiva (Lei n. 13.105/15) é anterior ao Estatuto da Pessoa com Deficiência (Lei n. 13.146/15), encontramos a disciplina processual sobre o assunto nos arts. 747 a 758, CPC. Mencionamos:

Legitimidade ativa: a ação de curatela pode ser promovida pelo cônjuge ou companheiro; pelos parentes ou tutores; pelo representante da entidade em que se encontra abrigado o curatelado; pelo Ministério Público, no caso de doença mental grave, no caso do cônjuge/companheiro ou familiares não existirem ou não promoverem a ação ou, se existindo, forem incapazes (art. 748, CPC). Não sendo o representante do Ministério Público autor da ação, atuará como fiscal da lei com intervenção obrigatória na ação. A pessoa indicada como curadora pelos pais do curatelado através de testamento ou escritura pública também terá legitimidade para propositura da ação como forma de garantia da autonomia da vontade e proteção ao curatelado.

Conteúdo da inicial: a peça vestibular deve especificar os fatos que demonstram a incapacidade do curatelado para administrar seus bens e, se for o caso, para praticar atos da vida civil, bem como o momento em que a incapacidade se revelou. Cabe ao requerente juntar laudo médico para fazer prova de suas alegações ou informar a impossibilidade de não fazê-lo. Justificada a urgência, a título de antecipação de tutela, o juiz pode nomear curador provisório para a prática de determinados atos.

Citação do curatelado e impugnação do pedido do autor: o curatelado será citado para entrevista com o juiz, tomando-se por termo as perguntas e as respostas. Não podendo o curatelado deslocar-se, o juiz o ouvirá no local onde estiver. A entrevista poderá ser acompanhada por especialista, sendo assegurado o emprego de recursos tecnológicos capazes de permitir ou de auxiliar o curatelado a expressar suas vontades e responder as perguntas formuladas. Dentro do prazo de 15 (quinze) dias úteis contados da entrevista, o curatelado poderá impugnar o pedido. O curatelado poderá constituir advogado e, caso não o faça, deverá ser nomeado curador especial, que será exercido pela Defensoria Pública, nos termos do art. 72, parágrafo único, do CPC.

Provas: necessária produção de prova pericial para a avaliação da capacidade do curatelado para praticar os atos da vida civil, que poderá ser realizada por equipe multidisciplinar e cujo laudo deve conter os atos para os quais haverá necessidade da curatela. Com apresentação de laudo, o juiz poderá designar audiência de instrução e julgamento, se necessária a produção de mais provas e oitiva dos interessados.

Sentença: ao julgar procedentes os pedidos elaborados na inicial, o magistrado decreta a curatela, podendo nomear como curador o autor da ação ou terceira pessoa, e fixa os limites da curatela segundo as características do curatelado, observando suas potencialidades, habilidades, vontades e preferências (art. 755, I, CPC), e na medida do possível, indica o tempo de duração. Ainda estabelece o art. 755, § 3º, CPC que a sentença que decreta a curatela será inscrita no registro de pessoas naturais e imediatamente publicada na rede mundial de computadores, no sítio do tribunal a que estiver vinculado o juízo e na plataforma de editais do Conselho Nacional de Justiça, onde permanecerá por 6 (seis) meses. Será publicada na imprensa local 1 (uma) vez e no órgão oficial 3 (três) vezes, com intervalo de 10 (dez) dias, constando do edital os nomes do curatelado e do curador, a causa da interdição, os limites da curatela e, não sendo total, os atos que o curatelado poderá praticar autonomamente.

Recurso cabível: julgada procedente a ação de curatela, cabe recurso de apelação que terá apenas efeito devolutivo (art. 1.012, VI, CPC). Depois de registrada a sentença, o curador é intimado para, em cinco dias, prestar compromisso em livro próprio (art. 759, CPC c/c art. 93, Lei de Registros Públicos) e assumir a administração dos bens do curatelado.

Levantamento da curatela: cessada a causa, é possível o levantamento da curatela. A recuperação do curatelado será mais comum em situações que versam sobre a recuperação de pessoas submetidas à curatela em razão do alcoolismo ou toxicomania, sendo mais delicada em hipóteses atreladas a casos de enfermidade ou deficiência mental. Trata-se de ação contrária àquela que constitui a curatela, sendo o autor o curatelado e tendo como objetivo central rescindir os efeitos jurídicos da sentença que decretou a curatela. O pedido de levantamento é apensado aos autos da curatela, sendo primordial a realização de novo laudo pericial para a verificação do estado atual de saúde do curatelado. Nessa ação, também é obrigatória a intervenção do representante do Ministério Público e, levantada por sentença a interdição, depois de transitada em julgado, será publicada pela imprensa local e órgão oficial por três vezes, com intervalo de 10 (dez) dias, para depois ser averbada no assento de nascimento do ex-curatelado, não esquecendo que o juiz pode decretar o levantamento parcial da curatela com fundamento em laudo médico e, assim, especificar quais os atos que o curatelado pode praticar em decorrência da melhora verificada em seu estado de saúde.

12.6.7. Cessação da curatela

> "... Cessando a incapacidade cessa a curatela, o que também acontece sobrevindo o falecimento do curatelado. Mas não cessa a curatela com o óbito do curador, porque persiste a incapacidade do curatelado, que deixa de exercer as suas funções, devendo ser substituído por outro curador, a ser judicialmente nomeado para dar continuidade ao encargo de zelar, em regra, pelos bens do curatelado.
>
> Também encerra a função do curador quando: a) termina o prazo em que está obrigado a servir, anotando, por seu turno, o art. 763 do Código de Processo Civil, uma vez cessado o prazo, é lícito ao curador requerer a sua exoneração do encargo, mas, se não fizer dentro dos 10 (dez) dias seguintes à expiração do termo, entender-se-á reconduzido, salvo dispensa judicial; b) quando ocorre alguma das escusas legais; c) quando for judicialmente removido; d) com o falecimento do curador e por igual se ocorrer a morte do curatelado, ao tempo em que se dá cessação da curatela e das funções do curador..." (MADALENO, 2021, p. 1.344).

12.6.8. Tomada de decisão apoiada

> O art. 115 do Estatuto da Pessoa com Deficiência determinou que o Título IV do Livro IV, da Parte Especial do Código Civil, passe a vigorar com a seguinte redação: "Da tutela, da curatela e da Tomada de Decisão Apoiada. Com isso, foi acrescentado o art. 1.783-A no Código Civil, tratando dos procedimentos relativos a essa tomada de decisão apoiada". A categoria visa ao auxílio da pessoa com deficiência para a celebração de atos mais complexos, caso dos contratos.
>
> A tomada de decisão apoiada é o processo judicial pelo qual a pessoa com deficiência elege pelo menos duas pessoas idôneas, com as quais mantenha vínculos e que gozem de sua confiança, para prestar-lhe apoio na tomada de decisão sobre atos da vida civil, fornecendo-lhes os elementos e informações necessários para que possa exercer sua capacidade. A este autor parece que a tomada de decisão apoiada tem a função de trazer acréscimos ao

antigo regime de incapacidades dos maiores, sustentado pela representação, pela assistência e pela curatela.

Conforme o parágrafo primeiro do novo art. 1.783-A da codificação material, para formular pedido de tomada de decisão apoiada, a pessoa com deficiência e os apoiadores devem apresentar termo em que constem os limites do apoio a ser oferecido e os compromissos dos apoiadores. Desse termo, devem constar, ainda, o prazo de vigência do acordo e o respeito à vontade, aos direitos e aos interesses da pessoa que devem apoiar.

O pedido de tomada de decisão apoiada será requerido pela pessoa a ser apoiada com indicação expressa das pessoas aptas a prestarem (art. 1.783-A, § 2º, do CC/2002). Há, claramente, um procedimento judicial para tanto, pois o preceito seguinte determina que, antes de se pronunciar sobre o pedido de tomada de decisão apoiada, o juiz, assistido por equipe multidisciplinar e após a oitiva do Ministério Público, ouvirá pessoalmente o requerente e as pessoas que lhe prestarão apoio (art. 1.783-A, § 3º, do CC/2002).

A decisão tomada por pessoa apoiada terá validade e efeitos sobre terceiros, sem restrições, desde que esteja inserida nos limites do apoio acordado (art. 1.783-A, § 4º, do CC/2002). Assim, presente a categoria, desaparece toda aquela discussão aqui exposta a respeito da validade e eficácia dos atos praticados por incapazes, como venda de imóveis frente a terceiros de boa-fé. Em havendo uma tomada de decisão apoiada, não se cogitará mais sua nulidade absoluta, nulidade relativa ou ineficácia, o que vem em boa hora, na opinião do autor.

Em complemento, o terceiro com quem a pessoa apoiada mantenha relação negocial pode solicitar que os apoiadores contra-assinem o contrato ou acordo, especificando, por escrito, sua função em relação ao apoiado (art. 1.783-A, § 5º, do CC/2002), isso para que não pairem dúvidas sobre a idoneidade jurídica do ato praticado, o que tem relação direta com o princípio da boa-fé objetiva.

Entretanto, em caso de negócio jurídico que possa trazer risco ou prejuízo relevante a qualquer uma das partes, em havendo divergência de opiniões entre a pessoa apoiada e um dos apoiadores, deverá o juiz, ouvido o Ministério Público, decidir sobre a questão (art. 1.783-A, § 6º, do CC/2002). Eventualmente, poderá ele suprir a vontade de uma parte discordante. Além disso, se o apoiador agir com negligência, exercer pressão indevida ou não adimplir as obrigações assumidas, poderá a pessoa apoiada ou qualquer pessoa apresentar denúncia ao Ministério Público ou ao juiz, especialmente com o intuito de evitar a prática de algum negócio jurídico que possa lhe trazer prejuízo (art. 1.783-A, § 7º, do CC/2002). Se o ato for praticado, é possível cogitar sua invalidade. Se procedente a denúncia, o juiz destituirá o apoiador e nomeará, ouvida a pessoa apoiada e, se for de seu interesse, outra pessoa para prestação de apoio (art.1.783-A, § 8º, do CC/2002). A pessoa apoiada pode, a qualquer tempo, solicitar o término de acordo firmado em processo de tomada de decisão apoiada, inclusive para os fins de tomada de novas decisões, de acordo com a sua autonomia privada (art. 1.783-A, § 9º, do CC/2002).

O apoiador pode solicitar ao juiz a exclusão de sua participação do processo de tomada de decisão apoiada, sendo seu desligamento condicionado à manifestação do juiz sobre a matéria (art. 1.783-A, § 10, do CC/2002). Por derradeiro, está previsto que se aplicam à tomada de decisão apoiada, no que couber, as disposições referentes à prestação de contas na curatela (art. 1.783-A, § 11, do CC/2002) ..." (TARTUCE, 2022, p. 710-712).

Capítulo 13

Estatutos

13.1. Estatuto da Pessoa com Deficiência — Lei n. 13.146/15

13.1.1. Finalidade do estatuto

A Constituição Federal, em matéria de competência, disciplina que é atribuição concorrente da União, Estados e Distrito Federal legislar sobre proteção e integração social das pessoas com deficiência (art. 24, XIV) e atribui a competência administrativa comum à União, Estados, Distrito Federal e municípios cuidar da saúde e da assistência pública, da proteção e garantia das pessoas com deficiência (art. 23, II). Percebe-se a preocupação do legislador constitucional com a necessidade de proteção à pessoa com deficiência.

O Estatuto da Pessoa com Deficiência busca assegurar e promover, em condições de igualdade, o exercício dos direitos e das liberdades fundamentais por pessoa com deficiência, visando a sua inclusão social e cidadania.

O estatuto é dividido da seguinte forma: disposições preliminares (arts. 1º ao 9º); direitos fundamentais (arts. 10 a 52); acessibilidade e ciência e tecnologia (arts. 53 a 78); acesso à justiça (arts. 79 a 87); crimes e infrações administrativas (arts. 88 a 91) e disposições finais e transitórias (arts. 92 a 127).

No art. 2º do estatuto, encontramos a definição de pessoa com deficiência como sendo aquela que tem impedimento de longo prazo de natureza física, mental, intelectual ou sensorial, o qual, em interação com uma ou mais barreiras, pode obstruir sua participação plena e efetiva na sociedade em igualdade de condições com as demais pessoas. A avaliação da deficiência, quando necessária, será biopsicossocial, realizada por equipe multiprofissional e interdisciplinar, e considerará os impedimentos nas funções e nas estruturas do corpo, os fatores socioambientais, psicológicos e pessoais, a limitação no desempenho de atividades e a restrição de participação.

De forma objetiva, podemos afirmar que o Estatuto da Pessoa com Deficiência busca inclusão social e observância ao princípio da igualdade e, principalmente, a necessidade de estabelecer conquistas, mas sem esquecer a necessidade de proteção às pessoas que apresentam algum tipo de deficiência. Assim, os institutos "tomada de decisão apoiada" e "curatela" devem ser aplicados de forma extraordinária e especialmente com intuito de consagração dos direitos assistenciais e do princípio da dignidade da pessoa humana.

Importante destacar o conteúdo da regra do art. 4º, do estatuto, onde encontramos a disciplina do atendimento prioritário à pessoa com deficiência, com a finalidade de prestação de socorro em quaisquer circunstâncias: em todas as instituições e serviços de atendimento ao público; disponibilização de recursos, tanto humanos quanto tecnológicos, que garantam atendimento em igualdade de condições com as demais pessoas; disponibilização de pontos de parada, estações e terminais acessíveis de transporte coletivo de passageiros e garantia de segurança no embarque e desembarque; acesso a informações e disponibilização de recursos de comunicação acessíveis; recebimento de restituição de imposto de renda; e tramitação processual e procedimentos judiciais e administrativos em que for parte ou interessada, em todos os atos e diligências.

13.1.2. Direitos da pessoa deficiente

Elencados no estatuto entre os arts. 10 a 52, encontramos a disciplina dos direitos fundamentais da pessoa com deficiência. São eles: direito à vida, direito à habilitação e à reabilitação, direito à saúde, direito à educação, direito à moradia, direito ao trabalho, direito à assistência social, direito à previdência social, direito à cultura, ao esporte, ao turismo e ao lazer, direito ao transporte e à mobilidade.

Cabe ao poder público e a toda sociedade garantir a vedação à discriminação ou ao preconceito, preservando a pessoa com deficiência. É garantido o atendimento prioritário e, em situações de risco, emergência ou estado de calamidade pública, a pessoa com deficiência será considerada vulnerável, devendo o poder público adotar medidas para sua proteção e segurança. A pessoa com deficiência não poderá ser obrigada a se submeter à intervenção clínica ou cirúrgica, a tratamento ou à institucionalização forçada. O consentimento da pessoa com deficiência em situação de curatela poderá ser suprido na forma da lei. Estabelece o art. 13 do estatuto que a pessoa com deficiência somente será atendida sem seu consentimento prévio, livre e esclarecido em casos de risco de morte e de emergência em saúde, resguardado seu superior interesse e adotadas as salvaguardas legais cabíveis.

A habilitação e a reabilitação envolve a capacitação de pessoa com deficiência para que possa exercer direitos com relativa autonomia e se integrar na comunidade. Nesse ponto, a lei fixa objetivo (desenvolvimento de potencialidades, talentos, habilidades e aptidões físicas, cognitivas, sensoriais, psicossociais, atitudinais, profissionais e artísticas que contribuam para a conquista da autonomia da pessoa com deficiência e de sua participação social em igualdade de condições e oportunidades com as demais pessoas), diretrizes (diagnóstico e intervenção precoces, adoção de medidas compensatórias, atuação permanente, integrada e articulada de políticas públicas, oferta de rede de serviços articulados e prestação de serviços próximos ao domicílio da pessoa com deficiência) e garantias (organização, serviços, métodos, técnicas e recursos, acessibilidade, tecnologias assistidas e capacitação continuada). Os serviços do SUS e do SUAS são responsáveis por informar as pessoas com deficiência sobre as políticas públicas disponíveis de habilitação e reabilitação (art. 17, Estatuto).

Como qualquer cidadão, as pessoas com deficiência têm o direito à atenção integral à saúde e podem procurar os serviços de saúde do Sistema Único de Saúde (SUS) quando necessitarem de orientações ou cuidados de saúde, incluindo serviços básicos como imunização, assistência médica e odontológica, serviços nas áreas da psicologia e psiquiatria, devendo os profissionais que prestam assistência à pessoa com deficiência, especialmente em serviços de habilitação e reabilitação, tem garantidas capacitação inicial e continuada.

O art. 208, III, da Constituição Federal de 1988, estabelece que o dever do Estado com a educação deve ser efetivado mediante a garantia de atendimento educacional especializado aos portadores de deficiência, preferencialmente na rede regular de ensino. De forma específica, o estatuto aborda o assunto nos arts. 27 a 30, assegurando um sistema educacional inclusivo em todos os níveis e aprendizado ao longo de toda a vida, de forma a alcançar o máximo desenvolvimento possível de seus talentos e habilidades físicas, sensoriais, intelectuais e sociais, segundo suas características, interesses e necessidades de aprendizagem. É dever do Estado, da família, da comunidade escolar e da sociedade assegurar educação de qualidade à pessoa com deficiência, colocando-a a salvo de toda forma de violência, negligência e discriminação. Na Lei Brasileira de Inclusão da Pessoa com Deficiência, regulamenta o art. 3º, inciso XIII: profissional de apoio escolar – pessoa que exerce atividades de alimentação, higiene e locomoção do estudante com deficiência e atua em todas as atividades escolares nas quais for necessária, em todos os níveis e modalidades de ensino, em instituições públicas e privadas, excluídas as técnicas ou os procedimentos identificados com profissões legalmente estabelecidas. É dever da instituição de ensino reconhecer a necessidade de um profissional de apoio escolar para garantir a plena participação do aluno em todas as atividades em igualdade de condições. A instituição deve providenciar este profissional, acionando a secretaria de educação à qual está vinculada. A presença desse profissional, portanto, está diretamente relacionada ao público-alvo da educação especial. Por isso, quando a criança com deficiência chega na escola, sua contratação muitas vezes é uma das primeiras preocupações de educadores e familiares. Mas é importante ponderar se sua presença é mesmo necessária. Não é porque o aluno tem uma deficiência que ele precisa do profissional. Ao contrário, há situações em que este pode até mesmo atrapalhar, atuando como barreira no processo de inclusão. A educação inclusiva parte do pressuposto de que somos todos únicos e que, por isso, o processo de inclusão de cada estudante também é singular. Assim, a necessidade de um profissional de apoio deve ser avaliada caso a caso, tendo em vista, de um lado, as características do aluno, e do outro, o objetivo do apoio: promover sua autonomia e independência. Nessa investigação, é importante envolver o próprio estudante, a família, os educadores e outros atores da comunidade escolar. A participação do professor do Atendimento Educacional Especializado (AEE) também pode ser de grande valia.

A pessoa com deficiência tem direito à moradia digna, no seio da família natural ou substituta, com seu cônjuge ou companheiro, ou desacompanhada, ou em moradia para a vida independente da pessoa com deficiência, ou, ainda, em residência inclusiva. O poder público adotará programas e ações estratégicas para apoiar a criação e a manutenção de moradia para a vida independente da pessoa com deficiência. A proteção integral na modalidade de residência inclusiva será prestada, no âmbito do SUAS, à pessoa com deficiência em situação de dependência que não disponha de condições de autossustentabilidade, com vínculos familiares fragilizados ou rompidos. Nos programas habitacionais, públicos ou subsidiados com recursos públicos, a pessoa com deficiência ou o seu responsável goza de prioridade na aquisição de imóvel para moradia própria, observado o seguinte: reserva de, no mínimo, 3% (três por cento) das unidades habitacionais para pessoa com deficiência; em caso de edificação multifamiliar, garantia de acessibilidade nas áreas de uso comum e nas unidades habitacionais no piso térreo e de acessibilidade ou de adaptação razoável nos demais pisos; disponibilização de equipamentos urbanos comunitários acessíveis; elaboração de especificações técnicas no projeto que permitam a instalação de elevadores. Nos programas habitacionais públicos, os critérios de financiamento devem ser compatíveis com os rendimentos da pessoa com deficiência ou de sua família. Caso não haja pessoa com deficiência interessada nas unidades habitacionais reservadas por força do disposto no inciso I do *caput* desse artigo, as unidades não utilizadas serão disponibilizadas às demais pessoas.

A Constituição Federal disciplina, quanto às regras trabalhistas, apenas a vedação à discriminação quanto ao salário e admissão no emprego da pessoa com deficiência (art. 7º, XXXI). O Estatuto das Pessoas com Deficiência prevê direitos e garantias no âmbito do trabalho, merecendo destaque: a pessoa com deficiência tem direito ao trabalho de sua livre escolha e aceitação, em ambiente acessível e inclusivo, em igualdade de oportunidades com as demais pessoas; a remuneração da pessoa com deficiência deve ser idêntica às das demais pessoas por trabalho de igual valor (art. 34, § 2º); as pessoas jurídicas de direito público, privado ou de qualquer natureza são obrigadas a garantir ambientes de trabalho acessíveis e inclusivos, sendo vedada a restrição ao trabalho da pessoa com deficiência e qualquer discriminação em razão de sua condição, inclusive nas etapas de recrutamento, permanência no emprego, ascensão profissional e reabilitação profissional (art. 34, §1º c/c § 3º); a pessoa com deficiência tem direito, ainda, à participação e ao acesso a cursos e treinamentos, planos de carreira e promoções, bonificações e incentivos profissionais oferecidos pelo empregador, em igualdade de oportunidades com os demais empregados (art. 34, § 4º); os serviços de habilitação profissional, de reabilitação profissional e de educação profissional devem ser dotados de recursos necessários para atender a toda pessoa com deficiência, independentemente de sua característica específica, a fim de que ela possa ser capacitada para trabalho que lhe seja adequado e ter perspectivas de obtê-lo, de conservá-lo e de nele progredir (art. 36, § 3º); o poder público deve fomentar o desenvolvimento científico, a pesquisa e a inovação e a capacitação tecnológicas, voltados à melhoria da qualidade de vida e ao trabalho da pessoa com deficiência e sua inclusão social (art. 77). Não somente no Estatuto da Pessoa com Deficiência se encontram os direitos e proteções. A legislação esparsa também prevê direitos que merecem ser destacados, como, por exemplo, a reserva de 2% (dois por cento) a 5% (cinco por cento) dos cargos em empresas com 100 (cem) ou mais empregados (art. 93, Lei n. 8.213/1991) e a reserva de até 20% (vinte por cento) das vagas em concurso público (art. 5º, § 2º, da Lei n. 8.112/1990). Ao mesmo tempo em que garante direitos às pessoas com deficiência no âmbito do trabalho, o sistema de proteção, acertadamente, prevê punições para aqueles que fomentam a discriminação sistêmica. É o que se depreende, por exemplo, do art. 8º do Estatuto das Pessoas com Deficiência, segundo o qual constitui crime punível com reclusão de 2 (dois) a 5 (cinco) anos e multa obstar inscrição em concurso público ou acesso de alguém a qualquer cargo ou emprego público, em razão de sua deficiência e negar ou obstar emprego, trabalho ou promoção à pessoa, também em razão de sua deficiência.

A Constituição Federal, ao tratar do tema "assistência social", estabelece, entre outros objetivos, a garantia de um salário-mínimo de benefício mensal à pessoa com deficiência que comprove não possuir meios de prover a própria manutenção ou de tê-la provida por sua família, outorgando à lei a disciplina específica (art. 203, V). Não é diferente a regra do art. 40, Estatuto. A pessoa com deficiência segurada do Regime Geral de Previdência Social (RGPS) tem direito à aposentadoria nos termos da Lei Complementar n. 142, de 08 de maio de 2013 (art. 41, Estatuto).

O Estado deve promover o acesso das pessoas com deficiência à cultura, às artes e às manifestações culturais. Isso significa que o acesso a museus, teatros, cinemas, eventos, shows, exposições e outras atividades culturais deve ser garantido às pessoas com deficiência, oferecendo espaços e serviços acessíveis e adaptados às suas necessidades. A lei estabelece que as pessoas com deficiência têm direito ao acesso ao esporte, ao turismo e ao lazer, em igualdade de condições com as demais pessoas. Para que isso seja possível, vale ressaltar mais uma vez que é necessário que sejam oferecidos espaços e atividades adaptados às necessidades das pessoas com deficiência, com a oferta de tecnologias assistivas que facilitem a acessibilidade e a inclusão.

Dispõe o art. 47, Estatuto: "Em todas as áreas de estacionamento aberto ao público, de uso público ou privado de uso coletivo e em vias públicas, devem ser reservadas vagas próximas aos acessos de circulação de pedestres, devidamente sinalizadas, para veículos que transportem pessoa com deficiência com comprometimento de mobilidade, desde que devidamente identificados. § 1ºAs vagas a que se refere o *caput* deste artigo devem equivaler a 2% (dois por cento) do total, garantida, no mínimo, 1 (uma) vaga devidamente sinalizada e com as especificações de desenho e traçado de acordo com as normas técnicas vigentes de acessibilidade. § 2º Os veículos estacionados nas vagas reservadas devem exibir, em local de ampla visibilidade, a credencial de beneficiário, a ser confeccionada e fornecida pelos órgãos de trânsito, que disciplinarão suas características e condições de uso. § 3º A utilização indevida das vagas de que trata este artigo sujeita os infratores. § 4º A credencial a que se refere o § 2º deste artigo é vinculada à pessoa com deficiência que possui comprometimento de mobilidade e é válida em todo o território nacional".

A acessibilidade no transporte coletivo abrange o terrestre, aquaviário e aéreo. Devem dispor de sistema de comunicação acessível, com informações sobre o itinerário. Exige-se prioridade e segurança no embarque e desembarque da pessoa com deficiência. Os veículos de táxi devem ser, pelo menos, 10% (dez por cento) acessíveis para atendimento à pessoa com deficiência. Veda-se a cobrança de tarifa adicional pela oferta de táxi acessível. O Poder Público poderá instituir incentivos fiscais para possibilitar a acessibilidade. As empresas locadoras de veículos são obrigadas a fornecer 1(um) veículo adaptado a cada 20 (vinte) disponíveis (art. 52, Estatuto).

13.1.3. Deficiência e capacidade civil

Conforme já relatado no estatuto, o deficiente passou a ser considerado pessoa capaz para prática dos atos da vida civil. O conteúdo do art. 3º do Código Civil atualmente considera como absolutamente incapazes apenas as pessoas com menos de 16 (dezesseis) anos (arts. 6º e 84). Ainda mencionamos que a curatela deve ser aplicada de forma extraordinária e excepcional. A questão que levantamos, em que pese toda a preocupação do legislador em se estabelecer inclusão social e respeito à dignidade da pessoa humana e à igualdade, é: essa nova diretriz realmente gera proteção ao deficiente?

Não podemos negar que o legislador estabeleceu literalmente uma inversão de concepção, pois antes a ideia era partir da presunção de capacidade civil ao atingir os 18 (dezoito) anos. Nos artigos iniciais da legislação civil, estava elencado o rol dos absolutamente incapazes e dos relativamente incapazes, estabelecendo a nulidade dos atos praticados pelos absolutamente incapazes, até porque quem deveria praticar o ato era o representante e a anulação dos atos praticados pelos relativamente incapazes sem a participação do assistente.

Na atual concepção do estatuto, as pessoas com deficiência são consideradas capazes para a prática dos atos da vida, devendo a curatela e o instituto "tomada de decisão apoiada" serem aplicados de forma excepcional como instrumentos de proteção. Com a Lei de Inclusão, existe a preocupação com o respeito e o resguardo da cidadania.

Em razão de nova concepção, até para se evitar ausência de proteção, cumpre ao magistrado (sempre ouvindo equipe multidisciplinar, com apoio em laudo pericial e oitiva do Ministério Público) estabelecer os contornos e limites de aplicação da curatela, no caso concreto, respeitando os direitos da pessoa com deficiência, mas não deixando de estabelecer alguma limitação à prática do ato da vida civil sempre que for necessária a proteção da pessoa com deficiência. Lembramos que, até esse pronunciamento do Poder Judiciário, os atos praticados por pessoa com deficiência serão considerados válidos, salvo a demonstração de qualquer vício da manifestação, segundo a teoria da validade dos negócios jurídicos. Aqui, residem as principais críticas e inconformismo de parte da doutrina ainda presa à teoria das incapacidades e aplicação da interdição como forma de restringir direitos e se estabelecer privação da prática dos atos da vida civil.

Sobre o assunto, citamos dois exemplos do professor José Simão: "... sendo o deficiente, o enfermo ou excepcional pessoa plenamente capaz, terá uma outra desvantagem em termos jurídicos: a prescrição e a decadência correrão contra ele. Atualmente, por força dos arts. 198, I e 208 do CC, a prescrição e a decadência não correm contra os absolutamente incapazes. Isso significa que quando o absolutamente incapaz é credor não terá a desvantagem de ver suas pretensões prescritas. Assim, se um menor com 10 anos de idade é credor de aluguel, a prescrição fica impedida de correr até que ele complete 16 anos. O tempo decorrido não prejudica o absolutamente incapaz, mas apenas o favorece. Assim, se o mesmo menor for devedor, o prazo prescricional transcorre normalmente, pois isso o beneficia. Como, com o Estatuto, os deficientes e excepcionais são capazes, a prescrição correrá contra eles, prejudicando-os, portanto. Trouxe, nesse aspecto, o Estatuto alguma vantagem aos deficientes? A mim, parece que nenhuma... Sendo o deficiente, o enfermo ou excepcional pessoa plenamente capaz, poderá celebrar negócios jurídicos sem qualquer restrição, pois não se aplicam as invalidades previstas nos arts. 166, I e 171, I do CC. Isso significa que hoje, se alguém com deficiência leve, mas com déficit cognitivo, e considerado relativamente incapaz por sentença, assinar um contrato que lhe é desvantajoso (curso por correspondência de inglês ofertado na porta do metrô) esse contrato é anulável, pois não foi o incapaz assistido. Com a vigência do Estatuto esse contrato passa a ser, em tese, válido, pois celebrado por pessoa capaz. Para sua anulação, necessária será a prova dos vícios do consentimento (erro ou dolo) o que por exigirá prova de maior complexidade e as dificuldades desta ação são enormes. Trouxe, nesse aspecto, o Estatuto alguma vantagem aos deficientes? A mim, parece que nenhuma, pois deixou o deficiente a mercê de pessoas sem escrúpulos e com maior dificuldade para invalidar negócios jurídicos... Sendo o deficiente, o enfermo ou excepcional pessoa plenamente capaz, terá uma outra desvantagem em termos jurídicos: passará a responder com seus próprios bens pelos danos que causar a terceiros, afastando-se a responsabilidade subsidiária criada atualmente pelo art. 928 do CC. Pela sistemática do Código Civil, quem responde precipuamente pelos danos causados pelos incapazes são seus representantes legais (pais, tutores e curadores). Imaginemos uma pessoa que, por problemas psicológicos, tem perda ou séria redução de discernimento e, tendo acessos de fúria, gera graves danos a terceiros. Tal pessoa, sendo interditada por força da doença será cuidada por seu curador. Se causar danos, o patrimônio do curador responderá. O incapaz só responde subsidiariamente. Com o Estatuto, a responsabilidade será exclusiva da pessoa que causou o dano (SIMÃO, 2015, p. 4-5).

Sobre a prescrição e decadência (arts. 198, I e 208, CC), defendemos a mudança legislativa e adaptação da redação original do Código Civil à atual concepção do Estatuto da Pessoa com Deficiência. Quanto à questão da manifestação de vontade, entendemos que a aplicação correta da prática dos institutos da curatela e da decisão apoiada podem proteger a pessoa com deficiência e, na última hipótese, aplicação da teoria da existência/inexistência do negócio jurídico defendida pelo professor Zeno Veloso: "... Na falta de uma intervenção corretiva do legislador (que sempre é tardonha), minha primeira impressão sobre a questão que estou apresentando, é de que, para evitar graves distorções e evidentes injustiças, temos de invocar a teoria da inexistência, e privar de qualquer efeito negócios jurídicos cuja vontade foi extorquida e nem mesmo manifestada conscientemente. Para ser nulo ou anulável, é preciso que o negócio jurídico exista. A inexistência é uma categoria jurídica autônoma. Como adverte o doutíssimo Pontes de Miranda, o problema de ser ou não ser, no direito como em todos os ramos do conhecimento, é o problema liminar (Tratado de Direito Privado, tomo 4, § 358). A inexistência não é um *tertim genus*, ao lado da anulabilidade e da nulidade. O plano da inexistência não é o da validade, mas o da existência dos negócios jurídicos. Sem que tenha havido manifestação de vontade, o negócio não apresenta um requisito essencial, inafastável para que tivesse ingresso no mundo jurídico. Era o *nec ullus* do direito romano clássico. Não é nem que seja ruim ou péssimo o que se apresenta; é nada, nenhum. O negócio inexistente não produz quaisquer efeitos — nem parciais, secundários —, não se lhes aplicando as figuras da redução e da conversão. Já desenvolvi o tema em meu livro *Invalidade do Negócio Jurídico — nulidade e anulabilidade* (2. ed., 2005, Del Rey, Belo Horizonte, n. 23, p. 133), e disse, ali, que negócio inexistente é aquele em que falta elemento material, um requisito orgânico para a sua própria constituição. Há déficit de elemento fundamental para a formação do negócio. Não se trata de ele ter nascido com má formação; trata-se de ele não se ter formado. Na inexistência — apesar da aparência material — o que falta é um elemento vital, o próprio requisito essencial (objeto, forma, consentimento) para a configuração do negócio..." (VELOSO, 2016, p. 4). Por último, a responsabilidade do curador somente irá existir, primeiro após nomeação em ação de curatela, e depois para existir o dever de indenizar por parte do curador. Conforme já estudamos, é necessária a demonstração dos pressupostos da responsabilidade extracontratual subjetiva.

13.2. Estatuto da Pessoa Idosa — Lei n. 10.741/2003

13.2.1. Finalidade do estatuto

O Estatuto da Pessoa Idosa é destinado a regular os direitos assegurados às pessoas com idade igual ou superior a 60 (sessenta) anos. Dentre os idosos, é assegurada prioridade especial aos maiores de oitenta anos, atendendo suas necessidades, preferencialmente, em relação aos demais idosos. Cumpre mencionar que a Lei n. 14.443/2022 alterou as expressões "idosa" e "idoso" por "pessoa idosa", estabelecendo uma expressão mais inclusiva e indicando que ser ou não ser idosa é apenas mais uma das muitas características por ela apresentada, não sendo a sua definição, ou seja, a expressão deixa latente o intuito de se evitar o preconceito simplesmente pela idade da pessoa.

Referida legislação visa regulamentar as diretrizes gerais estabelecidas pelo legislador constitucional, com destaque para o disposto no art. 3º, IV ("Constituem objetivos fundamentais da República Federativa do Brasil: IV – promover o bem de todos, sem preconceitos de origem, raça, sexo, cor, idade e quaisquer outras formas de discriminação"), art. 203, V ("A assistência social será prestada a quem dela necessitar, independentemente de contribuição à seguridade social, e tem por objetivos: V – a garantia de um salário mínimo de benefício mensal à pessoa portadora de deficiência e ao idoso que comprovem não possuir meios de prover à própria manutenção ou de tê-la provida por sua família, conforme dispuser a lei") e art. 230 ("A família, a sociedade e o Estado têm o dever de amparar as pessoas idosas, assegurando sua participação na comunidade, defendendo sua dignidade e bem-estar e garantindo-lhes o direito à vida. Parágrafo Primeiro. Os programas de amparo aos idosos serão executados preferencialmente em seus lares. Parágrafo Segundo. Aos maiores de sessenta e cinco anos é garantida a gratuidade dos transportes coletivos").

Composto de 118 (cento e dezoito) artigos, o Estatuto da Pessoa Idosa é dividido em 7 (sete) Títulos: Título I (Disposições preliminares – arts. 1º – 7º); Título II (Dos direitos fundamentais, arts. 8º a 42); Título III (Das medidas de proteção – arts. 43 a 45); Título IV (Da política de atendimento ao idoso – arts. 46 a 68); Título V – (Do acesso à justiça – arts. 69 a 92); Título VI (Dos crimes – arts. 93 a 108) e Título VII (Disposições finais e transitórias – arts. 109 a 118).

Reza o art. 3º do estatuto: "É obrigação da família, da comunidade, da sociedade e do Poder Público assegurar ao idoso, com absoluta prioridade, a efetivação do direito à vida, à saúde, à alimentação, à educação, à cultura, ao esporte, ao lazer, ao trabalho, à cidadania, à liberdade, à dignidade, ao respeito e à convivência familiar e comunitária". A garantia de prioridade compreende: atendimento preferencial imediato e individualizado junto aos órgãos públicos e privados prestadores de serviços à população; preferência na execução e formulação de políticas sociais públicas específicas; destinação privilegiada de recursos públicos nas áreas relacionadas à proteção ao idoso; viabilização de formas alternativas de participação e ocupação e convívio do idoso com as demais gerações; priorização do atendimento ao idoso por sua própria família, em detrimento do atendimento asilar, exceto dos que não a possuam ou careçam de condições de manutenção da própria sobrevivência; capacitação e reciclagem dos recursos humanos nas áreas de geriatria e gerontologia e na prestação de serviços aos idosos; estabelecimentos de mecanismos que favoreçam a divulgação de informações de caráter educativo sobre os aspectos biopsicossociais de envelhecimento; garantia de acesso à rede de serviços de saúde e de assistência social locais e prioridade no recebimento da restituição do imposto de renda.

13.2.2. Direitos da pessoa idosa

Segundo o IBGE, em 2023, os idosos no nosso país correspondem a 15,1% da população. Tais números demonstram que estamos vivendo mais. A população idosa apresentou expressivo crescimento no território brasileiro durante as últimas décadas, o que foi causado por melhorias no setor da saúde, aumento da expectativa de vida, diminuição da mortalidade e queda da natalidade. Com a manutenção da tendência atual de crescimento, estima-se que os idosos serão quase 30% (trinta por cento) da população do Brasil até o ano de 2050. Isso impõe ao Estado desafios na área da previdência, saúde, segurança, educação e tantos outros, a fim de que a maior expectativa de vida deva ser sinônimo de alegria para toda a sociedade. Todas as pessoas devem proteger a dignidade da pessoa idosa. Por essa razão, a legislação garante que nenhuma pessoa idosa pode sofrer qualquer tipo de negligência, discriminação, violência, crueldade ou opressão, sendo que qualquer descumprimento aos direitos da pessoa idosa será punido nos termos da lei.

Ainda sobre as estatísticas, a população idosa brasileira é composta majoritariamente por mulheres (55%). Pouco mais da metade dos idosos brasileiros tem renda de até dois salários-mínimos, sendo significativa a parcela de pessoas com 60 (sessenta) anos ou mais que está inserida no mercado de trabalho. Quase 80% (oitenta por cento) da população idosa do Brasil faz uso do Sistema Único de Saúde (SUS). As regiões Sudeste e Sul concentram a maior parcela da população idosa brasileira.

Passamos aos comentários dos principais direitos da pessoa idosa:

a) Direito à vida: o envelhecimento é um direito personalíssimo e a sua proteção, um direito social. É obrigação do Estado garantir à pessoa idosa a vida e a saúde, mediante efetivação de políticas sociais públicas que permitam um envelhecimento saudável e com condições de dignidade.

b) Direito à liberdade, ao respeito e à dignidade: o direito à liberdade da pessoa idosa compreende os seguintes aspectos: faculdade de ir, vir e estar nos logradouros públicos e espaços comunitários, ressalvadas as restrições legais; opinião e expressão; crença e culto religioso; a prática de esportes e diversões; participação na vida familiar e comunitária; participação na vida política, na forma da lei. O art. 14, II, "*b*", Constituição Federal de 1988 estabelece como facultativo o voto das pessoas maiores de 70 (setenta) anos; faculdade de buscar refúgio, auxílio e orientação.

c) Direito à saúde: a pessoa idosa tem preferência no atendimento médico junto ao SUS. Segundo estabelece o art. 15, parágrafo segundo do estatuto, cabe ao poder público fornecer à pessoa idosa, gratuitamente, medicamentos, especialmente os de uso continuado, assim como próteses, órteses e outros recursos relativos ao tratamento, habilitação ou reabilitação. Também é assegurado à pessoa idosa internada ou em observação o direito a acompanhante, devendo o órgão de saúde proporcionar as condições adequadas para sua permanência em tempo integral, segundo o critério médico.

Sobre o plano de saúde, determina a Agência Nacional de Saúde (ANS), segundo a lei que regulamenta esse assunto, que não pode ser impedida a contratação de plano de saúde em razão de idade ou da pessoa portadora de patologia ou deficiência. Isso pode resultar em multa à operadora. Todavia, na prática, é frequente a criação de entraves na contratação e na portabilidade, o que acaba em ações no Judiciário. Há operadoras que nem emitem proposta para pessoas acima de 65 anos, nem têm tabela de preço para essa faixa. Quando o assunto é portabilidade, às vezes sequer respondem ou fazem uma série de pedidos para dificultar. Quando é empresarial, a recusa vem com mensagem evasiva de que não há interesse comercial, mas é claro que é pela idade. Assim, como em outras oportunidades, ocorrem reajustes exagerados e desproporcionais como forma de ser evitar a continuidade do pagamento do plano de saúde. Também nessas situações, cabe à pessoa idosa buscar proteção junto ao Poder Judiciário, bem como atuação ativa do Procon e do representante do Ministério Público, como forma de se cumprir o Estatuto da Pessoa Idosa e garantir o direito à saúde.

a) Direito à educação, cultura, esporte e lazer: caberá ao poder público garantir o acesso da pessoa idosa à educação, adequando currículos, metodologias e material didático. Nos currículos mínimos dos diversos níveis de ensino formal, serão inseridos conteúdos voltados ao processo de envelhecimento, ao respeito e à valorização do idoso de forma a eliminar e a produzir conhecimentos sobre a matéria. A participação da pessoa idosa em atividades culturais e de lazer será proporcionada mediante descontos de, no mínimo, 50% (cinquenta por cento) nos ingressos dos eventos artísticos, culturais, esportivos e de lazer, bem como acesso preferencial aos respectivos locais. Ainda dispõe o art. 25 do estatuto: "As instituições de educação superior ofertarão às pessoas idosas, na perspectiva da educação ao longo da vida, cursos e programas de extensão, presenciais ou a distância, constituídos por atividades formais e não formais.

b) Direito à profissionalização e ao trabalho: a pessoa idosa tem direito ao exercício da atividade profissional, respeitadas suas condições físicas, intelectuais e psíquicas. Na admissão em qualquer trabalho ou emprego, é vedada a discriminação e a fixação de limite máximo de idade, inclusive para concursos, ressalvados os casos em que a natureza do cargo o exigir. A lei estabelece, ainda, que o primeiro critério de desempate em concurso público será a idade, dando-se preferência ao de idade mais elevada. O estatuto também determina que o poder público criará e estimulará programas de: (1) profissionalização especializada para os idosos, aproveitando seus potenciais e habilidades para atividades regulares e remuneradas; (2) preparação dos trabalhadores para a aposentadoria, com antecedência mínima de 1 (um) ano por meio de estímulo a novos projetos sociais, conforme seus interesses, e de esclarecimento sobre os direitos sociais e de cidadania; e (3) estímulo às empresas privadas para admissão de idoso ao trabalho.

c) Direito à previdência social e assistência social: O Estatuto da Pessoa Idosa, art. 29, determina que os benefícios de aposentadoria e pensão do regime da previdência social observarão, na concessão, critérios de cálculo que preservem o valor real dos salários sobre os quais incidiu a contribuição, nos termos da legislação vigente. Os valores dos benefícios em manutenção serão reajustados na mesma data de reajuste do salário-mínimo, *pro rata*, de acordo com suas respectivas datas de início ou do seu último reajustamento, com base em percentual definido em regulamento, observados os critérios estabelecidos pela Lei n. 8.213, de 24 de julho de 1991.

Aos idosos, a partir de 65 (sessenta e cinco) anos, que não possuam meios para prover sua subsistência, nem de tê-la provida por sua família, é assegurado o benefício mensal de 1 (um) salário-mínimo, nos termos da Lei Orgânica da Assistência Social — LOAS.

a) Direito à habitação: a pessoa idosa tem direito à moradia digna, no seio da família natural ou substituta, ou desacompanhado de seus familiares, quando assim o desejar, ou, ainda, em instituição pública ou privada. Nos programas habitacionais, públicos ou subsidiados com recursos públicos, a pessoa idosa goza de prioridade na aquisição de imóvel para moradia própria, observado o seguinte: reserva de pelo menos 3% (três por cento) das unidades habitacionais residenciais para atendimento às pessoas idosas, devendo situar-se, preferencialmente, no pavimento térreo. Sobre a isenção do IPTU, é necessária a análise da legislação municipal e os requisitos exigidos para concessão da isenção que, pode ser integral ou parcial.

b) Direito ao transporte: direito à gratuidade no transporte público é garantido na Constituição Federal (art. 230, § 2º) e no Estatuto do Idoso (Lei n. 10.741/2003, art. 39). O estatuto assegura o livre acesso de pessoas com mais de 65 (sessenta e cinco) anos nos transportes coletivos públicos urbanos e semiurbanos. No caso das pessoas entre 60 e 65 anos, o direito depende da legislação local (município ou estado). No transporte interestadual, deve ser observada a reserva de 2 (duas) vagas gratuitas por veículos para pessoa idosa com renda igual ou inferior a 2 (dois) salários-mínimos e desconto de 50% (cinquenta por cento), no mínimo, no valor das passagens, para as pessoas idosas que excederem as vagas gratuitas, com renda igual ou inferior a 2 (dois) salários-mínimos. Também são asseguradas a prioridade e segurança da pessoa idosa nos procedimentos de embarque e desembarque nos veículos do sistema de transporte coletivo.

Estabelece o art. 41, do estatuto: "É assegurada a reserva, para os idosos, nos termos da lei local, de 5% (cinco por cento) das vagas nos estacionamentos públicos e privados, as quais deverão ser posicionadas de forma a garantir a melhor comodidade ao idoso".

a) Direito à tramitação dos processos: reza o art. 71, do estatuto: "É assegurada prioridade na tramitação dos processos e procedimentos e na execução dos atos e diligências judiciais em que figure como parte ou interveniente pessoa com idade igual ou superior a 60 (sessenta) anos, em qualquer instância. Parágrafo segundo. A prioridade não cessará com a morte do beneficiado, estendendo-se em favor do cônjuge supérstite, companheiro ou companheira, com união estável, maior de 60 (sessenta) anos". Seguindo a mesma diretriz, o art. 1.048, CPC, consagra a prioridade de tramitação, em qualquer juízo ou tribunal dos procedimentos judiciais, em que figure como parte ou interessado, pessoa com idade igual ou superior a 60 (sessenta) anos, Cabendo ao poder público criar varas especializadas e exclusivas para a pessoa idosa.

13.2.3. Tutela e curatela

Com fundamento nos arts. 1.736, II, CC, que estabelece hipótese de escusa, e art. 1.774, CC, com aplicação por analogia às regras da tutela para o instituto "curatela" é assegurado à pessoa idosa o direito de escusar-se do exercício da tutela e da curatela.

A pessoa idosa com mais de 60 (sessenta) anos pode declinar da nomeação e, se estiver exercendo a tutela/curatela, apresentar escusa como forma de cessação do exercício da tutela/curatela.

13.2.4. Direito de casar e escolha do regime de bens da pessoa idosa

A pessoa idosa pode se casar e constituir qualquer entidade familiar como forma de consagração da autonomia da vontade e respeito aos princípios da dignidade da pessoa humana, igualdade e liberdade. Ninguém pode ser discriminado em função do seu sexo ou da sua idade.

A discussão reside no fato do Código Civil estabelecer a imposição do regime da separação obrigatória para o maior de 70 (setenta) anos (art. 1.641, CC). O STF reconheceu a inconstitucionalidade desse dispositivo da legislação civil, destacando que a maioria dos doutrinadores, além de serem contrários à permanência do regime da separação legal dentro do Código Civil, também pregam a inconstitucionalidade dessa regra do Código Civil, que estabelece incapacidade para a pessoa idosa, tendo como argumento exclusivo o fator idade com severa limitação à autonomia da vontade e liberdade patrimonial.

Com base nos princípios constitucionais, podemos afirmar que o art. 1.641, II, CC é inconstitucional com total afronta à autonomia da vontade e consagração da discriminação e o preconceito. Ainda lembramos que uma pessoa com mais de 70 (setenta) anos, não estando subordinada ao instituto "curatela", pode praticar qualquer ato da vida civil de forma independente e autônoma (celebrar contratos, elaborar testamento, constituir entidade familiar, etc.). Todavia, na concepção do legislador civilista, não tem liberdade para a escolha do regime de bens. Seguindo esse entendimento, citamos: "... Não compete ao Código Civil brasileiro constitucionalizado cunhar o odioso preconceito pelo decurso do tempo, passando a presumir a senilidade das pessoas a partir dos setenta anos de idade, e, com isto, gerando no próprio núcleo familiar a nefasta discriminação de quem procura com o casamento ou com a reconstituição conjugal o nato direito à felicidade pessoal e representa ofensa ao princípio da dignidade da pessoa humana, além do fato de seguir hígida a incidência e aplicação da Súmula n. 377 do STF, agora sob um novo viés, porquanto o Superior Tribunal de Justiça tem exigido a comprovação do esforço comum para a aquisição dos bens. Causa o Estado Democrático de Direito dano irreparável à cidadania do idoso ao constrangê-lo com a restrição de seus direitos; ao monitorar e desconsiderar sua vontade na suposição de sua proteção, e acreditar estar defendendo o seu patrimônio, sem perceber que fere o mais precioso atributo humano depois da vida, representado pelo respeito constitucional à dignidade da pessoa humana, sem limite em razão da idade. A eventual vulnerabilidade do septuagenário deve ser real e não imaginária, como acontece com a nulidade do testamento de pessoa declarada incapaz, cuja restrição da liberdade fica condicionada à prova de sua incapacidade mental, estando efetivamente comprovado o comprometimento mental do livre e espontâneo querer do testador, maculado por um dos vícios de vontade, mesmo porque, se bem vista, a velhice por si só também não é causa de incapacidade civil, devendo ser apurada a integridade da mente e não a saúde do corpo. Não protege o Código Civil a dignidade do homem quando lhe restringe o direito de eleger livremente o seu regime de bens, pois se o considera incapaz a prior, só pela idade, melhor seria, então, impedir o casamento, uma vez que isto seria mais coerente com a antiga presunção de incapacidade que também desapareceu com o Estatuto da Pessoa com Deficiência (Lei n. 13.146/2015) ..." (MADALENO, 2021. p. 73-75).

13.2.5. Abandono afetivo

> "... Como o avançar da idade gera a necessidade de mais cuidados e maior atenção, muitas vezes os idosos passam a ser considerados um estorvo. Os familiares têm suas próprias famílias, precisam trabalhar e, no mais das vezes, não tem mais nem tempo e nem paciência para cuidar de quem os cuidou durante toda uma vida. A terceirização de tais encargos- quer com contratação de pessoas nem sempre qualificadas ou a remoção para as chamadas casas de repouso — acaba relegando o idoso ao esquecimento. Filhos, netos e demais parentes deixam de visitá-lo, principalmente quando a comunicação entre eles é dificultada pelas limitações próprias da idade. E a falta de afeto e estímulo só debilita ainda mais quem se tornou frágil e carente com o avanço dos anos. Flagrada essa realidade, há que se reconhecer a ocorrência de abandono afetivo, de nefastas consequências já admitidas pela justiça, quando a omissão diz com crianças e adolescentes. Quando se trata de pessoa idosa, chama-se de abandono afetivo inverso: o inadimplemento dos deveres de cuidado e afeto dos descendentes para com os ascendentes, conforme impõe a Constituição Federal em seu art. 229. Afinal, os idosos também sofrem com a falta de convivência com os seus afetos, como reconhece enunciado do IBDFAM (Enunciado 10: 'É cabível o reconhecimento do abandono afetivo em relação aos ascendentes idosos'). Esta é a posição de Álvaro Villaça Azevedo: O descaso entre pais e filhos é algo que merece punição, é abandono moral grave, que precisa merecer severa atuação do Poder Judiciário, para que se reserve não o amor ou a obrigação de amar, o que seria impossível, mas a responsabilidade diante do descumprimento do dever de cuidar, que causa o trauma mora da rejeição e da indiferença" (DIAS, 2021, p. 684-685).

Com fundamento nos arts. 5º, V ("é assegurado o direito de resposta, proporcional ao agravo, além da indenização por dano material, moral ou à imagem") e X ("são invioláveis a intimidade, a vida privada, a honra e a imagem das pessoas, assegurada a indenização pelo dano material ou moral decorrente da sua violação") e 229, CF/88 ("os pais têm o dever de assistir, criar e educar os filhos menores e os filhos maiores têm o dever de ajudar e amparar os pais na velhice, carência e enfermidade") c/c art. 186, CC ("aquele que, por ação ou omissão voluntária, negligência ou imprudência, violar direito e causar dano a outrem, ainda que exclusivamente moral, comete ato ilícito") e art. 927, CC ("aquele que, por ato ilícito (arts. 186 e 187), causar dano a outrem, fica obrigado a repará-lo") c/c art. 4º, Estatuto da Pessoa Idosa ("nenhum idoso será objeto de qualquer tipo de negligência, discriminação, violência, crueldade ou opressão, e todo atentado aos seus direitos, por ação ou omissão será punido na forma da lei") afirmamos que o abandono afetivo da pessoa idosa gera a possibilidade da ação de perdas e danos, com a possibilidade de condenação ao pagamento de dano moral. Para a efetiva procedência dos pedidos elaborados pelo autor da ação, é necessária a demonstração de todos os requisitos da responsabilidade civil extracontratual subjetiva (ação ou omissão; dano; nexo causal e dolo ou culpa).

13.2.6. Alimentos

Dispõe o art. 11, do estatuto, "os alimentos serão prestados aos idosos na forma da lei civil". Essa regra traz para o contexto da obrigação alimentar para a pessoa idosa a necessidade do preenchimento de todo dever alimentar: necessidade + capacidade em cumprimento do princípio da proporcionalidade.

Não tendo a pessoa idosa condições de garantir a própria subsistência, poderá acionar os familiares, segundo a reciprocidade estabelecida no art. 1.696, CC ("O direito à prestação de alimentos é recíproco entre pais e filhos, e extensivo a todos os ascendentes, recaindo a obrigação nos mais próximos em grau, uns em falta de outros") e art. 1.697, CC ("Na falta dos ascendentes, cabe a obrigação aos descendentes, guardada a ordem de sucessão e, faltando estes, aos irmãos, assim germanos ou unilaterais"). Não existindo nenhum familiar em condições de arcar com a obrigação alimentar, caberá o poder público o dever de amparo, estabelecendo o valor de alimentos para a pessoa idosa com mais de 65 (sessenta e cinco) anos, correspondente a 1 (um) salário-mínimo (art. 203, V, CF/88 c/c art. 34, Estatuto da Pessoa Idosa).

A obrigação alimentar é solidária e conjunta, podendo a pessoa idosa escolher contra qual filho irá propor a ação, ressaltando que vem prevalecendo, na doutrina e jurisprudência, a inadmissibilidade do chamamento ao processo e não aplicação do disposto no art. 1.698, CC e art. 130, III, CPC. Em nome da celeridade processual e seguindo o conteúdo das obrigações solidárias, o filho acionado terá direito de regresso contra os demais filhos através de ação autônoma, sendo que referido reembolso está condicionado à possibilidade de cada um dos devedores solidários.

As transações relativas a alimentos, figurando no polo ativo/passivo da pessoa idosa, poderão ser celebradas perante o Ministério Público, defensor público, Advocacia Pública, pelos advogados dos transatores ou por conciliador ou mediador credenciado pelo tribunal, e terão efeito de título executivo extrajudicial nos termos da lei processual civil.

É importante não esquecer de mencionar a reciprocidade, característica essencial da obrigação alimentar. É dever dos pais garantir o sustento e subsistência dos filhos menores, bem com é obrigação dos filhos ampararem os pais na velhice (art. 229, CF/88).

13.2.7. Ministério Público e o Estatuto da Pessoa Idosa

O representante do Ministério Público, nos processos e procedimentos em que não for parte, atuará obrigatoriamente na defesa dos interesses da pessoa idosa, zelando pelo respeito aos direitos fundamentais elencado no estatuto. Caberá ao Ministério Público vista dos autos depois das partes, podendo juntar documentos, requerer diligências, produção de provas, emitir parecer, bem como a interposição de recursos.

A ausência de intervenção do Ministério Público acarreta a nulidade do processo que será declarada de ofício pelo juiz ou a requerimento de qualquer interessado.

Dentre as várias atribuições de competência do Ministério Público elencadas no art. 74, do estatuto, mencionamos: instaurar inquérito civil e ação civil pública para a proteção dos direitos e interesses difusos ou coletivos, individuais indisponíveis e individuais homogêneos da pessoa idosa; promover e acompanhar as ações de alimentos; acompanhar a ação de curatela; atuar em todos os feitos que se discutam os direitos dos idosos em condições de risco; referendar transações envolvendo interesses e direitos de pessoa idosa; instaurar sindicâncias, requisitar diligências investigatórias e instaurar inquérito policial para a apuração de ilícitos ou infrações às normas de proteção à pessoa idosa.

Por último, o Estatuto da Pessoa Idosa, na disciplina dos crimes tipificados nos arts. 96 a 108, exclui a aplicação dos arts. 181 e 182 do Código Penal (estão previstas as imunidades penais, de caráter pessoal, que se relacionam aos crimes contra o patrimônio) e define todos os ilícitos penais previstos nessa legislação como crimes de ação penal pública incondicionada, sendo o Ministério Público o titular das referidas ações penais.

Capítulo 14

Resolução de Questões do Exame de Ordem

Enunciado 1: Desde os 2 (dois) anos, Tália não tem qualquer contato com seus pais biológicos e vem sendo cuidada pelos seus tios, Lúcio e Raquel, que possuem a sua guarda judicial. Atualmente, Tália tem 12 (doze) anos e, como sempre foi tratada como filha do casal, foram constituídos fortes vínculos afetivos. Diante dessa situação já consolidada, Lúcio e Raquel, em conformidade com o desejo de Tália, desejam regularizar a relação de filiação de forma definitiva, inclusive para que, na certidão de nascimento de Tália, sejam excluídos os nomes dos genitores para incluir seus nomes como pais da infante. Considerando que os pais biológicos de Tália já manifestaram que estão de acordo com a intenção manifestada por Lúcio, Raquel e Tália, responda aos itens a seguir.

A) Indique as providências jurídicas necessárias para a regularização da relação de filiação de forma definitiva, como pretendido por Lúcio, Raquel e Tália, inclusive para exclusão dos nomes dos pais biológicos e inclusão dos nomes de Lúcio e Raquel, como pais de Tália, em sua certidão de nascimento. Justifique. (Valor: 0,65)

B) Onde deve ser ajuizada a ação judicial? Justifique. (Valor: 0,60)

Gabarito comentado pela OAB

A) A adoção é a medida necessária para a regularização definitiva da relação de filiação, nos termos do art. 50, § 13, inciso II, do ECA, sendo necessária a prévia destituição do poder familiar dos genitores de Tália, com base no art. 1.635, inciso IV, do Código Civil.

B) A ação deve ser ajuizada no juízo do local onde os responsáveis, que já detêm a guarda, têm o seu domicílio, de acordo com o art. 147, inciso I, do ECA.

39º Exame de ordem unificado – Prova prático-profissional – Área: Direito Civil

Enunciado 2: Carlos e Joana, pais da criança Paula, estão dissolvendo sua união estável, ainda sem judicialização, detendo Joana a guarda de fato de Paula, enquanto não regularizados os regimes de visitação ou compartilhamento da guarda. Por razões profissionais, Carlos mudou-se para o município contíguo ao da residência de Joana e Paula. Ocorre que Carlos, estando insatisfeito com algumas decisões de Joana sobre a vida da criança, e não mais conseguindo ajustar amistosamente tais questões, precipitou o ajuizamento de processo para regulamentação da guarda e pensionamento, no juízo da comarca em que está residindo. Joana procura você, como advogado(a), para representá-la, reclamando de ter que se defender em outra cidade. Com base no enunciado acima, sobre a questão da competência, assinale a orientação que você, corretamente, daria à Joana.

A) O juízo da residência de Carlos é tão competente quanto o da residência de Joana, eis que apenas quando da definição da guarda — que é o que se está pretendendo — a competência passa a ser do foro do guardião judicialmente definido.

B) A competência para esse processo de regulamentação de guarda e pensão incumbe ao juízo da comarca de residência de Paula, e não de Carlos, pois a guarda de fato já basta para tal fixação.

C) A competência será sempre definida em razão daquele que primeiro postular judicialmente a regulamentação da guarda.

D) A guarda é irrelevante para fins de determinação da competência, devendo ser processado o feito em razão do melhor interesse da criança, seja qual for o foro inicialmente escolhido.

Questão 43 – 39º Exame da OAB – **Gabarito: alternativa letra "b"**

Comentários: O art. 53, CPC estabelece como foro competente: II – de domicílio ou residência do alimentando, para a ação em que se pedem alimentos. No mesmo sentido, o disposto no art. 147, II, ECA: "A competência será determinada: II – pelo lugar onde se encontre a criança ou adolescente [...]". Dessa forma, em respeito aos princípios do melhor interesse e proteção integral à criança e ao adolescente, a referida ação deveria ser proposta no local de residência da genitora, pois, no caso em análise, já estava exercendo a guarda de fato. Ainda sobre o assunto, citamos a Súmula n. 383, STJ: "A competência para processar e julgar as ações conexas de interesse de menor é, em princípio, do foro do domicílio do detentor de sua guarda".

Enunciado 3: Joana, conhecida durante toda a sua vida em sua cidade natal pelo prenome Giovanna, começa a enfrentar uma série de embaraços e constrangimentos ao ser chamada, em órgãos públicos, por seu prenome registral, constante de seus documentos de identificação civil. Diante disso, Joana, de 19 anos de idade, consulta você, como advogado (a), buscando descobrir a viabilidade jurídica de alterar o seu prenome e os eventuais requisitos jurídicos que deveriam ser observados, caso seja possível a mudança.

Sobre a pretensão de Joana, assinale a afirmativa correta.

(A) Poderá alterar seu prenome para Giovanna, bastando realizar solicitação, por escrito e fundamentada, diante do oficial do registro civil, dependendo, no entanto, de sentença judicial.

(B) Não poderá alterar seu prenome para Giovanna, pois vigora no Direito brasileiro o princípio da imutabilidade do nome.

(C) Poderá alterar seu prenome para Giovanna, mediante requerimento pessoal e imotivadamente, independentemente de decisão judicial.

(D) Não poderá alterar seu prenome registral, mas poderá incluir o nome Giovanna, por ser este apelido público e notório.

Questão 39 – Prova branca – 38º Exame da OAB – **Gabarito: alternativa "c"**

Comentários: Com a aprovação da Lei n. 14.382/2022, pessoas maiores de 18 anos podem alterar seu prenome e sobrenome independentemente do motivo. Ocorreu modificação do conteúdo dos arts. 56: "A pessoa registrada poderá, após ter atingido a maioridade civil, requerer pessoalmente e imotivadamente a alteração de seu prenome, independentemente de decisão judicial, e a alteração será averbada e publicada em meio eletrônico. § 1º A alteração imotivada de prenome poderá ser feita na via extrajudicial apenas 1 (uma) vez, e sua desconstituição dependerá de sentença judicial. § 2º A averbação de alteração de prenome conterá, obrigatoriamente, o prenome anterior, os números de documento de identidade, de inscrição no Cadastro de Pessoas Físicas (CPF) da Secretaria Especial da Receita Federal do Brasil, de passaporte e de título de eleitor do registrado, dados esses que deverão constar expressamente de todas as certidões solicitadas. § 3º Finalizado o procedimento de alteração no assento, o ofício de registro civil de pessoas naturais no qual se processou a alteração, a expensas do requerente, comunicará o ato oficialmente aos órgãos expedidores do documento de identidade, do CPF e do passaporte, bem como ao Tribunal Superior Eleitoral, preferencialmente por meio eletrônico. § 4º Se suspeitar de fraude, falsidade, má-fé, vício de vontade ou simulação quanto à real intenção da pessoa requerente, o oficial de registro civil fundamentadamente recusará a retificação" e 57: "A alteração posterior de sobrenomes poderá ser requerida pessoalmente perante o oficial de registro civil, com a apresentação de certidões e de documentos necessários, e será averbada nos assentos de nascimento e casamento, independentemente de autorização judicial, a fim de: I – inclusão de sobrenomes familiares; II – inclusão ou exclusão de sobrenome do cônjuge, na constância do casamento; III – exclusão de sobrenome do ex-cônjuge, após a dissolução da sociedade conjugal, por qualquer de suas causas; IV – inclusão e exclusão de sobrenomes em razão de alteração das relações de filiação, inclusive para os descendentes, cônjuge ou companheiro da pessoa que teve seu estado alterado. § 1º Poderá, também, ser averbado, nos mesmos termos, o nome abreviado, usado como firma comercial registrada ou em qualquer atividade profissional. § 2º Os conviventes em união estável devidamente registrada no registro civil de pessoas naturais poderão requerer a inclusão de sobrenome de seu companheiro, a qualquer tempo, bem como alterar seus sobrenomes nas mesmas hipóteses previstas para as pessoas casadas", da Lei dos Registros Públicos, que até então exigia justificativa e impunha restrições para as mudanças. A novidade é que, agora, a alteração de nome poderá ser realizada diretamente nos cartórios de registro civil, sendo necessária a apresentação de certidões e de outras documentações necessárias, como documentos pessoais (RG e CPF), não sendo exigida autorização judicial. Após a alteração em cartório, a mudança será comunicada por meio eletrônico aos órgãos expedidores de documentos pessoais, como documento de identidade, CPF, passaporte e Tribunal Superior Eleitoral.

Enunciado 4: A mãe de Joaquim, criança com necessidades especiais, requereu acompanhamento por professor especializado em atendimento de pessoas com deficiência à escola-creche pública municipal em que o filho estuda. A escola-creche, no entanto, alegou carência de tais profissionais, porque o custo muito alto impedia que a municipalidade os contratasse.

Ao consultar você, como advogado(a), a genitora recebeu a seguinte orientação:

(A) A criança tem direito à educação, não se inserindo nesse plexo, porém, o direito individual e específico de acompanhamento especializado.

(B) Joaquim deve ter acesso à educação com metodologia especial, não significando, porém, que seja mandatória a presença de profissional especial.

(C) A atenção especial por profissional especializado é devida a Joaquim, não sendo oponível a dificuldade orçamentária declarada pela municipalidade.

(D) O ensino especializado é devido nas condições em que a entidade for capaz, não sendo obrigatória a presença de profissional especificamente capacitado, em razão da aplicabilidade da reserva do possível.

Questão 44 – Prova branca – 38º Exame da OAB – **Gabarito: alternativa "c"**

Comentários: O art. 208, III, da Constituição Federal de 1988 estabelece que o dever do Estado com a educação será efetivado mediante a garantia de atendimento educacional especializado aos portadores de deficiência, preferencialmente na rede regular de ensino. De forma específica, o Estatuto da Pessoa com Deficiência aborda o assunto nos arts. 27 a 30, assegurando um sistema educacional inclusivo em todos os níveis e aprendizado ao longo de toda a vida, de forma a alcançar o máximo desenvolvimento possível de seus talentos e habilidades físicas, sensoriais, intelectuais e sociais, segundo suas características, interesses e necessidades de aprendizagem. É dever do Estado, da família, da comunidade escolar e da sociedade assegurar educação de qualidade à pessoa com deficiência, colocando-a a salvo de toda forma de violência, negligência e discriminação. Na Lei Brasileira de Inclusão da Pessoa com Deficiência, regulamenta o art. 3º, inciso XIII: profissional de apoio escolar – pessoa que exerce atividades de alimentação, higiene e locomoção do estudante com deficiência e atua em todas as atividades escolares nas quais se fizer necessária, em todos os níveis e modalidades de ensino, em instituições públicas e privadas, excluídas as técnicas ou os procedimentos identificados com profissões legalmente estabelecidas. É dever da instituição de ensino reconhecer a necessidade de um profissional de apoio escolar para garantir a plena participação do aluno em todas as atividades em igualdade de condições. A instituição deve providenciar esse profissional acionando a secretaria de educação à qual está vinculada. A presença desse profissional, portanto, está diretamente relacionada ao público-alvo da educação especial. Por isso, quando a criança com deficiência chega na escola, sua contratação muitas vezes é uma das primeiras preocupações de educadores e familiares. Mas é importante ponderar se sua presença é mesmo necessária. Não é porque o aluno tem uma deficiência que ele precisa do profissional. Ao contrário, há situações em que este pode até mesmo atrapalhar, atuando como barreira no processo de inclusão. A educação inclusiva parte do pressuposto de que somos todos únicos e que, por isso, o processo de inclusão de cada estudante também é singular. Assim, a necessidade de um profissional de apoio deve ser avaliada caso a caso, tendo em vista, de um lado, as características do aluno, e do outro, o objetivo do apoio: promover sua autonomia e independência. Nessa investigação, é importante envolver o próprio estudante, a família, os educadores e outros atores da comunidade escolar. A participação do professor do Atendimento Educacional Especializado (AEE) também pode ser de grande valia.

Enunciado 5: Rodolfo e Marília estão casados desde 2005. Em 2010, nasceu Lorenzo, único filho do casal. No ano de 2020, eles resolveram se divorciar, após um período turbulento de discussões e mútuas relações extraconjugais. A única divergência entre o casal envolvia a guarda do filho, Lorenzo. Neste sentido, sublinhando-se que o pai e a mãe apresentam condições de exercício de tal função, relacionando-se bem com o filho e conseguindo separar seus problemas conjugais de seus deveres paternos e maternos — à luz do Código Civil, assinale a afirmativa correta:

A) Segundo a lei, o juiz, diante do conflito, deverá aplicar a guarda alternada entre Rodolfo e Marília.

B) Como os pais desejam a guarda do menor e estão aptos a exercer o poder familiar, a lei determina a aplicação da guarda compartilhada, mesmo que não haja acordo entre eles.

C) A lei determina a fixação da guarda compartilhada, mas, tendo em vista cuidar-se de divergência sobre a guarda, ela deve ser atribuída a Rodolfo ou a Marília, mas, diante do conflito, a guarda não deve ser atribuída a eles, em nenhuma hipótese.

D) Caso Rodolfo e Marília não consigam decidir de modo consensual a quem caberá a guarda de Lorenzo, o juiz será obrigado a atribuí-la a um genitor ou ao outro, uma vez que inexiste hipótese de guarda compartilhada na lei brasileira.

Questão 37 – Prova branca – 36º Exame da OAB – **Gabarito: alternativa "b"**

Comentários: Na guarda compartilhada, o poder de decisão será exercido pelos pais (responsabilização conjunta no exercício de direitos e deveres do pai e da mãe), sendo que o tempo de convívio com os filhos será fixado de forma equilibrada, sempre tendo em vista as condições fáticas e os interesses dos filhos. O menor terá uma residência fixa, devendo ser preferencialmente aquela perto da escola, do clube, dos vizinhos, parentes e amigos, sempre atendendo a proteção aos interesses do menor. Essa espécie de guarda atualmente é adotada como regra dentro do nosso ordenamento jurídico, só não sendo aplicada se um dos genitores declarar expressamente ao magistrado que não deseja a guarda do menor ou quando houver elementos que evidenciem a probabilidade de risco de violência doméstica ou familiar (art. 1.584, § 2º, CC). Assim, é garantido o direito de convivência dos filhos com ambos os pais, ou seja, representa um chamamento aos pais que vivem separados para exercerem a autoridade parental, como faziam na constância do casamento ou união estável/união homoafetiva/união poliafetiva. O maior obstáculo para efetividade e produção de resultados positivos dessa espécie de guarda consiste nas hipóteses de ausência de convivência harmônica entre os pais, principalmente nos casos em que houve uma separação traumatizante não superada pelo ex-casal. Ainda mencionamos que a divergência entre os genitores sobre a incidência da guarda compartilhada não é obstáculo para a sua implantação, segundo entendimento do STJ ("... a imposição judicial das atribuições de cada um dos pais, e o período de convivência da criança sob guarda compartilhada, quando não houver consenso, é medida extrema, porém necessária à implementação dessa nova visão, para que não se faça do texto legal, letra morta..." – 3ª Turma. REsp 1251000/MG – Relª. Minª. Nancy Andrighi).

Enunciado 6: Olívia e José foram casados por 15 anos e tiveram duas filhas, Maria Eduarda, de 9 anos, e Maria Luiza, de 6. A manutenção do casamento não é mais da vontade do casal, razão pela qual decidiram se divorciar, tendo Olívia proposto ação judicial para tanto. Porém, preocupados em manter a harmonia da família, o casal entendeu que o melhor caminho para resolver as questões legais atinentes à guarda, à visitação e aos alimentos das filhas, seria mediação. Sobre a mediação judicial a ser realizada no presente caso, assinale a afirmativa correta.

A) Os mediadores que atuarão no caso deverão estar inscritos em cadastro de tribunal de justiça ou de tribunal regional federal, que manterá o registro dos profissionais habilitados.

B) A mediação, meio de solução da controvérsia escolhido por Olívia e José, deverá seguir exclusivamente as regras procedimentais previstas em lei.

C) O mediador que atuar no caso fica impedido, pelo prazo de 2 anos, contados do término da última audiência em que atuou, de assessorar, representar ou patrocinar qualquer das partes.

D) A escolha da mediação por Olívia e José é correta, pois o mediador atuará nos casos em que não houver vínculo anterior entre as partes.

Questão 51 – Prova branca – 36º Exame da OAB – **Gabarito: alternativa "a"**

Comentários: para o Código de Processo Civil, no art. 165 § 3º, mediação é o processo autocompositivo, cuja atuação se dá nos casos em que as partes possuem vínculo anterior, em que o mediador, de forma indireta, os auxiliará a identificar por si próprios a solução consensual do seu conflito. Também mencionamos o disposto no art. 167, CPC, § 1º: "Os conciliadores, os mediadores e as câmaras privadas de conciliação e mediação serão inscritos em cadastro nacional e em cadastro de tribunal de justiça ou de tribunal regional federal, que manterá registro de profissionais habilitados, com indicação de sua área profissional. § 1º Preenchendo o requisito da capacitação mínima, por meio de curso realizado por entidade credenciada, conforme parâmetro curricular definido pelo Conselho Nacional de Justiça em conjunto com o Ministério da Justiça, o conciliador ou o mediador, com o respectivo certificado, poderá requerer sua inscrição no cadastro nacional e no cadastro de tribunal de justiça ou de tribunal regional federal". O conciliador e o mediador ficam impedidos, pelo prazo de 1 (um) ano, contado do término da última audiência em que atuaram, de assessorar, representar ou patrocinar qualquer das partes.

Enunciado 7: Em 2017, ao ter o vínculo de filiação paterna constituído por sentença, em ação de investigação de paternidade, proposta por seu filho Jorge, Antônio foi condenado a pagar alimentos. A partir de então, Antônio vinha honrando com sua obrigação pontualmente. A sua expectativa era arcar com a obrigação até que seu filho completasse 18 anos, em 21 de dezembro de 2021. Passada a data, Antônio já não realizou mais qualquer pagamento. Jorge terminou o ensino médio ao mesmo tempo em que alcançou a maioridade, em dezembro de 2021. Em junho de 2022, Antônio é citado em execução de alimentos, pelo rito da penhora, recusando-se a pagar o saldo devedor, já acumulado em R$ 18.000,00 (dezoito mil reais). Antônio opõe embargos à execução, autuados em apartado, ao argumento principal de que a obrigação alimentar cessou com a maioridade, considerando que, nos meses subsequentes, seu filho já não estava matriculado em qualquer curso, cessando a relação de dependência entre pai e filho. Jorge argumenta, em defesa, que estava se preparando para o vestibular com cursos *on-line*, informando que obteve aprovação recente e já está matriculado no curso de graduação em Engenharia Mecânica, com início em agosto de 2022, sendo devida a obrigação até a conclusão do curso. Por sua vez, nos autos da execução, Jorge indica o único imóvel residencial de Antônio à penhora, cujo valor é suficiente para pagar os alimentos vencidos e vincendos no curso do processo. Diante desses fatos, responda aos itens a seguir:

A) Caso os embargos à execução sejam julgados improcedentes, o juízo pode determinar a penhora do único imóvel residencial de Antônio? Justifique. (Valor: 0,60)

B) Em termos processuais, poderia Antônio cessar o pagamento da obrigação sem prévia autorização judicial? Justifique. (Valor: 0,65)

Gabarito comentado pela OAB

A) Sim. Em regra, o único imóvel residencial do devedor é qualificado como bem de família, dotado do atributo da impenhorabilidade por dívidas civis, comerciais, fiscais, previdenciária ou de qualquer natureza, por força de lei (art. 1º, *caput*, da Lei n. 8.009/90), salvo se a execução for movida, dentre outras exceções, "pelo credor de pensão alimentícia, resguardados os direitos sobre o bem, do seu coproprietário que, com o devedor, integre união estável ou conjugal, observadas as hipóteses em que ambos responderão pela dívida" (art. 3º, inciso III, da Lei n. 8.009/90). Portanto, ainda que se trate de bem de família, cuida-se de bem passível de penhora.

B) Não. A extinção da obrigação alimentar do filho que alcança a maioridade sempre dependerá de decisão judicial, exarada sob o crivo do contraditório, seja em ação autônoma de exoneração de alimentos, seja por via de pedido formulado nos próprios autos, como bem definido pelo verbete de Súmula n. 358 do Superior Tribunal de Justiça.

35º Exame de ordem unificado – Prova prático-profissional – Área: Direito Civil.

Enunciado 8: Maurício, ator, 23 anos, e Fernanda, atriz, 25 anos, diagnosticados com síndrome de Down, não curatelados, namoram há 3 anos. Em 2019, enquanto procuravam uma atividade laborativa em sua área, tanto Maurício quanto Fernanda buscaram, em processos diferentes, a fixação de tomada de decisão apoiada para o auxílio nas decisões relativas à celebração de diversas espécies de contratos, a qual se processou seguindo todos os trâmites adequados deferidos pelo Poder Judiciário. Assim, os pais de Maurício tornaram-se seus apoiadores e os pais de Fernanda, os apoiadores dela. Em 2021, Fernanda e Maurício assinaram contratos com uma emissora de TV, também assinados por seus respectivos apoiadores. Como precisarão morar próximo à emissora, o casal terá de mudar-se de sua cidade e, por isso, está buscando alugar um apartamento. Nesta conjuntura, Maurício e Fernanda conheceram Miguel, proprietário do imóvel que o casal pretende locar. Sobre a situação apresentada, conforme a legislação brasileira, assinale a afirmativa correta.

A) Maurício e Fernanda são incapazes em razão do diagnóstico de síndrome de Down.

B) Maurício e Fernanda são capazes por serem pessoas com deficiência apoiadas, ou seja, caso não fossem apoiadas, seriam incapazes.

C) Maurício e Fernanda são capazes, independentemente do apoio, mas Miguel poderá exigir que os apoiadores contra-assinem o contrato de locação, caso ele seja realmente celebrado.

D) Miguel, em razão da capacidade civil de Maurício e de Fernanda, fica proibido de exigir que os apoiadores de ambos contra-assinem o contrato de locação, caso ele seja realmente celebrado.

Questão 36 – Prova branca – 35º Exame da OAB – **Gabarito: alternativa "c".**

Comentários: a tomada de decisão apoiada é o processo judicial pelo qual a pessoa com deficiência elege pelo menos duas pessoas idôneas, com as quais mantenha vínculos e que gozem de sua confiança, para prestar-lhe apoio na tomada de decisão sobre atos da vida civil, fornecendo-lhes os elementos e informações necessários para que possa exercer sua capacidade. A decisão tomada por pessoa apoiada terá validade e efeitos sobre terceiros, sem restrições, desde que esteja inserida nos limites do apoio acordado (art. 1.783-A, § 4º, do CC/2002). Assim, presente a categoria, desaparece toda aquela discussão aqui exposta a respeito da validade e eficácia dos atos praticados por incapazes, como venda de imóveis, frente a terceiros de boa-fé. Em havendo uma tomada de decisão apoiada, não se cogitará mais sua nulidade absoluta, nulidade relativa ou ineficácia, o que vem em boa hora, na opinião do autor.

Em complemento, o terceiro com quem a pessoa apoiada mantenha relação negocial pode solicitar que os apoiadores contra-assinem o contrato ou acordo, especificando, por escrito, sua função em relação ao apoiado (art. 1.783-A, § 5º, do CC/2002), isso para que não pairem dúvidas sobre a idoneidade jurídica do ato praticado, o que tem relação direta com o princípio da boa-fé objetiva.

Enunciado 9: Mário é pai de Julieta, que já alcançou a maioridade, não estuda e vive em união estável com Pedro, com quem tem um filho. Inconformado por ter de pagar alimentos à filha, Mário procura você para, na qualidade de advogado(a), propor uma ação de exoneração de alimentos. Mário afirma que, apesar de estar atravessando uma situação financeira dificílima, continua a pagar os alimentos à filha, mas que deseja, o quanto antes, suspender tais pagamentos, considerando o quadro financeiro pelo qual está passando. Diante da hipótese apresentada, responda aos itens a seguir:

A) Na hipótese de procedência do pedido de exoneração, a partir de quando Mário ficará desobrigado a pagar os alimentos? Se Mário continuar a arcar com tal verba ao longo do processo, os valores pagos deverão ser devolvidos? (Valor: 0,65).

B) Qual é o mecanismo processual mais apto a evitar, o mais rápido possível, que Mário deixe de pagar os alimentos que entende indevidos e sob qual fundamento? (Valor: 0,60).

Gabarito comentado pela OAB

A) Mário fica desobrigado após ser intimado de decisão judicial que determine a exoneração, conforme interpretação do art. 14 da Lei n. 5.478/68, que enuncia que, da sentença, caberá apelação apenas no efeito devolutivo (sem efeito suspensivo). O montante não será devolvido, posto que irrepetível, conforme o Verbete Sumular n. 621 do STJ.

B) A fim de evitar a não restituição dos valores pagos após a citação, Mário deverá requerer tutela de urgência, fundada na probabilidade do direito (sua filha é maior, não estuda e já vive em união estável) e no risco de dano (sua dificílima situação financeira), na forma do art. 300 do CPC.

34º Exame de ordem unificado – Prova prático-profissional – Área: Direito Civil.

Enunciado 10: Clarisse, em razão da deficiência severa, não possui quaisquer meios de prover sua própria manutenção. Como sua deficiência foi adquirida ainda na infância, jamais exerceu qualquer atividade laborativa, e por essa razão não contribuiu para a previdência social no decorrer de sua vida. Alguns vizinhos, consternados com o quadro de grandes dificuldades por que passa Clarisse e interessados em auxiliá-la, procuram aconselhamento jurídico junto a competente advogado. Este, ao tomar ciência detalhada da situação, informa que, segundo o sistema jurídico-constitucional brasileiro, comprovada sua deficiência, Clarisse possuirá a garantia de receber um salário-mínimo de benefício mensal, independentemente de qualquer contribuição à seguridade social, nos termos da lei.

A) poderá acessar o sistema previdenciário para que este lhe conceda uma pensão por invalidez, cujo valor, nos termos da lei, não ultrapassará dois salários-mínimos.

B) possuirá direito a um benefício de metade do salário-mínimo vigente, mensalmente, se vier a comprovar, nos termos da lei, sua filiação ao sistema previdenciário.

C) terá que contribuir com ao menos uma parcela, a fim de ser considerada filiada ao sistema previdenciário e, só assim, terá direito a benefício no valor estabelecido em lei.

Questão 16 – Prova branca – 34º Exame da OAB – **Gabarito: alternativa "a".**

Comentários: a Constituição Federal, ao tratar do tema "assistência social", estabelece, entre outros objetivos, a garantia de um salário-mínimo de benefício mensal à pessoa com deficiência que comprove não possuir meios de prover a própria manutenção ou de tê-la provida por sua família, outorgando à lei a disciplina específica (art. 203, V). Não é diferente a regra do art. 40, do Estatuto da Pessoa com Deficiência: "É assegurado à pessoa com deficiência que não possua meios para prover sua subsistência nem tê-la provida por sua família o benefício mensal de 1(um) salário mínimo, nos termos da Lei n. 8.742, de setembro de 1993".

Enunciado 11: Júlia, 22 anos, com espectro autista, tem, em razão de sua deficiência, impedimento de longo prazo de natureza mental que pode, em algumas atividades cotidianas, obstruir sua participação plena e efetiva na sociedade em igualdade de condições com as demais pessoas. Júlia apaixona-se por Rodrigo, 19 anos, também com espectro autista, com quem quer se casar. Mas Rita, mãe de Júlia, temendo que Júlia não tenha o discernimento adequado para tomar as decisões certas em sua vida, e no intuito de proteger o melhor interesse de sua filha, impede o casamento. Sobre a hipótese apresentada, assinale a afirmativa correta.

A) Júlia é relativamente incapaz e, assim sendo, precisará de anuência de sua mãe, Rita, para celebrar o ato, em prol da proteção de sua dignidade.

B) A deficiência não afeta a plena capacidade civil da pessoa para casar-se, de modo que Rita não poderá impedir o casamento de Julia.

C) Júlia é plenamente capaz em razão de sua idade, mas, em razão da deficiência que a acomete, deverá confirmar sua vontade com o curador que deverá ser instituído.

D) Rita, ainda que esteja atuando no melhor interesse de Júlia, na qualidade de mãe, não pode impedir o casamento podendo, contudo, impor à Júlia, sua curatela.

Questão 41 – Prova branca – 34º Exame da OAB – **Gabarito: alternativa "b".**

Comentários: com o Estatuto da Pessoa com Deficiência, o conteúdo do art. 3º, do Código Civil ganhou nova redação, passando a ser considerado absolutamente incapaz apenas o menor de 16 (dezesseis) anos. Buscando inclusão social e respeito à dignidade da pessoa humana, estabeleceu citada legislação, em seu art. 4º, que toda pessoa com deficiência tem direito à igualdade de oportunidade com as demais pessoas e não sofrerá nenhuma espécie de discriminação. Completando essa importante diretriz, o art. 84 assegura à pessoa com deficiência o direito ao exercício de sua capacidade legal em igualdade de condições com as demais pessoas. A curatela constitui medida protetiva extraordinária, proporcional às necessidades e às circunstâncias de cada caso, e durará o menor tempo possível, versará sobre os aspectos de natureza negocial e patrimonial e não atingirá os direitos pessoais. Não impede o casamento ou o exercício do poder familiar. A pessoa com deficiência pode trabalhar, votar, ser testemunha, obter documentos oficiais do seu interesse e, assim, a principal diretriz introduzida pela Lei n. 13.146/2015 foi estabelecer que a pessoa deficiente não deve ser tratada como incapaz.

Enunciado 12: Mariana e Leonardo foram casados, pelo regime da comunhão parcial de bens, durante 10 anos. Desde o início do casamento, Leonardo sempre apresentou comportamento explosivo e, por diversas ocasiões, agrediu sua esposa de forma verbal e física. Durante o casamento, o casal adquiriu um apartamento, um carro, dois terrenos, e Mariana herdou uma casa de praia do seu pai. Mariana, em determinado dia, arma-se de coragem, vai à delegacia e denuncia Leonardo por violência doméstica. Em seguida, com medo do ex-marido, Mariana deixa seu apartamento no Rio de Janeiro e se muda para o interior do estado, para a cidade de Cabo Frio. Com base em tais fatos, responda, fundamentadamente, aos itens a seguir:

A) Indique como se dará a partilha dos bens, mencionando se algum bem deverá ser excluído. (Valor: 0,65)

B) Onde deve ser ajuizada a ação de divórcio do casal? (Valor: 0,60).

Gabarito comentado pela OAB

A) No regime da comunhão parcial de bens, os bens que o casal conquistou durante o casamento são divididos de forma igualitária, nos termos do art. 1.658 do CC. Entretanto, a casa de praia herdada por Mariana deve ser excluída da partilha, pois os bens recebidos por sucessão excluem-se da comunhão, na forma do art. 1.659, inciso I, do CC.

B) A ação de divórcio deverá ser ajuizada na cidade de Cabo Frio, pois, nos termos do art. 53, inciso I, alínea *"d"*, do CPC, na ação de divórcio é competente o foro do domicílio da vítima de violência doméstica.

33º Exame de ordem unificado – Prova prático-profissional – Área: Direito Civil.

Capítulo 15

Resolução de Questões de Concurso Público

Enunciado 1: a curatela afetará tão somente os atos relacionados aos direitos de:

(A) natureza patrimonial e negocial, não alcançando o direito ao voto, ao matrimônio e à sexualidade.

(B) natureza patrimonial, alcançando, porém, aqueles relativos à saúde e à educação.

(C) natureza negocial, alcançando, porém, o direito ao trabalho e à privacidade.

(D) família e patrimoniais.

188º Concurso Público TJ/SP – Gabarito: alternativa "A".

Comentários: a pessoa com deficiência tem assegurado o direito ao exercício de sua capacidade civil em igualdade de condições com as demais pessoas. A curatela constitui medida protetiva extraordinária, proporcional às necessidades e às circunstâncias de cada caso, e durará o menor tempo possível. A curatela afetará tão somente os atos relacionados aos direitos de natureza patrimonial e negocial e não alcança o direito ao próprio corpo, à sexualidade, ao matrimônio, à privacidade, à educação, à saúde, ao trabalho e ao voto (art. 85, *caput* e § 1º, Estatuto da Pessoa com Deficiência).

Enunciado 2: uma pessoa de idade avançada e viúva, que não possui bens, nem mais podendo prover, pelo seu trabalho, à própria mantença, tem como únicos parentes um primo e um sobrinho-neto, ambos em excelentes condições financeiras. Nesse caso, necessitando alimentos:

(A) tem direito de exigi-los de ambos, que deverão concorrer de acordo com as suas possibilidades e segundo as necessidades do alimentando.

(B) não tem direito de exigi-los de qualquer um deles.

(C) tem direito de exigi-los de ambos, que os devem solidariamente.

(D) só poderá exigi-los do primo, que é parente sucessível mais próximo.

188º Concurso Público TJ/SP – Gabarito: alternativa "B".

Comentários: sobre as pessoas obrigadas à prestação alimentar em razão do parentesco consanguíneo, vejamos as regras estampadas na legislação civil, no art. 1.696, CC: "O direito à prestação de alimentos é recíproco entre pais e filhos, e extensivo a todos os ascendentes, recaindo a obrigação nos mais próximos em grau, uns em falta de outros", e art. 1.697, CC: "Na falta dos ascendentes, cabe a obrigação aos descendentes, guardada a ordem de sucessão e, faltando estes, aos irmãos assim germanos como unilaterais". Seguindo o conteúdo do Direito Positivo, podemos afirmar que a obrigação alimentar apresenta a seguinte sequência/ordem: entre pais e filhos (reciprocidade), ascendentes, descendentes e irmãos (bilaterais e unilaterais). Ainda ressaltamos que parte da doutrina sustenta a necessidade de alteração desses dispositivos do Código Civil, estabelecendo a extensão do vínculo alimentar, segundo a disciplina do Direito Sucessório, ou seja, expansão para impor responsabilidade alimentar para os parentes em linha colateral do 3º grau (sobrinhos e tios) e 4º grau (primos).

A pessoa idosa, com fulcro no art. 203, V, CF/88 e art. 34, do Estatuto da Pessoa Idosa, tem direito ao recebimento de benefício mensal de 1 (um) salário-mínimo, nos termos da Lei Orgânica da Assistência Social, desde que comprovados: idade mínima de 65 (sessenta e cinco) anos, não possuir meios para prover sua subsistência, nem tê-la provida por sua família.

Enunciado 3: assinale a alternativa correta sobre regimes de bens do casamento e da união estável, conforme entendimento dominante e atual do Superior Tribunal de Justiça.

(A) No regime da comunhão parcial de bens, é incomunicável imóvel prometido à venda e com preço solvido pelo cônjuge antes do casamento, mas cujos escritura e respectivo registro imobiliário são posteriores às núpcias.

(B) No regime da comunhão parcial, são incomunicáveis os bens móveis e imóveis adquiridos com os proventos do trabalho pessoal e pensões de cada um dos cônjuges.

(C) A alteração do regime de bens não coloca fim ao casamento, razão pela qual é vedada a partilha, que deve aguardar a dissolução da sociedade ou do vínculo conjugal.

(D) O contrato de convivência que altera o regime de bens da união estável pode ter efeitos retroativos, desde que pactuados mediante cláusula expressa pelos conviventes.

189º Concurso Público TJ/SP – 2023 – Gabarito: alternativa "A".

Comentário: o regime da comunhão parcial, denominado regime legal ou regime supletivo, tem como principal disciplina a comunicabilidade dos bens adquiridos na constância do relacionamento (casamento, união estável, união homoafetiva ou união poliafetiva) art. 1.658, CC. Na ausência de manifestação expressa e por escrito dos nubentes ou companheiros, a entidade familiar seguirá o disposto no regime da comunhão parcial.

O art. 1.639, § 2º, CC consagra a aplicação do princípio da mutabilidade motivada, permitindo a alteração do regime de bens, mediante autorização judicial em pedido motivado de ambos os cônjuges, apurada a procedência das razões invocadas e ressalvados os direitos de terceiros. Diante de manifestação expressa dos cônjuges, não há óbice legal que os impeça de partilhar os bens adquiridos no regime anterior, de comunhão parcial, na hipótese de mudança para separação convencional, desde que não acarrete prejuízo para eles próprios e resguardado o direito de terceiros. Reconhecimento da eficácia *ex nunc* da alteração do regime de bens que não se mostra incompatível com essa solução (REsp 1533179/RS). Ocorrendo a alteração do regime de bens, segundo o STJ, deve ser aplicado efeito *ex nunc* a referida modificação como forma de ser evitar o enriquecimento indevido e prejuízos a terceiros.

O STJ segue o entendimento de que os bens imóveis adquiridos pelo cônjuge supérstite em data bem anterior ao casamento, ainda que levados a registro na constância deste, escapam à cobrança do imposto sobre transmissão *causa mortis* por não terem adentrado no patrimônio da esposa falecida (REsp 1304116/PR).

Enunciado 4: sobre os alimentos, nos termos da jurisprudência dominante e atual do Superior Tribunal de Justiça, é CORRETO afirmar:

(A) a obrigação alimentar do pai em relação aos filhos cessa automaticamente com o advento da maioridade.

(B) é irrenunciável o direito aos alimentos presentes e futuros, mas pode o credor renunciar aos alimentos pretéritos devidos e não prestados. A irrenunciabilidade atinge o direito e o seu exercício.

(C) o Código Civil prevê o dever de solidariedade alimentar decorrente do parentesco, facultando-se ao alimentando a possibilidade de formular novo pedido de alimentos direcionado a seus familiares, caso necessário.

(D) os alimentos gravídicos visam auxiliar a mulher gestante nas despesas decorrentes da gravidez, da concepção ao parto. A gestante é a beneficiária direta dos alimentos gravídicos, resguardando-se, assim, ainda que indiretamente, os direitos do próprio nascituro. Contudo, com o nascimento com vida da criança, esses alimentos são extintos ou perdem seu objeto, isto é, não podem ser convertidos automaticamente em pensão alimentícia.

190º Concurso Público TJ/SP – 2023 – Gabarito: alternativa "C".

Comentário: com relação aos filhos, cessa o dever alimentar dos pais quando o alimentado atinge os 18 (dezoito) anos. Excepcionalmente, a jurisprudência admite extensão da obrigação após a maioridade civil, desde que comprovadas a necessidade do alimentado e a frequência em curso superior. Para essa situação, os tribunais admitem direito a alimentos até aproximadamente os 24 (vinte e quatro) anos. Reza o conteúdo da Súmula n. 358, STJ: "O cancelamento de pensão alimentícia de filho que atingiu a maioridade está sujeito à decisão judicial, mediante contraditório, ainda que nos próprios autos". Com fundamento em entendimento do STJ, concluímos que dever alimentar não cessa de forma automática, sendo necessária a propositura de ação de exoneração de alimentos. É irrenunciável o direito aos alimentos presentes e futuros (art. 1.707 do Código Civil), mas pode o credor renunciar aos alimentos pretéritos devidos e não prestados, isso porque a irrenunciabilidade atinge o direito, e não o seu exercício.

Os alimentos gravídicos estão regulamentados na Lei n. 11.804/08, referida legislação que permite a possibilidade de fixação dos alimentos através de liminar, o que caracteriza exemplo típico de antecipação de tutela como forma de proteção ao nascituro e gestante e respeito ao direito à vida (dignidade da pessoa humana).

A ação de alimentos gravídicos não se extingue ou perde seu objeto com o nascimento da criança, pois os referidos alimentos ficam convertidos em pensão, até eventual ação revisional em que se solicite a exoneração, redução ou majoração do valor dos alimentos, ou mesmo até quando se obtenha o resultado sobre o eventual vínculo que une as partes em ação de investigação ou negatória de paternidade.

O ordenamento pátrio prevê o dever de solidariedade alimentar decorrente do parentesco (arts. 1.694 e 1.695 do Código Civil), facultando-se à alimentanda a possibilidade de formular novo pedido de alimentos direcionado a seus familiares, caso necessário. (Resp. n. 1.688.619 – MG). Note que, apesar de falar em solidariedade, não está se referindo à obrigação solidária, mas ao dever de solidariedade.

Enunciado 5: duas pessoas vêm mantendo, há dez anos, uma união estável, com coabitação atual, não estando, portanto, separadas de fato. Ocorre que, há sete anos, uma delas passou a ter, concomitantemente, um segundo relacionamento com pessoa diversa, igualmente público, duradouro e contínuo. Conforme recentemente definiu a nossa Corte Suprema:

(A) poderá se reconhecer o segundo relacionamento como união estável para fins familiares e sucessórios.

(B) não se reconhece o segundo relacionamento como união estável.

(C) poderá se reconhecer o segundo relacionamento como união estável para fins previdenciários.

(D) poderá se reconhecer o segundo relacionamento como união estável, desde que se dê no domicílio declarado como principal pela pessoa que com ambos mantém relacionamento.

(E) prevalecerá o relacionamento daquele que for escolhido mediante declaração unilateral de vontade, produzida mediante instrumento público, pela pessoa que com ambos mantém relacionamento.

94º Concurso de ingresso na carreira do MP/SP – Gabarito: alternativa "B".

Comentário: a preexistência de casamento ou de união estável de um dos conviventes, ressalvada a exceção do art. 1.723, § 1º, do Código Civil, impede o reconhecimento de novo vínculo referente ao mesmo período, inclusive para fins previdenciários, em virtude da consagração do dever de fidelidade e da monogamia pelo ordenamento jurídico-constitucional brasileiro. STF. Plenário. RE 1045273, rel. Min. Alexandre de Moraes, julgado em 18.12.2020 (Repercussão Geral – Tema 529) (Info 1003).

Enunciado 6: conforme o mais recente entendimento do STF, o bem de família pertencente ao fiador de contrato de locação:

(A) pode ser penhorado, seja a locação residencial ou não residencial.

(B) é impenhorável, caso se trate de locação residencial.

(C) é impenhorável, caso se trate de locação não residencial.

(D) é impenhorável nas locações residenciais, não residenciais e mistas.

(E) pode ser penhorado desde que se trate de locação não residencial.

94º Concurso de ingresso na carreira do MP/SP – Gabarito: alternativa "A".

Comentário: a penhorabilidade de bem de família pertencente a fiador de contrato de locação também se aplica no caso de locação de imóvel comercial. É constitucional a penhora de bem de família pertencente a fiador de contrato de locação, seja residencial, seja comercial. STF. Plenário. RE 1.307.334/SP, rel. Min. Alexandre de Moraes, julgado em 08.03.2022 (Repercussão Geral – Tema 1127) (Info 1046).

Enunciado 7: sobre o regime de bens, nos termos do Código Civil e da jurisprudência dominante e atual dos tribunais superiores, é INCORRETO afirmar:

(A) No regime de separação legal de bens, comunicam-se os adquiridos na constância do casamento.

(B) Qualquer que seja o regime de bens, tanto o marido quanto a mulher podem livremente desobrigar ou reivindicar os imóveis que tenham sido gravados ou alienados sem o seu consentimento ou sem suprimento judicial.

(C) A regra do art. 1.641, II, do Código Civil, que estabelece o regime da separação obrigatória de bens para os septuagenários, embora expressamente prevista apenas para a hipótese de casamento, aplica-se também às uniões estáveis entre pessoas maiores de 70 anos.

(D) É admissível a alteração do regime de bens entre os cônjuges, mediante autorização judicial, desde que o pedido seja acompanhado de provas concretas do prejuízo na manutenção do regime de bens originário.

(E) A certidão de casamento não é suficiente para demonstrar que o casamento foi celebrado sob o regime de separação de bens. É imprescindível que tenha havido pacto antenupcial com convenção nesse sentido.

95º Concurso de ingresso na carreira do MPSP/2023 – Gabarito: alternativa "D".

Comentário: prevalece o entendimento na doutrina e jurisprudência que a comunicabilidade dos bens adquiridos na constância do casamento no regime da separação dependerá da demonstração de esforço comum (não apenas a contribuição financeira de cada cônjuge, mas também o apoio moral e psicológico).

Qualquer que seja o regime de bens, tanto o marido quanto a mulher podem livremente desobrigar ou reivindicar os imóveis que tenham sido gravados ou alienados sem o seu consentimento ou sem suprimento judicial (art. 1.642, II, CC). A outorga uxória está restrita às hipóteses do art. 1.647, CC (alienar ou gravar de ônus real os bens imóveis; pleitear como autor ou réu, acerca desses bens ou direitos; prestar fiança ou aval; fazer doação, não sendo remuneratória, de bens comuns ou dos que possam integrar futura meação).

Da imposição do regime da separação obrigatória para a pessoa maior de 70 (setenta) anos, após a realização do citado concurso do Ministério Público, o STF declarou a inconstitucionalidade desse preceito do Código Civil. Ainda mencionamos que os autores que sustentam a constitucionalidade do citado artigo da legislação civil pela aplicação do princípio da igualdade entre as entidades familiares, citada limitação da autonomia da vontade também deveria ser aplicada às demais formas de constituição da família (união estável, união homoafetiva e união (poliafetiva).

Sobre a possibilidade de alteração do regime de bens na constância do relacionamento e aplicação do princípio da mutabilidade motivada (art. 1.639, § 2º, CC), segundo entendimento atual do STJ, a motivação indicada pelas partes não tem a necessidade de comprovação de provas concretas de prejuízos para a justificativa da mudança do regime. Devem ser garantidas a liberdade e a autonomia da vontade dos interessados.

É nulo o pacto antenupcial se não for feito por escritura pública, e ineficaz se não lhe seguir o casamento. As convenções antenupciais não terão efeito perante terceiros senão depois de registradas, em livro especial, pelo oficial do registro de imóveis do domicílio dos cônjuges (art. 1.653 c/c art. 1.657, todos do Código Civil).

Enunciado 8: considerando a legislação civil em vigor, assinale a alternativa correta acerca do casamento:

A) A sociedade conjugal só termina pela morte de um dos cônjuges ou pelo divórcio.

B) Não podem casar os afins em linha reta, mesmo após a dissolução do casamento.

C) Para a realização do casamento nuncupativo, é necessário que algum dos contraentes esteja em iminente risco de vida, não se obtenha a presença da autoridade à qual incumba presidir o ato, nem a de seu substituto, e haver a presença de, pelo menos, três testemunhas.

D) Pode ser anulado o casamento realizado por vício da vontade, se houve por parte de um dos nubentes erro essencial. É hipótese de erro essencial a ignorância, anterior ao casamento, de defeito físico irremediável que caracteriza deficiência.

E) O Ministério Público não tem legitimidade para promover ação direta pretendendo a decretação da nulidade de casamento contraído por infringência de impedimento.

95º Concurso de ingresso na carreira do MPSP/2023 – Gabarito: alternativa "B".

Comentários: ocorre a extinção da sociedade conjugal nas seguintes hipóteses: morte de um dos cônjuges; divórcio e nulidade ou anulação do casamento. Não podemos esquecer do estudo do casamento nulo caracterizado pelo descumprimento dos impedimentos matrimoniais (art. 1.548, CC) e casamento anulável (art. 1.550, CC).

A alternativa B está correta, nos termos do art. 1.521, II e do art. 1.595, § 2º, do CC/02: "Não podem casar: II – os afins em linha reta" e "Na linha reta, a afinidade não se extingue com a dissolução do casamento ou da união estável".

A alternativa C está incorreta, nos termos do art. 1.540 do CC/02: "Quando algum dos contraentes estiver em iminente risco de vida, não obtendo a presença da autoridade à qual incumba presidir o ato, nem a de seu substituto, poderá o casamento ser celebrado na presença de seis testemunhas, que com os nubentes não tenham parentesco em linha reta, ou, na colateral, até segundo grau".

A alternativa D está incorreta, nos termos do art. 1.557, III, do CC/02: "Considera-se erro essencial sobre a pessoa do outro cônjuge: (...) III – a ignorância, anterior ao casamento, de defeito físico irremediável que não caracterize deficiência ou de moléstia grave e transmissível, por contágio ou por herança, capaz de pôr em risco a saúde do outro cônjuge ou de sua descendência". A pessoa com deficiência não está impedida de contrair núpcias.

A alternativa E está incorreta, nos termos do art. 1.549 do CC/02: "A decretação de nulidade de casamento, pelos motivos previstos no artigo antecedente, pode ser promovida mediante ação direta, por qualquer interessado, ou pelo Ministério Público".

Enunciado 9: Dandara e Gilberto casaram-se em 10.12.2012, pelo regime da comunhão parcial de bens. Na constância do casamento, tiveram dois filhos. Em 10.12.2017, Gilberto sofre um acidente, permanecendo inconsciente, desde então. Dandara propõe ação de curatela em face de Gilberto, sendo nomeada curadora definitiva. A sentença da ação de curatela que reconheceu a incapacidade de Gilberto desde a data do acidente transitou em julgado em 10.12.2019. No curso da ação de curatela, Dandara descobre que Gilberto tem uma filha advinda de outro relacionamento, nascida antes do casamento dela com Gilberto. A fim de preservar os interesses dos filhos comuns, considerando que, após o acidente, Gilberto não mais vinha contribuindo para a construção do patrimônio comum, Dandara propõe, em 10.12.2020, ação de modificação do regime de bens para adoção do regime da separação total de bens. O pedido é deferido e a decisão que o defere, fundamentada em jurisprudência prevalecente no Superior Tribunal de Justiça, transita em julgado em 10.12.2021. A data considerada na decisão para início da eficácia da alteração do regime de bens é:

(A) 10.12.2019.

(B) 10.12.2021.

(C) 10.12.2020.

(D) 10.12.2012.

(E) 10.12.2017.

IX Concurso da Defensoria Pública do Estado de São Paulo – 2022 – **Gabarito: alternativa "B".**

Comentários: prevalece na doutrina, e hoje é entendimento do STJ (3ª e 4ª Turmas) sobre o assunto, que a alteração no regime de bens gera efeito *ex nunc.* Em regra, a mudança do regime de bens só deve mesmo valer para o futuro, de modo a não prejudicar direitos jurídicos perfeitos, mas poderá alcançar atos passados se regime adotado privilegiar terceiros ou credores (exemplo: modificação do regime da sepo aração convencional para o regime da comunhão universal, estabelecendo comunicabilidade do patrimônio como regra para os bens adquiridos antes e na constância do casamento).

Em 2022, a própria 4ª turma definiu que a escolha feita por escritura pública, no caso de união estável, não pode retroagir. A posição é a mesma já manifestada pela 3ª turma, em um caso em que o casal não havia selecionado regime de divisão de bens no momento de firmar a união estável. O colegiado também já definiu que a modificação do regime de bens pode ser feita sem que os cônjuges sejam obrigados a apresentar justificativas ou provas exageradas.

Enunciado 10: a respeito das disposições do Código de Processo Civil de 2015 (CPC/2015) e do Estatuto da Pessoa com Deficiência (EPD), sobre a admissão da participação de pessoas com deficiência na condição de testemunhas:

(A) O CPC/2015 considera como incapazes de testemunhar, dentre outras hipóteses, o interdito por enfermidade ou deficiência mental, mas tal diploma foi revogado tacitamente pela superveniência da entrada em vigor do EPD, que estabelece que a pessoa com deficiência poderá testemunhar em igualdade de condições com as demais pessoas, sendo-lhes assegurados todos os recursos de tecnologia assistiva.

(B) O CPC/2015 considera como incapazes de testemunhar, dentre outras hipóteses, o interdito por enfermidade ou deficiência mental, mas tal diploma foi revogado expressamente pela superveniência da entrada em vigor do EPD, que estabelece que a pessoa com deficiência poderá testemunhar em igualdade de condições com as demais pessoas, sendo-lhe assegurados todos os recursos de tecnologia assistiva.

(C) Tanto o CPC/2015 como o EPD asseguram expressamente que a pessoa com deficiência poderá testemunhar em igualdade de condições com as demais pessoas, sendo-lhes assegurados todos os recursos de tecnologia assistiva, não havendo qualquer conflito entre leis em relação ao tema neste particular.

(D) O CPC/2015 considera como incapazes de testemunhar, dentre outras hipóteses, o interdito por enfermidade ou deficiência mental e tal diploma entrou em vigor supervenientemente ao EPD. Entretanto, tais disposições não revogaram expressamente as diretrizes do Estatuto da Pessoa com Deficiência que asseguram que a pessoa com deficiência poderá testemunhar em igualdade de condições com as demais pessoas, sendo-lhes assegurados todos os recursos de tecnologia assistiva.

(E) Embora o EPD seja lei posterior em relação ao CPC/2015, as disposições deste são mais específicas quanto aos incapazes de testemunhar, de modo que prevalece a previsão de que o interdito por enfermidade ou deficiência mental é impedido de testemunhar, nos termos previstos na lei instrumental.

IX Concurso da Defensoria Pública do Estado de São Paulo – 2022 – **Gabarito: alternativa "D".**

Comentários: o instituto "curatela" é abordado dentro da legislação civil dos arts. 1.767 a 1.783, Código Civil, destacando que o CPC atual (Lei n. 13.105/15) revogou os arts. 1.768 a 1.773, do Código Civil, e o Estatuto da Pessoa com Deficiência revogou os incisos II e IV do art. 1.767, CC e conteúdo do art. 1.780, CC, bem como foi inserido no Código Civil o disposto no art. 1.783-A, com a inclusão da temática "tomada de decisão apoiada". A análise do Direito Positivo exige o máximo de cuidado do estudioso do Direito, pois, em síntese apertada, coexistem e se completam sobre curatela, de forma direta e específica, 3 (três) legislações: Código Civil, que estabelece regras gerais sobre a curatela, o Código de Processo Civil, que disciplina as questões eminentemente processuais (arts. 747 a 763, CPC) e o Estatuto da Pessoa com Deficiência (Lei n. 13.146/15), que fixa novas diretrizes e cria a necessidade de implantação de forma de inclusão social, inclusive como nova definição do rol das pessoas absolutamente incapazes. Não podemos esquecer que a curatela é trabalhada dentro do Direito Assistencial, essencialmente pelo seu caráter protetivo, e hoje, quando falamos em ação de curatela, devemos pensar em regulamentação de natureza patrimonial e à preservação dos direitos pessoais do curatelado.

Enunciado 11: sobre a adoção:

(A) O início do processo de adoção de criança ou adolescente depende, necessariamente, do trânsito em julgado do processo de destituição do poder familiar.

B) A sentença declaratória de adoção pode ocorrer após o divórcio do casal, desde que na sentença estejam previstos a guarda e o regime de visitas, independentemente de quando se iniciou o estágio de convivência.

(C) Na entrega protegida de criança para fins de adoção, caso o genitor indicado pela genitora manifeste interesse em assumir a paternidade, poderá ter a criança desde logo sob seus cuidados, não sendo obrigatória a concordância da genitora.

D) A adoção por ascendentes é vedada por expressa previsão legal, porém é permitida se realizada para fins previdenciários, conforme entendimento consolidado dos tribunais superiores.

E) A inscrição no cadastro nacional de adoção é a regra para os postulantes à adoção, podendo tal inscrição ser excetuada em caso de adoção unilateral ou de parente que tenha com a criança laços de afinidade e afetividade pelo prazo mínimo de 2 anos.

IX Concurso da Defensoria Pública do Estado de São Paulo – 2022 – **Gabarito: alternativa "C".**

Comentários: a Lei n. 13.509/2017, chamada de "Lei da Adoção", trouxe alterações ao Estatuto da Criança e do Adolescente — ECA e incluiu a chamada "entrega voluntaria". que consiste na possibilidade de uma gestante ou mãe entregar seu filho ou recém-nascido para adoção em um procedimento assistido pela Justiça da Infância e da Juventude. Ao contrário do que muita gente pensa, a mãe que dispõe seu filho para adoção não comete crime, pois a lei permite a entrega para garantir e preservar os direitos e interesses do menor. Em contrapartida, a mãe que desampara ou expõe seu bebê a perigo comete o crime de abandono de recém-nascido, descrito no art. 134 do Código Penal. A Lei n. 13.509/2017 introduziu o art. 19-A no ECA, o qual determina que as gestantes ou mães que demonstrem interesse em entregar seu filho para adoção deverão ser encaminhadas para a Justiça da Infância e Juventude, órgão que deverá realizar o processo para busca de família extensa (termo utilizado pela Justiça para designar parentes ou familiares próximos). Se não for encontrado parente apto a receber a guarda, a autoridade judiciária competente determinará sua colocação sob guarda provisória de quem estiver apto a adotá-la ou em entidade que desenvolva programa de acolhimento familiar ou institucional. O procedimento busca oferecer segurança e dignidade tanto para a mãe quanto para a criança, garantindo que ela seja acolhida em um ambiente onde possa crescer e se desenvolver plenamente ao lado de uma família por adoção.

O reconhecimento voluntário trata-se de um ato jurídico em sentido estrito, em razão da existência de declaração de vontade de acordo com lei e, automaticamente, a lei especifica as consequências jurídicas da prática desse ato (direito ao nome, alimentos, poder familiar, guarda e proteção dos filhos menores, direitos sucessórios). Produz efeitos *erga omnes* e *ex tunc*. O reconhecimento voluntário de paternidade não depende de prova da origem genética. Corresponde a ato espontâneo, solene, público e incondicional. Segundo o que estabelece o art. 1.613, CC, não pode estar sujeito a termo ou qualquer condição.

Ainda sobre a questão, mencionamos que poderá ser deferida adoção em favor de candidato domiciliado no Brasil não cadastrado previamente nos termos do ECA, quando:

se tratar de pedido de adoção unilateral; for formulada por parente com o qual a criança ou adolescente mantenha vínculos de afinidade e afetividade e oriundo o pedido de quem detém a tutela ou guarda legal de criança maior de 3 (três) anos ou adolescente, desde que o lapso de tempo de convivência comprove a fixação de laços de afinidade e afetividade, e não seja constatada o ocorrência de má-fé ou qualquer das situações previstas nos arts. 237 ("Subtrair criança ou adolescente ao poder de quem o tem sob sua guarda em virtude de lei ou ordem judicial, com o intuito de colocação em lar substituto. Pena: reclusão de dois a seis anos, e multa") ou 238 ("Prometer ou efetivar a entrega de filho ou pupilo a terceiro, mediante pagamento de recompensa. Pena: reclusão de um a quatro anos, e multa"), todos do ECA.

Enunciado 12: sobre a convivência familiar e comunitária e colocação em família substituta, de acordo com expressa legislação em vigor:

(A) A competência para apreciar as ações de guarda é determinada pelo domicílio da adolescente quando ela estiver em local diverso de quem detém a sua guarda.

(B) O procedimento para suspensão ou perda do poder familiar terá início por provocação do Ministério Público, do Conselho Tutelar, da criança ou do adolescente.

(C) Em ação de perda ou suspensão do poder familiar, os pais que estiverem privados de sua liberdade poderão ter sua oitiva dispensada, em caso de risco à integridade ou à saúde da criança ou do adolescente.

(D) Os pais dependentes de drogas serão destituídos do poder familiar, pois a criança tem o direito de crescer livre de pessoas dependentes de substâncias entorpecentes.

(E) Pessoas físicas e jurídicas podem apadrinhar crianças e adolescentes a fim de colaborar para o seu desenvolvimento

IX Concurso da Defensoria Pública do Estado de São Paulo – 2022 – **Gabarito: alternativa "E".**

Comentários: A ação de guarda deve ser proposta no local do domicílio de quem detém a guarda fática (art. 53, CPC c/c art. 147, ECA). As alternativas "B", "C e "D" versam sobre a suspensão ou perda do poder familiar. O Conselho Tutelar não tem legitimidade para ingressar com ação de suspensão ou perda do poder familiar. Deverá o Conselho Tutelar formalizar representação junto ao Ministério Público para análise da necessidade e viabilidade jurídica da propositura da referida ação. Reza no disposto no art. 24, ECA que a perda e a suspensão do poder familiar serão decretadas judicialmente, em procedimento contraditório, nos casos previstos na legislação civil, bem como na hipótese de descumprimento injustificado dos deveres e obrigações a que alude o art. 22. A perda ou a suspensão, como dispõe o artigo, ocorre quando um ou ambos os pais deixam de cumprir reiteradamente com seus deveres do poder familiar. Os pais dependentes químicos serão destituídos do poder familiar, desde que comprovados o estado de vulnerabilidade dos filhos e o descumprimento dos deveres decorrentes da responsabilidade familiar mediante procedimento judicial, sob o crivo do contraditório e ampla defesa.

A Lei n. 13.509/2017 estabeleceu a inclusão no corpo do ECA do conteúdo do art. 19-B: "A criança e o adolescente em programa de acolhimento institucional ou familiar poderão participar de programa de apadrinhamento. § 1º O apadrinhamento consiste em estabelecer e proporcionar à criança e ao adolescente vínculos externos à instituição para fins de convivência familiar e comunitária e colaboração com o desenvolvimento nos aspectos social, moral, físico, cognitivo, educacional e financeiro. § 2º Podem ser padrinhos ou madrinhas pessoas maiores de 18 (dezoito) anos não inscritas nos cadastros de adoção, desde que cumpram os requisitos exigidos pelo programa de apadrinhamento de que fazem parte. § 3º Pessoas jurídicas podem apadrinhar criança ou adolescente a fim de colaborar para o seu desenvolvimento".

Bibliografia

AZEVEDO, Álvaro Villaça. *Comentários ao Código Civil.* São Paulo: Saraiva, 2003. Vol. 19.

BARROS, Flávio Augusto Monteiro de. *Direito Civi* — Família. São Paulo: FMB, 2024.

BEVILAQUA, Clóvis. *Comentários ao Código Civil.* Rio de Janeiro: Freitas Bastos, 1954. vol. 2º.

CHINALETO, Silmara Juny. *Comentários ao Código Civil.* São Paulo: Saraiva, 2003. vol. 18.

COLTRO, Antônio Carlos Mathias. *Guarda Compartilhada.* 3. ed. Rio de Janeiro: Forense, 2017.

DIAS, Maria Berenice. *Manual de Direito das Famílias.* 15. ed. São Paulo: JusPodivm, 2022.

______. *Alienação Parental.* São Paulo: JusPodivm, 2023.

______. *Homoafetividade e os Direitos LGBTI.* 7. ed. São Paulo: Revista dos Tribunais, 2016.

DINIZ, Maria Helena. *Curso de Direito Civil Brasileiro.* 36. ed. São Paulo: Saraiva, 2022. vol. 5º.

FACHIN, Luiz Edson. *Comentários ao Novo Código Civil.* Rio de Janeiro: Forense, 2002. Vol. XVIII.

GAGLIANO, Pablo e outro. *Novo Curso de Direito Civil.* 12. ed. São Paulo: Saraiva, 2022. Vol. 6º.

______. *Manual de Direito Civil.* 7. ed. São Paulo: Saraiva, 2023. Volume único.

GAMA, Guilherme Calmon Nogueira da. *Princípios Constitucionais de Direito de Família.* São Paulo: Atlas, 2008.

GOMES, Orlando. *Direito de Família.* 14. ed. Rio de Janeiro: Forense, 2002.

GONÇALVES, Carlos Roberto. *Direito Civil Brasileiro.* 19. ed. São Paulo: Saraiva, 2022. vol. 6º.

GRISARD FILHO, Waldyr. *Guarda Compartilhada:* um novo modelo de responsabilidade parental. 6. ed. São Paulo: Revista dos Tribunais, 2014.

LOBO, Paulo. *Direito Civil* — Famílias. 14. ed. São Paulo: Saraiva, 2024. vol. 5.

MADALENO, Rolf. *Direito de Família.* 11. ed. Rio de Janeiro: Editora Forense, 2021.

MALUF, Carlos Alberto Dabus e outro. *Curso de Direito de Família.* 3. ed. São Paulo: Saraiva, 2020.

MANFRÉ, José Antonio Encinas. *Regime Matrimonial de bens no novo Código Civil.* São Paulo: Editora Juarez de Oliveira, 2003.

MONTEIRO, Washington de Barros. *Direito de Civil.* 42. ed. São Paulo: Saraiva, 2014. vol. 2.

OLIVEIRA, J. M. Leoni Lopes de. *Direito Civil Família.* Rio de Janeiro: Editora, 2018.

PEREIRA, Caio Mário da Silva. *Instituições de Direito Civil.* 28. ed. Rio de Janeiro: Forense, 2020. Vol. V.

PEREIRA, Rodrigo da Cunha. *Comentários ao Novo Código Civil.* Rio de Janeiro: Forense, 2003. Vol. XX.

______. *Direito das Famílias.* 4. ed. Rio de Janeiro: Forense, 2023.

RODRIGUES, Silvio. *Direito Civil.* 28. ed.São Paulo: Saraiva, 2004. vol. 6º.

ROSENVALD, Nelson. *Curso de Direito Civil.* 16. ed. São Paulo: JusPodivm, 2024. vol. 6.

SIMÃO, José. *Estatuto da Pessoa com Deficiência causa perplexidade* — Parte 1 e Parte 2. Disponível no *site* do Consultor Jurídico, 2015.

TARTUCE, Fernanda. *Processo Civil no Direito de Família.* 3. ed. São Paulo: Método, 2018.

TARTUCE, Flávio. *Direito Civil.* 15. ed. Rio de Janeiro: Forense, 2020.

VELOSO, Zeno. *Estatuto da Pessoa com Deficiência* — uma nota crítica. Disponível no *site* do IBDFAM, 2016.

VENOSA, Silvio de Salvo. *Direito Civil.* 20. ed. São Paulo: Atlas, 2020. vol.V.